세기와 세상을
풍미한 사기꾼들

이윤호

세상은, 그 속에 사는 사람들은 과연 믿을 수 있는가? 우리 모두가 끊임없이 던지는 의문일 것이다. 누구나 살다보면 크고 작은 속임과 거짓과 사기를 경험하게 되고 이런 것을 인생이라고 받아들여야 하는 세상이라고 허탈해하기 일쑤다. 그래서 이런 우스갯소리까지 나왔을 것이다. '세상에 믿을 사람 하나도 없다'고. 뿐만 아니라 살아가면서 해서는 안 될 일 중에 하나가 보증서는 것이란 경고도 수없이 들어오지 않았던가. 보증은 부모자식 사이에도 형제간에도 해서는 안 된다는 극단적인 경계의 대상이 되는 데는 그만한 이유가 있었을 것이다. 그래서 믿는 도끼에 발등 찍힌다고 경고하고 있을 것이다. 이런 저런 경구가 존재하는 이유는 아마도 사기란 믿을 수 있고, 믿는 사람과의 관계에서 일어나거나 또는 믿음이 전제되어야 가능하기 때문이리라.

그래서 흔히들 세상을 속고 속이는 사람들의 세계, 마치 교도소에서 교도관과 재소자의 관계를 속고 속이는 Con Game을 하는 곳이라고 하듯이 우리들 세상도 어떻게 보면 서로가 서로를 속이고 또 속는 만인의 만인에 대한 Con Game을 하는 세상일지도 모른다.

누군가는 사기가 가능한 가장 큰 이유는 바로 사기를 당하는 사람들이 있기 때문이라고 한다. 사기를 흔하게 당하는 사람도 있지만 절대 다수의 사람들은 사기를 당하지 않기 때문이다. 당하는 사람과 당하지 않는 사람 사이에는 분명히 무언가 다른 점이 있을 것이란 의구심을 갖게 하는 대목이다. 사기꾼은 상대를 쉽게 믿는 사람, 모험을 즐기는 사람, 극단적으로는 욕심이 지나친 사람을 사기범행의 표적으로 선택하는 것일까. 즉 피해자학적 관점에서의 매력적인 표적 또는 취약성 혹은 이런 이유에서 피해자 촉발이나 유발 또는 용이화도 한 몫을 했으리라 짐작되기도 한다. 물론 이런 논의 자체가 잘못일 수 있다. 어떤 이유에서라도 상대를 속이고 사기를 벌이는 것은 엄연히 심각한 범죄행위이고 그 책임은 전적으로 가해자, 사기꾼에게 있어야 하기 때문이다.

세상에는 상식적으로 이해하기 힘들 정도의 사기극과 사기꾼들이 넘친다. 이 책에서는 바로 그런 사기꾼들은 누구이며, 왜, 그리고 어떻게 우리의 상식이 쉽게 이해하지 못하는 그런 사기행각을 벌일 수 있었고, 어떻게 그 많은 피해자들은 속게 되었는지 사기꾼과 사기행위를 각종 기록 자료들을 활용하여 짚어 보았다. 독자들이 책을 읽음으로써 책의 사례와 같은 또는 유사한 사기의 피해자가 되지 않기를 바라고, 그러한 기대에 조금이라도 기여할 수 있기를 바라는 마음 가득할 뿐이다.

본서는 저자만의 노력으로는 그 출판이 불가능했음을 밝힌다. 저자의 저술 대부분을 출판해준 박영사에서 이번에도 기꺼이 출판을 맡아주어 감사할 따름이다. 언제나 그랬던 것처럼 창욱, 승욱 두 아들과 아내의 응원에도 감사한다. 더구나 본서의 일러스트 그림을 그려준 아내 不二 박진숙 작가에게 따뜻한 감사의 말을 전하고 싶다.

이윤호

01. 세계와 세기를 뒤흔든 사기꾼들   01
● 역사에 남을 '위대한' 거짓말쟁이들

02. 아름다움과 능력에 속는 인간의 한계여! 89
● 뛰어난 외모와 능력으로 사람을 홀린 사기꾼들

03. 한번쯤은 들어봤을 유명한 이름들까지 163
●유명인과 얽히고설킨 사기꾼들

04. 세상에 이런 걸로도 사기를 치다니! 235
●독특하고 창의적인 요지경 사기꾼들

Chapter 1

세계와 세기를
뒤흔든 사기꾼들

역사에 남을 '위대한' 거짓말쟁이들

애나 앤더슨
Anna Anderson

/ 제정 러시아의 마지막 공주 아나스타샤를 사칭한 여인

비운의 공주 아나스타샤. 제정 러시아의 마지막 황제인 니콜라스 2세와 황비 알렉산드라의 막내딸인 아나스타샤 공주는, 1918년 7월 17일 공산혁명군에 의해 형제자매와 부모가 모두 살해되었지만 홀로 시신이 발견되지 않았던 인물이다. 2007년 시신이 발견되면서 이 슬프고 낭만적인 미스터리는 막을 내린다. 1896년 12월 16일 폴란드에서 출생한 애나 앤더슨Anna Anderson은 아나스타샤를 사칭했던 몇몇 사람들 중에서 가장 유명하다. 수년간에 걸친 법정소송 끝에, 독일법원은 앤더슨이 아나스타샤라는 사실을 입증하지 못했다고 판결했지만, 언론보도를 통해 그녀의 주장은 사람들의 호기심을 따라 입에 오르내리며 점점 더 유명해졌다.

1918년, 제정 러시아의 마지막 황제와 그의 황비, 그리고 4명의 딸과 막내 아들 알렉세이는 공산주의 혁명군에게 총살을 당한다. 시신들은 바로 매장되었으나, 한두 명의 자녀가 사살을 피해 달아나 생존해 있다는 소문이 돌기 시작했다. 그중에서도 막내딸인 아나스타샤가 가장 많이 사람들의 입에 오르내렸다. 베를린의 한 다리 위에서 투신자살을 시도했던 애나 앤더슨은 1984년 2월 12일 사망할 때까지, 자신이 바로 그 잃어버린 공주 아나스타샤라는 입장을 견지했다. 물론 다수의 유사한 주장들이 여럿 있었지만 그녀의 주장이 가장 오래 지속되었고, 심지어 1990년대 유전자검사를 통해 그녀의 주장이 허위임이 입증된 이후에도 계속되었다. 앤더슨은 자신이 속옷에 금속 장신구를 넣었기 때문에 총알이 관통할 수 없어서 살아남을 수 있었다고 설명했다. 총살 당시 현장에 있던 군인의 도움으로 탈출해 친인척들을 찾기 위해 베를린으로 왔으나, 친척들이 자신을 몰라볼까 두려워 자살을 시도했다고 주장했다.

1920년, 앤더슨은 베를린에서 자살을 시도한 이후 한 정신병원에 입원한다. 처음에는 신원을 밝히기를 거절해 이름 없는 사람으로 지냈으나, 그 후 차이콥스키로, 다시 앤더슨이라는 이름을 사용했다. 1922년 3월, 그녀가 제정 러시아의 마지막 공주라는 주장이 처음으로 대중의 관심을 끌기 시작했다. 아나스타샤 가족의 대부분과 가정교사였던 피에르 지라르를 포함한 최측근들은 앤더슨이 아나스타샤를 사칭하고 있다고 증언했으나, 일부에서는 그녀가 아나스타샤라고 확신했다.

1925년까지 차이콥스키(앤더슨)는 팔이 결핵에 감염되어 수차례에 걸쳐 입원하고 그로 인해 체중이 상당히 줄었는데, 아나스타샤 대공주의 친인척, 가정교사 부부, 보모 등이 차이콥스키를 방문해 병환에 대해서만 동정을 보였을 뿐 아무런 공표도 하지 않았다. 결국 그녀가 아나스타샤임을 부정한 것이다. 그녀는 또한 1918년 황제의 가족과 함께 공산주의자들에 의해 살해당한 황실 주치의 유진 보킨 박사의 딸과 베를린의 피난민 사무소 소장이었던 세르주 보킨의 조카인 타티아나 멜닉의 방문을 받는다. 멜닉은 아나스타샤가 어릴 때 만난 적이 있으며, 1917년 2월에는 마지막으로 그녀와 대화를 나눈 사람이었다. 멜닉은 차이콥스키가 비록 지나치게 살이 빠져 코, 입 등 얼굴이 많이 달라지긴 했지만, 아나스타샤인 듯했다고 한다. 멜닉은 그렇게 차이콥스키가 곧 아나스타샤라고 증언 및 선포하며, 그녀가 지난 일들을 기억하지 못하고 러시아어를 말하기를 거부하는 것 등 그녀의 결점이나 결함은 신체적, 심리적 장애 상태 때문이라고 가정했다.

1927년, 황비의 남동생인 독일 헤센 주의 대공작 에른스트 루이가 고용한 사설탐정 마르틴 크노프Martin Knopf는 앤더슨의 신원을 확인한다. 그는 그녀가 정신병력이 있는 폴란드 출신 공장 노동자 프란치스카 샨츠코브스카Franziska Schanzkowska라고 보고했다. 1차 세계대전 당시 군수품 공장에서 일하던 그녀는 약혼자가 전선에서 사망한 직후 수류탄이 그녀의 손에서 빠져 폭발하는 바람에 머리에 부상을 당했고 공장장이 그녀 앞에서 즉사하는 광경을 목격한 뒤 정신병에 걸린 것이라 했다. 무감각해지고 우울해진 그녀는 1916년 9월, 정신이상으로 판명되어 정신병자 수용소에서 살게 된다. 그러나 1920년, 그녀가 베를린의 숙소에서 사라졌다고 보고된 이후 가족들조차 그녀를 보거나 소식을 듣지 못했다고 한다. 같은 해인 1927년, 그녀의 남동생 펠릭스 샨츠코브스카Felix Schanzkowska가 누이를 만나게 되고, 그녀는 협잡꾼이며 자신의 누이가 확실하다고 증언했다. 그러나 펠릭스 또한 나중에는 가족들과 함께, 그녀가 자신의 누이임을 알면서도 자신들보다 한결 편안한 삶을 누리며 새로운 삶을 살도록 그녀를 내버려두기로 결정했다고 한다.

1928년 7월, 니콜라이 황제의 처형 10주년이 다가오자, 차이콥스키(앤더슨)를 지지하는 글을 기고해 미국에서도 관심을 끌게 했던 보킨은 소비에트 연방 바깥에 은닉되었을지도 모를 황제의 부동산이나 자산을 확보하기 위해 변호사 에드워드 팔로우Edward Fallow를 고용한다. 황제 일가가 자산을 해외에 숨겨놓았다고 차이콥스키(앤더슨)가 주장하자, 엄청난 자산이 실은 영국에 있다는 괴소문이 퍼지기도 했다. 로마노프의 생존 친인척들은 보킨과 팔로우가 재산 사냥을 하고 있다고 비난하고, 보킨은 친인척들이 "아나스타샤"의 유산을 가로채려 한다고 도리어 비난하는 양상이 펼쳐졌다. 그러나 독일에서 찾은 약간의 자금 외에다른 재산은 결코 발견되지 않았다. 황제의 어머니가 사망하자 장례식장에서 만난 12명의 근친들은, 앤더슨이 협잡꾼이며 아나스타샤를 사칭하고 있다는 포고문에 서명한다. 포고문에 따르면 '이 이야기는 믿을 수 없는 동화 같은 꾸민 이야기'에 불과하다고 주장했다. 보킨은 대공주 제니아 알렉산드로브나Xenia Alexandrovna에게 보낸 서신에서, 황제의 가족들이 "탐욕적이고 파렴치하다"라고 비난하며 오직 돈에 눈이 멀어 앤더슨의 존재를 부정하는 것이라고 주장했다.

1932년, 영국의 타블로이드신문 〈뉴스 오브 더 월드News of the World〉는 차이콥스키(앤더슨)가 실은 사기를 획책해온 루마니아의 여배우라는 놀라운 소식을 담은 비난 기사를 싣는다. 그러자 그녀의 변호사 팔로우가 명예훼손 소송을 제기하지만, 당시 2차 세계대전이 발발해 독일에 거주하던 앤더슨은 적국에서 소송할 수 없었기 때문에 소송은 자연스레 취하되고 말았다. 그 뒤로도 그녀의 신원에 대한 논쟁은 계속되었다. 알렉산드라 황비의 친구 릴리 던Lili Dehn이 앤더슨을 방문하고 난 뒤 그녀를 아나스타샤가 맞다고 인지했으나, 황손들의 영어 가정교사였던 찰스 시드니 깁스Charles Sydney Gibbes 는 앤더슨을 만난 뒤 그녀가 사기꾼이라고 발표했다. 문건에서 "그녀는 내가 알고 있는 대공주 아나스타샤와는 전혀 닮지 않았으며, 그녀는 사기꾼이 분명하다"라고 확인했다. 그녀의 신원을 두고 벌어진 긴 소송전은 결국 양측 모두 그녀의 신원을 완전하게 확립하지 못한 채, 소송을 제기했던 보킨이 사망하고 나서 흐지부지 끝나고 만다.

앤더슨은 1984년 2월 12일, 폐렴으로 생을 마감한다. 1991년, 니콜라스 2세 황제와 황비, 그리고 그들의 세 딸들의 시신이 공동묘지에서 발굴되었다. 그들의 신원은 두개골 분석과 DNA검사를 통해서 확인되었다. 미토콘드리아 유전자를 모계 친인척의 유전자와 비교하는 방식이었는데, 여성 시신의 미토콘드리아 유전자가 친인척들의 그것과 일치되었던 것이다. 2007년, 나머지 딸 한 명의 시신도 발굴된 뒤 반복적이고 독립적인 유전자 감식 결과 로마노프 가문의 구성원임이 확인되었다. 따라서 로마노프 황제의 딸 넷 가운데 어느 누구도 총살에서 생존하지 못했음이 확인된 것이다. 반면 수술할 때 확보되었던 앤더슨의 세포조직에서 확보된 미토콘드리아 유전자는 로마노프 가문의 유전자와 일치하지 않았다. 따라서 앤더슨은 로마노프 가문과는 관련이 없는 반면, 샨츠코브스카 가문 친인척들의 유전자와는 일치를 보여, 그녀가 샨츠코브스카 가분의 일원임이 과학적으로도 증명된 것이다.

상호 충돌하는 증언과 물리적 증거들은 앤더슨이 아나스타샤라는 주장과 그 반박에 활용되었지만, 아직 확실한 물리적 증거나 어떠한 직접적인 문서가 존재하지 않는 상황에서 앤더슨이 과연 아나스타샤인지, 그 여부에 대한 의문은 수년 동안 개인적 신념과 관련된 문제가 되었다. 독일법원 또한 긍정도 부정도 못하고 결국 40년 뒤, 그 주장의 옳고 그름을 판단할 수 없다고 판결했다. 논란은 여기서 끝나지 않는다. 그녀가 진짜 아나스타샤가 아니고 가짜라고 하더라도 앤더슨이 과연 의도적인 사기꾼이었는지, 아니면 자신의 이익을 위해 그녀가 이용당한 것인지조차도 의견이 분분했다. 피에르 지라르는 앤더슨이 '약아빠진 사이코패스'라고 공공연히 비난했지만, 사실 그녀가 황족의 구성원이라는 방정식은 수용소 동료로부터 시작되었고 그녀 스스로 시작한 것이 아니며, 다만 그녀도 뒤이어 동료의 주장에 편승했던 듯하다. 작가 마이클 손튼Michael Thornton도 그녀가 언젠가부터 샨츠코브스카를 정말로 잃어버리고 거부했으며, 그 사람을 완전히 잊은 뒤 새로운 자신을 완전히 받아들인 것이라고 설명했다. 로마노프 아이들의 사촌인 마운트배튼Mountbatten 경도 그녀를 지지하는 사람들은 책이나 잡지의 출판으로 인세를 받아 부를 축적하는 사람들이라고 비난했으며, 미카엘 로마노프Michael Romanov 왕자도 로마노프 가문에서는 늘 앤더슨의 존재가 사기라는 사실을 알고 있었노라고 주장했다.

불행하게도, 차이콥스키의 주장을 부정하는 완전한 증거도 많고 지지하는 마땅한 증거도 많다. 사실 처음부터 그녀와 사진 속의 아나스타샤는 신체적으로 너무나 많이 닮아서, 심지어 반대를 주장하는 측에서도 그 점은 인정할 수밖에 없을 정도였다. 바로 이 신체적인 유사성이야말로 다른 어떤 증거들보다 강력히 지지자들로부터 지지받았던 것이다. 또한 지지자들은 그녀가 궁 내의 생활과 정책에 대해 너무나 자세하게 알고 있다는 점을 지적했으며, 특히 그녀가 언급하기 전에는 누구도 알지 못했던 비밀까지도 알고 있었다는 점에 주목했다.

반대되는 증거로는, 그녀가 독일어는 유창하게 말하면서 영어와 불어는 물론이고 더욱 이상하게도 모국어인 러시아어를 거의 하지 못한다는 것이 결정적이라는 것이다. 물론 이에 대해 지지자들은 그녀가 일련의 사건을 겪으며 충격과 외상 후 증후군, 그리고 뇌손상을 당해 대부분의 러시아어를 잊고 그 뒤 독일어를 터득했기 때문이라고 항변한다. 그러나 의심하는 사람들은 다른 모든 것을 기억하면서 언어만 기억하지 못한다는 점에서 뇌손상에 대해 의문을 던진다. 그녀가 말하는 정보들도 거의 전부가 애매하거나 이미 알려진 것들이라는 점도 마찬가지였다.

앤더슨 즉 차이콥스키가 아나스타샤가 아니었다면 과연 그녀는 누구였을까? 앞에서 보았듯이, 일찍이는 1927년경부터 그녀의 주장을 의심하던 사람들은, 그녀가 베를린 운하에서 구조된 같은 날 실종 신고 된 폴란드계 가정주부 프란치스카 샨츠코브스카임을 확신했다. 그렇다면 그런 그녀는 왜 자신을 아나스타샤라고 주장했을까? 아나스타샤처럼 골수 결핵이 있었고, 발에 장애가 있으며, 오른쪽 어깨에 지워진 출생 흔적이 있었다고 하는데, 그런 의료 기록들이 바로 아타스타샤의 신체적 특성들과 정확히 일치하는 것이었다. 또한 그녀의 모국어인 폴란드어가 러시아어와 아주 밀접하고 유사해, 비록 말은 제대로 할 수 없어도 러시아어를 상당히 이해할 수 있었을 것이며, 주변에 그녀를 확인해준 증인도 있었기 때문이다.

인간이란 결국, 객관적인 사실이 아니라 자신이 믿는 대로 믿게 되는 존재인 것일까. 인간의 확신이란 참으로 많은 위대한 업적을 낳았지만, 동시에 많은 진실을 가리기도 했음을 우리는 다양한 역사적 사실을 통해 씁쓸히 확인하게 된다.

프랭크 애버그네일
Frank Abagnale

/ "어디, 나를 잡을 테면 잡아보라!(Catch me if you can!)"

프랭크 윌리엄 애버그네일 2세 Frank William Abagnale Jr.는 미국의 보안 자문 전문가다. 그는 열다섯 살부터 스물한 살에 이르는 젊은 나이에 이미 수표를 위조하고, 남의 신분을 도용하거나 위조하고, 신용카드를 활용해 횡령하는 등, 미국 역사에서 가장 유명한 신용 사기꾼이요 수표 위조범이요 명의 도용꾼으로 잘 알려진 인물이다.

그가 그토록 유명해진 이유는, 우선 겨우 10대일 때부터 그렇게 엄청나고 대담한 범행을 자행했다는 점, 그렇게 범행을 저질러 수감 생활을 마친 뒤 FBI 요원들을 가르치는 유명 전문 강사이자 보안 컨설팅 회사의 최고경영자로서 활발히 활동했기 때문이다. 채 스물한 살도 되기 전에 이미 그는 미국 역사상 가장 유명한 사기꾼, 협잡꾼이 된 셈이다. 그는 항공사 조종사, 의사, 미국 연방 교정 공무원, 그리고 변호사를 포함한 8개 이상의 신분을 도용하거나 위조해 사용했다. 더욱 놀라운 것은 그가 스물한 살도 되기 전 이미 두 차례나 경찰의 인신구속에서 탈주하는 데 성공했다는 점이다. 한 번은 지상이동, 즉 착륙 중인 비행기에서, 또 한 번은 연방교정시설에서 탈출했다.

그렇게 화려한 범행에도 불구하고 그의 생에서 수형생활은 채 5년이 되지 않았고, 그는 이후 오히려 가석방되어 자신을 잡아 가둔 연방정부를 위해 일하게 된다. 어딘지 익숙한 이야기이지 않은가? 영화〈캐치 미 이프 유 캔〉의 레오나르도 디카프리오가 연기한 그 남자, 그가 바로 애버그네일이다.

애버그네일은 1948년 4월 27일 뉴욕에서 태어났다. 그를 포함해 네 자녀를 둔 프랑스계 어머니와 아버지는 그가 12살이던 해에 별거를 시작하고, 그가 14살이 되자 결국 이혼한다. 지방 출신인 아버지는 정치와 영화에 열심인 부유한 인물이었고, 그의 역할모델이기도 했다. 그러나 애버그네일의 첫 피해자가 바로 자신의 아버지였다. 아버지는 그의 시간제 근로 출퇴근에 도움을 주려고 자동차 주유용 신용카드와 트럭을 주었다. 애버그네일은 데이트 비용 마련을 위해 한 가지 술책을 고안해낸다. 주유카드를 이용해 주요소에서 타이어, 배터리, 기타 자동차 부품을 사고는 종업원에게 물건을 되돌려준 뒤 현금으로 되돌려 받는 방식이었다. 결국 그의 아버지는 무려 3400달러에 달하는 금액을 변제해야 했다. 이때 그의 나이는 불과 열다섯 살이었다.

그는 여기서 멈추지 않고 신용의 허점을 이용한 범죄를 더욱 발전시켰다. 운전면허증을 위조해 나이를 10살이나 올리고 학력도 과장했다. 이런 식으로 해서 그는 좀 더 나은 일자리를 구할 수 있었으나, 그것으로 자신의 필요와 욕구를 충족시키지 못하자 일자리를 그만두고 사취를 시작한다. 초기에는 이미 한도를 초과해 발행한 자신의 계좌에서 개인 수표를 발급하는 방식이었다. 그러나 이 방법은 은행에서 예치를 요구하기 전까지 제한된 시간에만 가능했다. 결국 그는 다른 은행에 또 다른 계좌를 열어 같은 방식을 반복했고, 이렇게 은행을 편취하는 범행을 지속하기 위해 마침내 새로운 신분을 만들기까지 했다. 그것도 모자라 오랜 시간 경험을 통해 은행을 편취하는 다양한 방식을 개발했다. 그 가운데 가장 많이 활용한 수법들은 수표를 거의 완벽에 가까울 정도로 복사해 은행에 입금하고 현금으로 인출하는 방법이다. 또 다른 방식 하나는 빈 예금 입금 요청서에 자신의 계좌번호를 적어 다른 신청서 사이에 숨겨두었다가, 다른 고객이 예금을 하면 미리 적어 넣어둔 자신의 계좌로 입금되도록 하는 식이었다.

어느 날 그는 공항에서 렌트카 회사가 매일 수금된 돈을 지퍼 가방에 담아 공항에 설치된 수집함에 넣는다는 사실을 우연히 알게 된 뒤, 지역 유니폼 가게에서 경비원 복장을 구입했다. 곧 렌트카 회사의 경비원으로 가장한 뒤 지퍼 가방 수집함에 '고장, 경비원이 들고 있는 상자에 넣어주십시오'라는 팻말을 붙이고는 돈을 자신이 받아 챙기기도 했다. 나중에 그는 자기 스스로도 어떻게 이 방식이 통할 수 있었는지 믿을 수 없었다고 하면서, '모금함이 어떻게 고장날 수 있는가?'라고 자문하기도 했다.

여기서 착안했는지는 분명치 않지만, 애버그네일은 또 다른 방식으로 사취를 시작한다. 바로 어떤 특정 인물이나 특정 직업인을 사칭하고 흉내 내는 것이다. 그는 공짜로 세계를 여행하고 싶어 조종사를 모방하기로 정했다. 그는 팬암Pan Am 항공사에 전화를 걸어, 자신이 회사 소속 조종사인데 호텔에서 빨래하다가 제복을 분실했다고 속이고는, 위조된 사원증을 이용해 새로운 제복을 다시 받는 데 성공한다. 그런 뒤 연방항공청 조종사 면허증도 위조했다. 회사의 추정에 따르면, 그렇게 해서 그는 불과 16살부터 18살 사이에 26개국을 250번에 걸쳐 무려 160만 킬로를 여행한다. 당연히 이 기간 동안 회사 소속 조종사로서 항공사가 제공하는 호텔 숙박과 식사를 무료로 제공받았다. 그는 말했다. 가끔은 실제 조종사들이 그에게 비행 중인 항공기 조종을 맡기기도 했는데, 그때마다 자동비행 모드로 바꾸어 위기를 모면할 수 있었다고 한다.

애버그네일이 한때는 신분과 학력 및 경력을 속여 프랭크 애덤스Frank Adams라는 이름으로 브리검영대학에서 한 학기 동안 사회학 조교로도 일한 적이 있다는데, 그의 이 주장에 대해 해당 대학에서는 부인하고 있다. 다시 한 번 그는 또 다른 사칭을 하게 된다. 무려 11달 동안이나 프랭크 윌리엄이라는 이름으로 조지아의 한 병원에서 책임 당직 의사 행세를 한 것이다. 그는 조종사를 사칭하다가 거의 체포될 위기에 처한 이후 조지아 주로 잠시 잠적하게 되는데, 그곳에서 거주 공간을 임대하면서 직업을 '조종사'라고 적으면 주인이 항공사에 신고할까 두려워 즉흥적으로 '의사'라고 기재했다. 같은 아파트단지에 거주하는 실제 의사와 친해진 뒤 그는 지역의 새로운 의사를 고용할 때까지 수련의들의 감독 의사로 일하는 데 동의한다. 그런데 그 일이 그에게는 그리 힘들지 않았다. 감독관은 사실 실제 의사의 진료 업무를 전혀 수행하지 않기 때문이었다. 그러던 어느 날, 그가 간호사가 건넨 처방전의 의미를 이해하지 못해 한 어린이 환자가 산소부족으로 숨질 뻔한 사건이 일어나 그의 의사 사칭이 거의 탄로 날 뻔했다. 물론 거의 모든 일을 수련의들이 하도록 했기에 신분을 계속 위장할 수 있었다. 그러나 얼마 뒤, 그는 자신이 생사의 갈림길에 놓인 환자들에게 적절한 진료를 할 수 없기 때문에 사람의 목숨을 앗아갈 수도 있음을 깨달은 뒤에야 비로소 병원을 그만두게 된다.

애버그네일은 팬암 항공사 조종사를 사칭하는 동안, 하버드 대학교 법학 전문대학원의 졸업장과 성적표를 위조해 루이지애나 주 변호사 시험에 합격하고, 루이지애나 주 검찰총장 겸 법무장관 사무실에 취직한다. 이때 그는 불과 19살이었다고 한다. 그가 잠시 데이트했던 비행기 승무원에게 자신이 하버드 대학 법학 전문대학원 학생이라고도 말했고, 그러자 그녀는 그를 변호사 친구에게 소개해준다. 그를 통해 애버그네일은 변호사협회에 변호사가 더 많이 필요하다는 소식을 듣고 지원했다고 한다. 하버드대학의 위조 성적표를 만들어 시험에 응시했고, 비록 두 번이나 떨어졌지만 결국 세 번째 도전 끝에 변호사 시험을 합법적으로 통과했다고 한다. 고작 8주밖에 공부를 하지 않았는데도 합격할 수 있었다는 것은, 당시 루이지애나 주 변호사 시험이 비교적 쉬웠다고는 해도 여전히 불가사의한 일이다. 당시 원하는 만큼 무제한 응시할 수 있는 시스템이어서, 응시 횟수가 많아질수록 합격 가능성은 높아졌다고 한다. 변호사로서의 업무는 단순하기 짝이 없어서 보스에게 필요한 서류와 책을 찾아다 주고 커피를 준비하는 것뿐이었다고 그는 자서전에서 회상했다. 그러나 같은 사무실에 근무하던 진짜 하버드 대학 출신 변호사가 하버드 대학에 대해 연이어 질문하자, 애버그네일은 전혀 다니지 않았던 대학에 관한 질문에 당연히 제대로 답하지 못한다. 그 동료가 자신을 뒷조사한다는 사실을 알고 그는, 취업 8개월 뒤 그 자리를 사임하게 된다.

신출귀몰하던 그도 결국 1969년, 한때 데이트를 했던 항공사 여 승무원의 신고로 프랑스에서 체포되고 만다. 그가 체포되자, 그에게 사기 당한 국가들, 무려 12개국이 동시에 범인 인도를 요구한다. 마지막으로 미국으로 소환된 그는, 소환 과정에서 그가 탄 비행기가 뉴욕의 JFK국제공항에 착륙해 지상 운행하던 도중 탈주한다. 이후 은행금고에서 돈을 찾으러 갔던 캐나다에서 다시 체포되어 미국으로 압송되지만, 년 그는 다시 수감 중이던 연방교정 시설을 탈출했다. 여기서도 그는 당국의 실수로 교도소 비밀 감찰관으로 오인되어, 심지어 다른 동료 재소자들보다 월등하게 좋은 음식과 특권을 누렸다. 그는 교도소에서 자신의 약혼자로 가장한 친구에게 전화를 걸어 미 연방 교정국 감찰관의 명함을 넣어달라고 했다. 그 명함을 이용해 교도소 관리들에게 연방수사국 담당수사관을 접촉해야 한다고 속인 뒤, 위조된 연방수사국 담당자의 전화번호로 전화를 하면 미리 정해진 공중전화에서 기다리던 가짜 약혼자가 전화를 받도록 한 것이다. 얼마 뒤, 아무런 감시도 없는 상태에서 그는, 교도소 밖에서 미리 대기 중이던 친구를 만나 그가 타고 온 자동차로 근처 버스 정류장으로 간다. 그렇게 고속버스를 타고 뉴욕을 거쳐 다시 기차로 워싱턴으로 도주하지만 뉴욕 경찰에 결국 체포되고, 이렇게 해서 그의 화려했던 사기꾼 생활은 막을 내린다.

그렇게 마무리될 것 같던 그의 일생에 다시 반전이 일어난다. 1974년 12년

형 가운데 채 5년도 살지 않았으나, 연방정부에서는 아무런 보상을 받지 않고 사기나 갈취 범죄를 수사하는 연방기관에 적극 협조한다는 조건으로 그를 조기 석방한다. 출소한 뒤 그는 다양한 직업으로 변신을 시도하지만, 매번 자신의 과거 범죄 전과를 숨긴 채 채용되었다는 사실이 밝혀지며 해고된다. 결국 그는 한 은행에 접근해 '부도수표 발행범'들이 은행을 사취할 때 이용하는 다양한 수법을 은행원들에게 가르치겠다고 제안한다. 자신의 강의가 도움이 되지 않는다면 아무런 수강료도 전혀 받지 않고, 도움이 되었다면 단 500달러만 받고 동시에 자신의 이름과 강연에 대해 다른 은행에도 추천해준다는 조건이었다. 이를 시작으로 그는 보안 전문가로서 합법적인 직업을 갖기 시작했던 것이다. 여기서 그치지 않고 그는 보안 전문기업을 직접 설립해 기업들에게 사기나 보안에 관해 자문했다. 물론 그는 지난 40여 년간 관계를 맺어온 연방수사국 FBI아카데미에서 전국 지부를 돌며 하는 강의를 통해 자문을 계속했다. 그의 자서전에 따르면 전국적으로 14,000여 개 기업과 기관에서 그의 사기예방 프로그램을 채택했다고 한다.

이러한 경험을 바탕으로 그는 『절도의 예술(The Art of Steal)』과 『당신의 인생을 훔치다(Stealing Your Life)』라는, '사기 예방'에 관한 두 권의 책을 저술하기도 했다. 이런 흥미로운 이야기를 할리우드에서 놓칠 리 없다. 2002년에는 스티븐 스필버그 감독이 애버그네일의 일생을 〈캐치 미 이프 유 캔(잡을 테면 잡아보라)〉이라는 제목의 영화로 만들었다. 레오나르도 디카프리오가 주연한 이 영화가 성공을 거두자, 연이어 뉴욕 브로드웨이 뮤지컬로도 제작되어 장기 공연되기도 했다.

누구나 현재의 '나' 아닌 다른 존재가 되고 싶다는 꿈을 꾸곤 한다. 누군가의 꿈, 환상이 애버그네일에겐 옷을 바꿔입듯 충분히 선택 가능한 삶'들'이었다고 하니, 세계의 공고한 시스템들이 너무나 허술하게 느껴질 정도이다. 수많은 얼굴, 수많은 신분, 수많은 경력, 숱한 반전으로 점철된 애버그네일의 삶과 사기 행각은 그 어떤 영화보다 더 드라마틱한 것이었다. 어디까지가 진정한 그의 삶이었을까? 그가 진정한 애버그네일로 자각한 순간이 과연 존재했을까? 그건 언제였을까? 수많은 질문을 던질 수밖에 없는, 흥미로운 사기꾼의 일생이다.

빅토르 뤼스티그
Victor Lustig

/ 에펠탑을 두 번이나 팔아먹은 사기꾼

빅토르 뤼스티그Victor Lustig는 다양한 나라에서 사기 행각을 펼친 사기꾼으로, 파리 에펠탑을 두 번이나 팔아먹은 사기로 가장 유명하다. 그는 1890년 1월 4일 지금의 체코에 해당하는 오스트리아 헝가리 제국 호스틴Hostinne이라는 지역의 비교적 윤택한 중산층 집안에 태어나 자랐으나 곧 서유럽으로 생활 터전을 옮겨서 활동했다. 입담 좋고 여러 언어를 유창하게 구사하며, 외모도 매력적인 사기꾼이었다. 그는 지금도 '사기꾼의 왕King of the Con)'이라 불릴 정도로 명성을 떨쳤는데, 본명은 로버트 밀러Robert Miller였다. 뤼스티그라는 이름은 그가 크루즈 여행객들을 사취하고 편취하던 시기에 사용하기 시작했는데, 패망한 보헤미아 왕국의 귀족 이름에서 따 왔다고 한다.

영화 〈캐치 미 이프 유 캔(Catch me if you can)〉이나 〈스팅(The Sting)〉을 기억한다면, 영화에 등장하는 그 잘생긴 악마 같은 존재가 바로 자칭 '백작Count' 빅토르 뤼스티그의 실화를 묘사한 부분이다. 미국에서 엄청난 금융 사기로 20년 형을 받고 그 유명한 샌프란시스코의 알카트라즈 교도소에 수감되었으나, 그는 다른 수형자들과는 달리 여자들에게 인기 높은 미남배우처럼 옷을 입고, 최면에 걸릴 듯한 매력에 5개 국어를 유창하게 구사하며, 소설 주인공처럼 법을 공략했다고 한다. 그를 상대했던 어느 경호실 요원은 뤼스티그를 일러, 한 모금 담배연기와 같은, 젊은 여성들이 꿈에 그리는 매력적인 남성이라 기술하기도 했다.

5개 국어에 능통하고 22개에 달하는 가명에, 지능이 높고 천부적인 매력까지 겸비한 뤼스티그는 많은 사람들의 돈과 재물을 수년간 갈취했다. 그의 사기 행각은 일찍부터 시작되었다. 1900년대 초, 어린 10대 시절의 뤼스티그는 구걸에서부터 소매치기, 강도를 거쳐 사기꾼에 이르기까지 한 단계 한 단계씩 범죄의 사다리를 올랐다. 스스로를 백작이라 칭했던 그는 19살이 되자 '어지간한(decent)' 삶은 너무 지루하다며, 다니던 파리대학교에서의 학업을 멈추고 포커나 당구 등 도박에 시간을 허비하기 시작했다. 당시 그는 뉴욕과 파리를 오가는 크루즈 여행을 다니며 1등석 선실에서 만나는 신흥 부자들에게 사기를 쳐 돈을 빼앗고 도박도 해 부를 축적한다. 그가 애용했던 사기 수법은 뉴욕 브로드웨이 뮤지컬의 프로듀서로 가장해, 쇼 비즈니스에 대한 사람들의 숨겨진 욕구와 욕망을 부추겨 존재하지도 않는 작품 제작에 미리 돈을 투자하도록 유혹하는 것이었다. 크루즈 여행이 끝나자 그는 미국행을 택한 뒤, 가명으로 한 은행에서 채권을 구입하고 은행 소유의 목장을 구입하겠다고 속여 수만 달러를 사취했다. 결국 체포되었으나 그는 은행과 당국을 속이고 다시 풀려나는 데 성공한다.

1925년, 프랑스가 제1차 세계대전의 상처를 회복하며 파리도 되살아나, 사기꾼들에게는 최고의 여건이 조성되었다. 그가 한가로이 신문을 읽던 어느 봄날, 뤼스티그의 여러 사기 행각 가운데 가장 놀라운 사건의 계기가 찾아든다. 신문에서는 파리 시가 낡은 에펠탑을 수리하고 관리하는 문제를 보도했는데, 심지어 페인트 칠만 하더라도 막대한 비용이 수반되기 때문에 점점 헐어버리자는 방향으로 의견이 기울고 있다는 내용이었다. 이 기사에서 그는 일말의 가능성을 엿본 뒤 엄청나고 기막힌 음모를 꾸미게 된다. 그는 철저한 연구와 준비 없이는 결코 사기극을 벌이지 않았다. 그는 먼저 위조범들에게 정부 공식 문서들을 만들게 한 뒤 6명의 철물상들을 당시 파리에서 가장 유명했던 호텔의 하나인 크리용(Crillon) 호텔의 비밀 회동에 초청했다. 사업상 거래를 의논하자는 명목이었다. 그 자리에서 뤼스티그는 자신을 우정성 차관으로 소개하고는, 초대된 고철상들에게 그들이 그간 정직하고 올바르게 경영해 훌륭한 평판을 쌓았기에 선정되었다고 설명했다. 그런 뒤, 에펠탑 유지 및 보수에 너무나 막대한 비용이 들어서 더는 파리 시가 감당할 수가 없기에 헐어서 고철로 매각하기로 결정했다고 말했다. 일부 시민들 사이에 논란이 계속되고 있어서 모든 세부사항이 확정되기까지는 전부 비밀리에 진행하기로 했고, 자신이 업자를 선정하는 책임을 맡았다고 덧붙였다. 물론 오늘날까지도 그렇듯이 당시에도 에펠탑을 헐고 매각한다는 아이디어는 그리 바람직하지 못했다.

뤼스티그는 업자들을 임대한 리무진에 태우고 에펠탑 현장검사에 데려

갔는데, 업자들 가운데 누가 이 프로젝트에 가장 적극적이고 속아 넘어가기 쉬운지 알아보려는 시도였다고 한다. 업자들에게 낙찰가를 다음 날까지 제출하되, 국가 기밀인 만큼 철저히 비밀을 지켜달라고 요구했다. 사실 그는 낙찰가를 보기도 전에 이미 선정할 업자를 알고 있었다. 그가 마음에 두었던 업자는 푸아송Poisson이라는 자였다. 그는 파리 경영계의 중심에 속해 있지 않다고 느껴 불안해하던 중, 에펠탑 사업을 낙찰 받으면 자신의 입지를 상승시킬 수 있으리라 생각했다. 뤼스티그는 바로 그의 이런 면을 이용했던 것이다. 그러나 푸아송의 부인이 왜 일이 너무나 급하게, 비밀리에 진행되며, 그 일을 주도하는 사람이 도대체 누구인지 의문을 표했다. 그러자 뤼스티그는 회의를 소집해, 자신이 정부 고위관료지만 여유로운 삶을 즐길 만큼 보수가 충분치 못하기 때문에 다른 보완책을 찾아야 하며, 따라서 이 거래에 약간의 재량이 필요하다고 설득했다. 그러자 푸아송은 당시 그러한 부패 관료를 대하는 데 이미 익숙했기에, 뇌물을 원하는 또 다른 부패한 정부 관리를 대하는 것이라 판단하고 더는 의심하지 않았다고 한다.

이렇게 해서 뤼스티그는 에펠탑에 대한 낙찰가뿐만 아니라 고액의 뇌물까지 받아 챙기고는, 역시 사기꾼인 자신의 개인 비서와 함께 현금이 가득 든 여행 가방을 들고 비엔나행 기차에 올라 파리를 뜬다. 놀랍게도 더는 아무런 일이 벌어지지 않았다. 푸아송은 거액을 사기 당하고도 모멸감 탓에 경찰에 신고조차 못했기 때문이었다.

개인비서와 뤼스티그는 숨으려고도 하지 않았다. 오히려 푸아송의 돈으로 호화스러운 생활을 공공연하게 즐겼다. 매일같이 자신들의 사기 행각에 대한 언론 보도를 면밀하게 살폈지만 아무런 뉴스가 없자, 그들은 자신들의 사기 행각이 더는 문제가 되지 않고 해결되었다고 판단했다. 그래서 새로운 일을 꾸미기 위해 파리로 되돌아가기로 결심한다. 첫 번째 사기를 저지른 뒤 단지 6개월밖에 지나지 않았지만 파리로 되돌아간 그들은, 5명의 철물상들을 대상으로 처음과 동일한 수법의 사기를 계획한다. 그러나 그들에게 두 번의 행운은 오지 않았다. 표적이 된 5명의 고철상 중 한 명이 경찰에 알렸고 곧 언론에 기사화되었던 것이다. 그는 어쩔 수 없이 서둘러 미국으로 향한다.

뤼스티그의 사기 행각에 당시 최고의 마피아 두목이었던 알 카포네마저 당했다고 한다. 뤼스티그는 알 카포네를 설득해 당시 거액 5만 달러를 투자받아서는, 그 돈을 2달 동안이나 금고에 그냥 넣어두었다가 거래가 실패했다고 주장하며 전부 되돌려주었다. 뤼스티그의 조작된 정직함에 감명 받은 카포네는 뤼스티그에게 5천 달러를 주었는데, 처음부터 그가 노린 바였다. 이보다 더 놀라운 그의 사기극은 루마니안 박스(Rumanian Box)라고 하는, 소위 '돈을 찍어내는 상자'로 알려진 사기로 이어진다. 그는 뉴욕의 한 캐비닛 제작자에게 그가 특별히 고안한 마호가니 상자를 만들어달라고 부탁한다. 상자의 한쪽에 일련의 복잡한 손잡이들과 지렛대를 설치했다. 그는 자신의 사기 표적들에게 그 상자가 세계 유일의 '돈 복사기'로, 1천 달러 지폐를 한쪽에 넣고 다른 한쪽에는 백지를 넣으면 돈이 복사되어 나오는데, 단 한 가지 문제점은 복사 과정이 6시간이나 걸린다고 설명했다. 신뢰를 얻기 위해 그는 실제로 복사한 지폐를 표적 고객에게 주어 은행에 진위 여부를 확인시켰는데, 그 지폐는 그가 사전에 상자 속에 숨겨놓았던 지폐였다. 이에 거액의 현금을 획득할 수 있다고 믿게 된 고객이 고액을 지불한 뒤 상자를 구입함과 동시에 그는 사라졌다. 당연히 상자에서 지폐는 단 한 장도 나오지 않았다.

뤼스티그가 체포되어 20년 자유형을 선고받고 알카트라즈 교도소에 수감됨으로써 화려했던 사기 행각은 물론이고 범죄생활도 막이 내릴까 싶었으나, 그는 결코 거기서 멈추지 않았다. 그는 결코 탈출할 수 없을 것 같은 교도소에서도 탈주를 감행했고, 탈주에 성공한다. 그가 수용되었던 뉴욕 연방구치소는 당시 주지사가 절대로 탈출이 불가능한 시설(escape-proof)이라고 공개적으로 자랑했을 만큼 보안이 철저했다. 그러나 그는 보란 듯 자신의 재판이 열리기 하루 전날, 담요를 잔뜩 모아 밧줄을 만들고 전기줄 절단기를 훔쳐 세탁실 창문을 자른 뒤, 유리창 청소부로 위장해 교도관들의 눈길을 돌리고는 창문으로 빠져나갔다.

심지어 그가 죽은 뒤에도 그에 대한 미스터리는 이어지고 있다. 가족들은 어째서인지 1949년 8월 31일까지 2년 동안이나 그의 죽음을 비밀에 붙였다고 한다. 탈출 마술의 장인인 미국의 마술사 후디니Houdini가 결박에서 탈출하듯 그가 이 지구로부터 사라지는 건, 결코 그의 가장 위대한 속임수가 아니었다. 심지어 그에 대해 집중적으로 연구하고 조사한 그와 동향 출신의 역사가는 그가 다녔다는 초등학교의 명부에도 그의 이름은 없었다고 주장하며, 심지어 뤼스티그가 태어났다는 일말의 증거조차도 없다고 결론 내린 바 있다. 그러나 '백작' 빅토르 뤼스티그의 진짜 신원은 결코 알아내지 못할 수도 있겠으나, 세상에서 가장 화려한 이 사기꾼이 1947년 3월 11일 사망했다는 사실만은 분명하다.

뤼스티그가 '사기꾼의 왕'이라 불릴 만큼 성공할 수 있었던 이유는 그 나름의 원칙이 있었기 때문인지도 모른다. 우선 표적의 신뢰를 사야 하니 표적이 말하게 하고 절대로 지루해하지 말 것, 그들에게 먼저 정치나 종교에 관해 언급하도록 한 다음 그들의 진술에 동의하고 공감을 표할 것, 절대로 자랑하고 떠벌리거나 캐묻지 말 것, 그냥 자신의 강조점을 은연중 함축적으로 암시하고 표적이 믿도록 할 것, 성적인 제안에 개방적이라는 암시를 주되 표적으로 하여금 먼저 행동하도록 할 것, 그리고 무엇보다도, 절대로 술에 취하지 말고 졸려 하지 말 것. 그가 유념하고 지켜낸 그 나름의 원칙들은, 유람선 부자 여행객들이 그의 획책에 속아 넘어가도록 했을 뿐만 아니라 그 후의 성공적인 사기 행각에도 중요한 지침이 되었다. 범법과 거짓말을 일삼은 사기꾼도 성공을 위해 원칙을 세우고 성실히 지키고자 노력한 결과 목표를 이룰 수 있었던 것이다. 참으로 아이러니한 인생의 비결이 아닐 수 없다.

찰스 폰지
Charles Ponzi

/ 피라미드 사기의 대명사가 된 이름

찰스 폰지Charles Ponzi는 카를로 폰지Carlo Ponzi가 본명이나, 본명보다 여러 가명을 사용하며 미국과 캐나다에서 활동한 전설적인 사기꾼이자 협잡꾼이다. 이탈리아에서 태어나고 자랐지만 그는 20년대 초 이미 북미 지역에서 돈을 모았고, 탁월한 계략과 책략으로 유명해졌다. 그는 다른 나라에서 반송우표를 할인가로 구입해 미국에 들여 와 고객들에게 정가대로 되팔아 그 차익을 얻는 일종의 중개 형태를 취해, 45일 안에 50%, 90일 내 100%의 수익을 보장한다고 약속했다. 실제로 폰지는 후발 투자자들의 투자 자금으로 초기 투자자들에게 수익금을 지급했다. 지금은 폰지라는 그의 이름은, '폰지사기'라는 같은 수법의 사기극과 동일시될 정도로 사기 수법의 대명사가 되었다. 그의 계략은 붕괴되기 전까지 거의 1년여 동안 돌아갔으며, 결국 소위 "투자자"라는 피해자들은 당시 2천만 달러라는 거액을 잃고 말았다.

현재는 피라미드 판매, 즉 다단계 사기의 대명사로 불리는 폰지 수법은 영어로 '폰지 게임(Ponzi Game, Ponzi Scheme)'이라고 이름 붙은 일종의 사기수법이다. 운영자인 개인이나 단체가 합법적인 자원을 통해 확보된 이익이나 이윤이 아니라 오히려 신규 투자자가 투자한 신규자금으로 기존 투자자들에게 배당을 지급하는, 일종의 사기성 투자 운용이다. 이 폰지 수법의 운영자는 통상적으로 비정상적으로 배당이 높거나 비정상적으로 일관된 단기 배당 형태로 여타 투자보다 훨씬 높은 이율의 배당을 약속해서 신규 투자자들을 유인한다. 폰지 수법은 때로는 기대했던 배당을 달성하지 못하기 전까지는 합법적인 경영과 영업으로 시작한다. 그러나 그 합법적이던 영업이 사기적인 조건 하에서 지속된다면 그때부터 폰지 사기가 되는 것이다. 처음 상황이 어떻건 고수익이나 고율의 배당을 지속하려면 사기수법을 유지하기 위해 신규 투자자들로부터 유입되는 투자금이 항상 증가일로여야 한다. 사실 이 수법은 이미 찰스 디킨스Charles Dickens의 1844년 소설『마틴 처즐위츠Martin Chuzzlewit』와 1857년의 소설『리틀 도리트Little Dorrit』에 등장하는데, 1920년에 폰지가 같은 수법을 이용해 실제로 현실세계에서 운영했기에, 이 같은 수법의 사기를 그의 이름을 따서 '폰지사기'라고 하게 된 것이다.

폰지사기는 전형적으로 평균 이상의 지나치게 높은 배당을 약속하며, '역외투자', '고배당', '고수익 투자' 등과 같은 애매한 언어를 사용하곤 한다. 투자 권유자들은 투자자들의 투자에 대한 무지나 무능을 이용하거나, 경쟁 우위를 점하기 위해 비밀이 유지되어야 한다는 우선 투자전략이라고 주장함으로써 투자자를 유인한다. 때로는 헤지 펀드처럼 합법적인 투자도구로 운영을 시작한다. 그러나 헤지 펀드가 예기치 않게 약속했던 배당을 합법적으로 창출하지 못하게 될 때 실패를 인정하지 않고 허위 배당을 가공하거나, 심지어 때로는 허위 감사 보고서를 만들어 운용한다면 폰지사기로 변질되는 것이다.

처음에는 판매자가 보다 많은 투자자를 끌어들이고 기존 투자자들이 추가로 투자하거나 재투자하도록 유도하기 위해 높은 배당을 지급한다. 초기 투자자들에 대한 배당은 이익금이 아니라 신규 투자자들의 투자금으로 지급된다. 이런 점에서 일종의 인공폭포 효과를 만드는 것이다. 즉 처음 호수에 담은 물을 다시 끌어올려 내려 보내는 것이지, 새로운 물을 담는 것이 아닌 것처럼 말이다. 더구나 높은 배당은 투자자들이 떠나지 않고 다시 재투자하도록 하기 때문에 실제로는 투자자들에게 많은 배당금을 지급하지 않아도 된다. 단지 투자자들이 얼마나 벌었는지를 보여주는 자료만 보내면 되는 것이다. 이렇게 함으로 이 수법이 고수익, 고배당 투자라는 속임수를 지속할 수 있게 한다. 또한 높은 배당과 수익을 바라고 장기간 자금이 동결되도록 투자자들에게 신규 계획을 설파하여, 투자자들의 투자금 인출이나 회수를 최소화한다. 다만 투자자가 약속된 배당금을 인출하고자 하면 즉시 지급함으로써, 다른 모든 투자자들에게 투자가 안전하고 지급 능력이 있다는 환상을 갖게 한다.

폰지는 이탈리아의 루고(Lugo)에서 태어났으나, 자신은 파르마(Parma) 출신이고 선조들은 상류층이었으며, 어머니는 '귀부인(Dona)'이라는 직위를 계속 사용했으나 결국 가세가 기울어 가족 모두 거의 무일푼이 되었다고 한 언론사와의 인터뷰에서 밝힌 바 있다. 어린 시절 그는 한때 우체국에서 일했고, 곧 로마대학교(University of Rome)에 입학한다. 부자인 친구들은 대학을 '4년간의 휴가'로 생각했고, 그 또한 그들을 따라 바, 카페, 오페라 극장 등을 전전한다. 그 결과 그는 모든 돈을 다 탕진하고 4년 뒤에도 졸업하지 못하고만다. 이 시기 다수의 이탈리아 소년들이 미국으로 가 부자가 된 뒤 다시 이탈리아로 돌아오곤 했다. 폰지의 가족들도 그에게 그렇게 해서 가족의 잃어버린 옛 명성을 되찾도록 하라고 권했다. 결국 그는 1903년 11월 5일 단돈 1달러 51센트를 들고 미국 보스턴에 도착한다. 그의 진술에 따르면, 그는 '현금은 단돈 2달러 51센트지만 100만 달러어치의 희망을 안고 이 나라에 착륙했으며, 그 희망을 결코 버리지 않았다'는 것이다.

처음 몇 년 동안 그는 온갖 잡일을 했고, 식당 접시닦이로 시작해 웨이터의 지위로까지 올랐으나 손님에게 잔금을 적게 주고 절도를 하는 바람에 해고당한다. 몇 년간 힘겨운 시간을 보낸 뒤, 1907년 그는 캐나다 몬트리올로 건너가 마침 막 이민 온 이탈리아 이민자들을 위해 자로시Zarossi가 문을연 신설은행 방코 자로시(Banco Zarossi)의 은행원으로 취직한다. 당시 그는 불어, 영어, 이탈리아어를 할 줄 알았고, 매력적이고 활달한 성격 덕분에 그 은행에 취직할 수 있었다고 한다. 폰지가 "갑에게서 강도한 돈으로 을에게 지급하는(Robbing Peter to pay Paul)" 사기가 어떻게 작동하는지 처음 목격한 곳이 바로 이 은행이었다. 실제로 자로시는 당시 금리의 두 배인 8%의 이자를 지급했으며, 그 결과 은행은 급속도로 성장했다. 결국 그는 지점장 자리까지 올랐으나 은행은 악성 부동산 담보 대출 때문에 심각한 자금난에 처했고, 자로시가 투자에 따른 이익이 아니라 새로 개설된 계좌에 입금된 돈으로 이자를 지급한다는 사실을 알게 되었다. 결국 은행은 망했고 자로시는 거액의 은행 돈을 들고 멕시코로 도주했다. 폰지도 결국 재정난에 빠져, 은행 고객의 회사에서 위조수표를 사용하다 결국 체포되어 수감 생활을 하게 된다.

1911년 출소한 뒤 이런 저런 직업을 전전하던 폰지는 1919년 여름, 더는 남의 돈벌이를 위해 일하지는 않겠다고 결정한다. 그는 작은 사무실을 보스턴 번화가에 열고는 유럽에서 알게 된 사람들에게 사업구상을 적은 편지를 보내, 좋은 사업기회라며 그들을 사기로 끌어들이려 했다. 몇 주가 지나고 스페인의 한 회사로부터 홍보물에 관해 문의하는 편지를 받는다. 바로 그 편지의 봉투 안에는 전에 한 번도 본 적 없는, 그에게 평생의 사기극이 될 아이디어를 제공한 국제반송우표(International Reply Coupon, IRC)가 들어 있었다. 더 자세히 알아본 결과 그는 이론적으로 자신이 돈을 벌 수 있을, 제도상 허점을 파악하게 되었다. 사실 국제반송우표는 한 나라의 누군가가 다른 나라의 사람에게 편지를 보낼 때 봉투 안에 미리 넣어, 수신인이 다시 답신을 보낼 때 사용할 수 있도록 한 제도이다. 그런데 구매한 나라와 답신을 보내는 나라의 화폐가치와 우표 가격에 차이가 나서 시세차익이 발생할 수 있다는 것이다. 특히 1차 세계대전이 끝나고 인플레이션이 심각해서 우표 가격과 환율이 낮은 이탈리아에서 사서, 가격이 높은 미국 우표를 교환해 미국에서 되팔면 큰 판매차익을 낼 수 있다고 판단했다. 그는 환율과 비용을 제하고도 이런 식의 거래로 이율이 400%를 넘는다고 주장했다. 이는 일종의 중개로서 가격이 낮은 시장에서 구매해 가격이 높은 시장에서 매매함으로써 이익을 남기는, 지극히 합법적인 일종의 '중개'인 셈이었다.

기회를 찾은 폰지는 번역 일을 그만두고 자신의 구상을 상업화하기로 결심하지만, 가격이 싼 유럽국가에서 국제반송우표를 대량으로 구매하려면 거액의 자금이 필요했다. 처음에는 하노버 트러스트Hanover Trust 은행을 포함한 여러 은행에서 대출을 받으려 했으나, 그에게 확신을 갖지 못한 은행들은 대출신청을 거절했다. 그러자 그는 스스로 증권회사를 차리고 90일 안에 원금의 2배로 이윤을 돌려주겠다고 주변 사람들에게 약속한다. 심지어 그는 45일에 50%, 90일에 100%라는 고이율을 보장했다. 당시 은행 이율이 연 5% 정도였음을 감안하면 엄청난 이율이기 때문에 사람들이 일부 투자를 감행하게 되고, 실제로 그가 약속한 대로 이윤을 받게 된다.

그는 곧장 자신의 증권거래회사(Securities Exchange Company)를 설립하고, 사업을 홍보, 조장한다. 처음 투자한 18명에게 그는 다음 달 즉각 바로 (다음에 투자한 투자자들의 투자금으로) 약속했던 만큼의 금액을 지급한다. 소문이 꼬리를 물고 투자자들이 몰려와 그의 사업은 급속도로 팽창했고, 1920년 7월 말에는 하루 100만 달러 정도나 끌어들이는 규모였다고 한다. 그는 은행에 거금을 예치하면 자신의 의견을 은행에 반영할 수 있고 언젠가는 은행장도 될 수 있다는 희망으로, 투자된 돈을 보스턴 하노버 트러스트 은행에 예치했다. 그가 매일 100만 달러 정도의 투자를 유치했으나, 아무리 단순한 분석이라도 그가 거액의 손실을 보고 있음을 알 수 있었다. 신규 투자자들이 계속 몰리고 기존 투자자들도 재투자를 계속하는 한, 기존 투자자들은 신규 투자자들이 투자한 돈으로 지급받을 수 있었다. 폰지는 은행에 예치해두는 것 외에 합법적인 이윤을 남기기 위해 아무런 노력도 하지 않았기 때문에, 투자자들에게 이윤을 지급하는 유일한 방법은 신규 투자자들의 돈으로 기존 투자자들에게 지급하는 것이었다.

그때까지도 후발 투자자들의 돈으로 기존 투자자들에게 이윤을 지급했지만, 실제로 국제반송우표를 현금으로 바꾸는 방법을 찾지 못했다. 또한 그는 결과적으로 우표를 현금으로 바꾸는 것은 '물류상 불가능(Logistical impossibility)'하다는 사실도 깨달았다. 예를 들어 처음 18명의 투자자들의 1700달러로 실제 중개이익을 실현하려면 무려 5만 3000장의 우표가 필요했던 것이다. 이어진 후발 투자자 15000여 명의 투자자들을 위해서는 그냥 유럽에서 미국으로 우표만 실어 오는데도 타이타닉만 한 배를 꽉 채워야 할 정도였다.

그러나 폰지는 투자자들이 계속 이익금을 재투자했기 때문에 이익금 모두가 자신에게 돌아온다는 사실을 발견했다. 이때쯤부터 언론에서도, 금융권이나 감독당국에서도 조금씩 의문과 의심을 품기 시작했다. 보스턴 포스트Boston Post 신문에서는 금융전문가와 계약해 폰지의 투자를 면밀히 분석하도록 했고, 그 결과 폰지가 비록 환상적인 이익을 내고 있지만 이를 위해서는 1조 6천만 장의 우표가 유통되어야 하는데 실제로는 2만 7천 장밖에 유통되지 않았다고 의문을 제기했다. 미국 우정성에서도 반송우표가 국내거나 해외에서나 그렇게 대량으로 구매되지 않는다고 설명했다. 더구나 전체 마진율도 너무 낮아 가격도 낮으며, 매입과 매수 등 거래비용이 이윤보다 많아질 수도 있다고 주장했다. 이 기사 때문에, 폰지는 3일 동안 2백만 달러를 성난 투자자들에게 지급하면서도 걱정할 것 없다고 그들을 달랬다. 이 기사로 그 지역 주 검찰총장이 관심을 갖게 되고 투자자들의 마음을 되돌리기 위해 홍보가 필요해진 폰지가 홍보전문가를 고용한다. 그러나 그는 오히려 금방 폰지를 의심하게 되고 그에 반한 조사를 시작한다. 결과적으로 그는 폰지가 금융과 회계를 전혀 모르는 무지한이며, 그가 하는 일은 오직 '피터에게 이윤을 지급하기 위해 톰의 돈을 강탈하는 것'뿐이라고 주장했다.

문제는 여기서 끝나지 않았다. 매사추세츠 주 금융 위원장은 만약 고객들이 대량으로 투자금을 인출해 폰지의 예금을 초과하게 되면 보스턴의 금융체계에 큰 문제가 생길 것을 우려했다. 더구나 다수의 폰지 계좌를 통해 하노버 트러스트 은행으로부터 25만 달러 이상의 금액을 대출받은 사실을 알고는 더욱 의심이 커졌다. 바로 감사에 착수했는데, 그때 이미 다수의 투자자들이 폰지의 주거래 계좌에서 투자금을 인출해 이미 예치금을 초과하게 되었다. 이에 금융위원장은 인출을 정지시켰고, 이어 주 검찰총장도 폰지가 주장하는 정도의 대규모 거래는 없었다는 진술서를 발표했다. 같은 날 회계사로부터 자신이 적어도 7백만 달러 상당의 빚을 지고 있다는 보고서를 받게 된다. 결과적으로 폰지에게 투자했던 투자자들은 1920년 2천 달러, 2011년 달러로 환산하면 2조 2천 5백 달러의 손실을 보게 되었다.

인간이 만든 사회 시스템은 무척 정교해 보이지만, 한편으로는 늘 이렇게 허망할 정도로 허술한 구석이 존재한다. 한탕을 노리는 사기꾼들은 바로 그 지점을 파고든다. 그러나 결국 그들 또한 그 시스템을 결코 완전히 장악하지 못한 채, 언젠가는 수갑을 차는 운명을 벗어나지 못하고 마는 것이다.

버나드 매도프
Bernard Madoff

/ 역사상 최대, 최장기 투자자문 스캔들의 주인공

존경받는 재정, 금융 전문가가 지속적으로 이익을 되돌려주겠다고 허위로 약속해 수천 명의 투자자들을 유치한 뒤, 10년 동안이나 발각되지 않고 그들에게 6조 5천억 달러의 피해를 입혔다. 사기, 횡령, 자금세탁, 절도 등 11건의 혐의로 체포되어 150년 형을 선고받은 미국 역사상 최대의 금융사기범. 바로 '버니Bernie'라는 애칭으로 불리는 매도프Madoff이다. 1938년 4월 29일 미국에서 태어난 그는 전직 증권 중개사이자 투자자문가이며 금융전문가였다. 그는 과거 나스닥(NASDAQ) 증권시장의 명예회장이었으며, 동시에 미국 역사상 가장 큰 금융사기로 회자되는 피라미드 사기, 즉 폰지 사기극을 스스로 시인한 해당 운영자이기도 하다.

매도프는 1960년 자신을 이름을 딴 투자증권회사 버나드 매도프 투자 증권(Bernard L. Madoff Investment Securities LLC)을 미국 최고 금융가인 월스트리트(Wall Street)에 창립해, 2008년 12월 11일 그가 체포될 때까지 회장 자리에 있었다. 그의 회사는 소매 중개인들로부터 창구에서 직접 주문을 넣음으로써 소위 '전문가(specialists)' 기업을 우회했던, 월스트리트 금융가의 최고 시장 주도 기업이었다. 그는 동생, 딸, 그리고 아들 둘을 회사 요직에 두루 앉혀 소위 족벌경영을 했다고 한다. 사건이 터지자 그의 동생은 10년 형을 선고받았고, 아들 중 한 명은 아버지가 체포되고 정확히 2년 뒤 스스로 목숨을 끊었으며, 또 다른 아들은 림프종으로 사망했다.

2008년 12월 10일 매도프의 두 아들은, 회사 자산관리 부서가 엄청난 폰지 피라미드 사기극이며 자체로 하나의 거대한 거짓말덩어리라고 아버지가 자기들에게 자백했다고 금융당국에 털어놓았다. 다음 날 미 연방수사국의 수사관들이 매도프를 체포해 한 건의 증권사기 혐의로 기소했다. 물론 미국 증권거래위원회(Securities and Exchange Commission)도 과거 수차례에 걸쳐 그의 회사 경영 관행에 대한 수사를 진행했으나 대규모 사기를 적발하지는 못했다. 2009년 3월 12일, 매도프는 11건의 연방 중범죄에 대해 유죄 협상을 받아들였고, 자신의 자산관리 사업을 대규모 피라미드 사기로 전환시켰다고 시인했다. 매도프의 투자 스캔들은 결국 수많은 투자자들에게 엄청난 규모의 자금을 사취했던 것이다.

그는 1990년대 초기에 폰지 사기를 시작했다고 한다. 그러나 수사관들은 빠르게는 1980년대 중반부터 사기가 시작되었으며, 더 빠르게는 1970년대에 이미 시작되었을 수도 있다고 확신했다. 사라진 돈을 회수하는 일을 맡았던 사람들은 그의 투자운용이 결코 합법적이지 않았었다고 믿었다. 변조된 수익을 포함해 고객의 계좌에서 사라진 돈은 거의 65억 달러에 달했으며, 투자자들의 실질적인 손실액만도 18억 달러에 달하는 것으로 추정되었다. 그 결과 매도프는 2009년 6월 29일 법이 허용하는 최고인 150년의 형을 선고 받았다.

매도프는 전업주부인 어머니와 배관공이자 증권 중개인이었던 아버지 사이에서 뉴욕의 퀸즈 지역에서 태어났다고 한다. 할아버지는 폴란드, 루마니아, 오스트리아를 전전하다 미국으로 건너온 이민자였다. 매도프는 고등 학교를 졸업하고 앨라배마 대학교를 2년 정도 다니다가 호프스트라(Hofstra) 대학교로 전학해 1960년 정치학 학사 학위를 받는다. 대학을 졸업한 뒤 그는 잠시 브루클린 법학전문대학원을 다녔지만, 곧 전술한 증권투자 회사를 월 스트리트에 창립했다. 1960년 창업한 이래 2008년 체포될 때까지 그는 자기 회사의 최고 경영자로 일했다. 회사는 매도프가 수영장 안전 요원과 스프링클러 검사원으로 일해 번 돈 5천 달러, 현재 가치로 환산하면 약 4만 달러로 시작했지만, 장인으로부터 5만 달러를 융자해 회사를 더욱 탄탄히 만들었다고 한다. 일련의 친지와 그들의 가족들을 소개해준, 회계사 장인의 도움으로 그의 사업은 성장하고 번창했다. 회사는 처음에는 기존 증권거래 관행을 따랐으나 뉴욕 증권거래소 회원사들과의 경쟁에서 앞서기 위해, 혁신적인 컴퓨터 정보 기술을 활용하기 시작했다. 시운전을 거쳐, 그의 회사가 개발을 도운 기술이 곧 지금의 나스닥(NASDAQ)이 되었다고 한다. 그의 회사는 한때 나스닥 최대 규모가 되기도 했고, 2008년에는 월가에서 8번째로 큰 규모로 성장했다. 그는 회사에 투자 관리와 자문부서를 설치했는데, 공개되지는 않았으나 바로 이곳이 사기수사의 초점이었다고 한다.

1992년 두 사람의 투자자가 증권거래위원회에 소청을 제기했을 때의 사기수사에서 매도프의 이름이 처음으로 거론되었다. 그러나 매도프가 투자자들에게 환불을 해줌으로써 그 사건은 마무리되었다. 2004년, 증권거래위원회의 소청조사 심사실의 변호사가 상사에게, 매도프의 회사를 세밀히 들여다본 결과 수많은 모순점을 발견했으며, 따라서 더 엄정한 조사가 필요하다고 보고했다. 그러나 그녀의 직속상관 그리고 그 상사의 직속 상사는 즉각 매도프에 대한 수사를 중단하고 그녀에게 분석 결과를 되돌려주며, 대신 개방형 투자신탁업계를 수사하라고 통보했다. 그 상사는 2003년 회사가 수사받던 중 매도프의 조카를 만났고, 2006년 증권거래위원회를 떠나 매도프의 조카와 약혼한 뒤 2007년 결혼한다. 물론 그의 대변인은 그와 그녀와의 사적 관계가 진행되던 동안 매도프증권이나 자회사와 관련된 어떤 조사에도 참여하지 않았다고 항변했다. 형의 선고를 기다리는 동안 매도프는 주위의 경고에도 불구하고, 감독자들이 사기를 적발하지 못한 이유를 수사 중이던 증권거래위원회 감사관을 만났다. 매도프는 사실 2003년 체포될 수도 있었으나 무능한 조사관들이 한 번도 제대로 된 질문을 하지 않았다.

2009년 한 인터뷰에서 매도프는 증권거래위원회 의장 메리 샤피로Mary Shapiro가 진실한 친구이며, 위원장 엘리스 월터Elisse Walter는 그가 너무나도 잘 아는 훌륭한 여성이라고 치켜세웠다. 매도프가 체포된 뒤 증권거래위원회는 금융 전문성이 부족하고, 근면성도 부족하다는 비판을 받게 된다. 1992년 이래 매도프는 증권거래위원회로부터 6차례나 조사를 받지만, 금융전문가들과 내부고발자들의 주장을 등한시하거나 담당자들의 무능으로 다 무산

되고 만다. 그러나 증권거래위원회의 구성원 중 일부는, 매도프가 심지어 거래 자체를 하고 있었는지조차 의심했다. 감사관의 부적절한 행동으로 인한 우려 때문에, 우정국의 감사관에게 외부감사를 실시하도록 했고, 감사 결과 매도프 수사에 대한 증권거래위원회 감사관의 감사에 의문을 품게 된다.

1999년, 금융 분석가 해리 마르코폴로스Harry Markopolos는 매도프가 주장하는 수익은 법률적으로나 수학적으로나 성취하기 불가능하다고 증권거래위원회에 경고했다. 그에 따르면, 매도프의 수치가 전혀 맞지 않는다는 것을 채 5분도 지나지 않아 알았고, 매도프가 사기를 치고 있다는 결론에 도달하는 데는 불과 몇 시간 걸리지 않았다는 것이다. 그의 주장은 보스턴 지사에서 2000년과 2001년 모두 무시되었으며, 보충 증거에도 불구하고 2005년과 2007년 두 번에 걸쳐 뉴욕 지사에서도 받아들여지지 않았다. 그 이후 그는 정부, 업계, 그리고 언론에 매도프의 사기에 대해 경고하기 위해, 자신과 자신의 팀이 10년 이상 울화통을 참으며 계속해온 노력에 대한 책『아무도 들으려고 하지 않았다(No One Would Listen)』를 출간했다. 비록 매도프의 사업이 번창하긴 했으나 주요 기업들은 그의 성과수치들을 믿을 수 없었고 그의 회사와 거래를 하지 않았다. 오히려 그들 기업의 일부 고위층에서는 매도프의 운용과 주장이 정당하지 않다고 의심했다.

매도프 사기극의 전말은 이렇다. 매도프의 직원 두 명에 대한 증권거래위원회 소장에 따르면, 그들은 각각의 고객들에 대해 매도프가 지시한 수익을 바탕으로 가짜 거래 보고서를 작성한다. 예를 들어 매도프가 고객의 수익을 결정하면 직원 한 사람이 전날의 거래명세서에다 지정된 수익을 낼 수 있는 만큼의 주식거래를 허위로 작성한다. 검찰에 따르면, 그들은 거래 내역을 거꾸로 거슬러서 이용할 수 있게 해주는, 특별히 고안된 컴퓨터 프로그램을 활용했다고 한다. 때로는 계좌가 개설되기도 전에 이미 수익금이 결정되기도 했다는 것이다. 매도프는 2009년 3월의 유죄협상에서, 자신의 사기수법의 핵심은 고객의 돈을 고객들이 믿었던 것처럼 모처에 투자해 규칙적으로 일정한 수익을 내기보다는, 그냥 체이스 은행 계좌에 입금하는 것이었다고 밝혔다. 고객들이 인출을 원하면 요청한 금액을 지급하기 위해 다른 고객이나 고객 자신의 체이스 은행 계좌의 돈을 사용했던 것이다.

매도프의 사기수법은 '폰지 계략'이라고도 하는 전형적인 다단계, 피라미드 금융사기로, 비정상적으로 높은 고수익을 보장함으로써 투자자들을 유인하는 것이었다. 물론 폰지라는 명칭은 45일 투자하면 원금의 50%, 90일 투자하면 100%의 수익을 약속했던 사기범 찰스 폰지의 이름을 딴 것이다. 이 수법은 중심 운영자가 새로 가입하는 신규 투자자들의 돈으로 기존 투자자들의 수익을 지급하는 형태로 이루어진다. 이렇게 해서, 비록 어떠한 실질적인 실제 이익이나 수익이나 소득이 발생하지 않는데도 투자자들에게는 합법적이면서 이윤이 창출되는 양 보이게 한다. 반면 운영자는 사기극 뒤에 숨어 판을 키우거나 자신의 이익을 챙기는 데 이 수법을 사용하는 것이다. 투자자들이 한꺼번에 이익이나 수익을 인출하지 못하도록 투자자로 하여금 다시 투자해 심지어 더 크고 높은 수익을 얻으라고 권장한다. 당연히 관련 투자 전략은 애매모호하고 비밀스럽다. 사기범들은 투자자들에게 실제로는 어떤 실질적인 소득을 되돌려주지도 않으면서 고수익을 얼마나 규칙적으로 남기는지만 알려준다.

그러나 이런 수법도 지속 가능하지는 않으며, 결국 언젠가는 무너지게 마련이다. 즉 운영자가 투자금을 갖고 도주하거나, 신규 투자자들을 모집하기가 어려워져서 현금순환이 막히거나, 기존 투자자들이 투자금과 수익금을 한꺼번에 인출하는 경우이다. 그런데도 매도프가 유독 10년 이상이나 장기간 금융사기를 지속할 수 있었던 이유는, 금융업계에서 오랫동안 활동해왔고, 나스닥 시장의 개소에 기여했으며, 전국증권거래자협회 이사이자 증권거래위원회 자문도 겸해, 투자자들이 70세의 업계 베테랑을 쉽게 믿었기 때문이다.

매도프의 사기에 피해를 본 고객들은 다양했다. 유태인인 그는 유태계 공동체사회 내부의 투자 확보를 위해 가족의 성, '매도프'를 철저하게 이용했고, 그 결과 미국여성시온주의자단체(Women's Zionist Organization of America), 엘리 위젤 재단(Elie Wiesel Foundation), 그리고 영화감독 스티븐 스필버그의 분더킨더 재단(Wunderkinder Foundation)을 포함한 다수의 유태계 자선단체와 기관이 이 사기극의 피해자가 되었다. 유태계 연합과 병원들도 수백만 달러의 피해를 당하는 바람에, 이들 중 일부는 문을 닫을 수밖에 없게 되기도 했다. 매도프의 피해자들은 대부분 자선단체나 노인, 유태인들이었다고 한다. 수사 결과에 따르면, 약 36억 달러가 사기극에 투자되었고 그중 18억 달러는 투자자들에게 환수되었으나 또 다른 18억 달러는 증발했다는 것이다.

그러나 흥미롭게도 매도프에게 투자했던 투자자들의 절반 정도는 전체적으로 자신의 투자액보다 수익을 더 많이 받은 승자였다고 한다. 아마도 이들 대부분은 후발 투자자들의 투자금으로 수익금을 지급받은 초기 투자자들일 것이다. 2001년의 보고서에 따르면, 고객들에게 지불되어야 할 돈이

거의 57억 달러에 달하지만 단 2억 6천만 달러만 피해자들에게 돌아갈 수 있었다. 그러나 만약 회수되는 금액이 전부 피해자들에게 돌아갈 수 있다면 피해 총액은 10억 달러 미만이 될 것으로 추정되었다. 정확한 피해 규모는 결코 그 누구도 알 수 없을지 모르지만, 대부분 12억에서 20억 달러에 이를 것이라 추정했다.

매도프는 자신의 유죄 협상과정에서 1991년부터 폰지 계략, 즉 피라미드 다단계 금융사기를 시작했다고 진술했고, 고객의 돈으로 어떠한 합법적 투자도 하지 않았다는 혐의도 시인했다. 단순히 고객의 돈을 자신의 개인 통장에 입금만 하고, 고객이 인출을 원할 때면 그 계좌에서 다른 고객이 맡긴 돈을 인출해 지급하는 수법의 전형적인 고전적 다단계 피라미드식 금융사기 수법을 쓴 것이다.

체이스 은행과 그 승계자인 모건 체이스JP Morgan Chase 은행은 매도프의 은행 계좌로 인해 최대 4억 8천 3백만 달러의 소득을 보았으리라 추정된다. 그는 경제적 불황에도 불구하고 고객의 높은 기대치를 충족시키는 데 총력을 기울였다. 이를 위해 허위 증권거래위원회 보고와 외환 거래 등으로 포장된 허위 거래 활동을 했다고 시인했다. 그러나 그는 자신은 늘 합법적인 거래활동을 재개하려고 애썼으나, 고객의 계좌를 만족시키기란 매우 어려울 뿐만 아니라 궁극적으로는 불가능하다는 사실이 입증되었다고 진술했다. 인간의 욕망과 돈에 대한 추구가 존재하는 한, 사기꾼들은 그 허점을 놓치지 않을 것이다. 지나친 욕망은 세기의 사기꾼들의 공범이 아닐는지.

개스톤 민즈
Gaston Means

/ 돈 냄새를 결코 놓치지 않은 희대의 사기꾼

개스톤 벌락 민즈_{Gaston Bullock Means}는 1879년 미국의 노스캐롤라이나 주 콩코드에서 유명한 변호사의 아들로 태어났다. 미국 남부군의 루퍼스 배링거 _{Rufus Barringer}장군의 조카 손자이기도 하다. 이처럼 좋은 가문에서 태어난 그는 본인 또한 명문 노스캐롤라이나 대학교를 졸업하고 한때는 교사로 일하다가 영업사원으로 변신했다. 그러나 결국, 그를 가장 유명하게 만들어준 평생 직업은 '신용 사기꾼_(confidence trickster)'이었다. 과부를 속여 돈을 뜯어내거나, 중립적 위치였던 미국 내에서 독일의 이익을 증진시켜준다는 명목으로 금품을 제공받거나, 납치된 어린이를 찾아준다는 요량으로 금품을 갈취하는 등의 수작이었다.

물론 그뿐만 아니라 민간 조사원_(private detective), 영업사원, 주류 밀매자

(bootlegger, 미국 금주법 시대 불법으로 술을 제조하거나 판매하던 사람), 위조자, 사기꾼, 살인 용의자, 공갈범 등으로 불리기도 했다. 그는 또한 워렌 하딩Warren Harding대통령 주변에 모여들었던 소위 오하이오 갱(Ohio Gang)의 다른 조직원들에게도 연줄이 닿았고, 억만장자 상속자 린드버그Lindbergh 납치 사건과 관련된 사기범을 속이려고도 해 더욱 유명해졌다고 한다. 이런 화려한 경력 덕분에, 미국 연방수사국(FBI) 국장이던 에드거 후버Edgar Hoover마저 그를 "기존 사법 역사에서 가장 놀라운 존재"라고 했고, 어떤 작가는 그를 "미국 최고의 파렴치한"이라고도 했다.

그를 아는 사람들은 그를 그 누구보다도 더 풍부하고 다양한 악의를 가졌던 사기꾼, 비밀요원, 심지어 살인범으로 기억한다. 그런데도 비교적 잘 알려지지 않았던 인물이지만, 그가 20세기 초 미국 역사에서 가장 완성된, 다각도로 비열한 범죄자로 불리는 데 전혀 무리가 없다는 평가다. 일찍이 그의 전기 작가 프랜시스 러셀은Francis Russell 민즈를 '외관상으로는 둥근 얼굴에 보조개가 생기는 미소, 뾰족한 턱, 그리고 때로는 광기로 깜빡이는 빛나는 눈을 가진 집 없는 천사, 속임수 자체를 즐기는 협잡꾼, 그럴 듯한 거짓말에 사람들이 제대로 속아 넘어갈수록 자랑스러워하는 거짓말쟁이, 속임수와 농간을 예술의 경지에 닿게 하는 능력을 가진 사기꾼'이라고 기술했다. 그가 혹시라도 파리의 날개 한번 떼어낸 적 없고 강아지를 발로 걷어찬 기록이 없다면? 순전히 그래봐야 돈벌이가 안 되는 짓이기 때문이었으리라고 감히 단언한다.

부유한 가정에서 태어난 민즈Means의 형제들 역시 얼핏 보기에는 선량한 인상이었으나, 실제로는 '지옥보다 더 끔찍할 만큼 사악하다'고 여러 이웃들이 입을 모았다. 외모 또한 아버지와 할아버지의 나쁜 기질을 물려받은 듯 보이는 개스톤은, 기억하는 한 태어나서 만족스러웠던 첫 경험이 어머니 지갑에서 직접 돈을 훔친 것뿐만 아니라, 가정부가 그 누명을 쓰고 해고되는 광경을 본 것이었다고 말할 정도였다. 콩코드의 집은 그에게는 천국 같은 곳이어서, 일생에 걸쳐 피난처로 찾곤 했다.

그는 병적인 거짓말쟁이였다. 그의 활동은 온갖 문제들, 비아냥, 혼란을 일으켰다. 그는 항상 어떤 방식으로든 거짓말을 일삼는 바람에, 심지어 그가 직접 눈앞에서 재판 과정에 한 증언조차도 믿기 힘들 지경이었다고 한다. 그는 당시 미국 대통령 경호실(Secret Service)에 근무하던 삼촌을 대신한 수사 업무에 흥미를 갖게 되었다고 주장하지만, 조사관으로서 그의 실질적인 첫 임무는 아버지를 위해 배심원들 뒤를 밟거나 가끔 그들을 위증 교사하는 일 등이었다.

대학을 졸업했다고 알려져 있으나 실은 그저 2년 수료로 그쳤다고 조사된 바 있는 그는 학교 교사로 일하던 중 1902년, 아버지가 변호사로 일하던 섬유회사 캐논Cannon의 영업사원으로 전직한다. 1913년 결혼한 그는 이듬해 회사를 그만두고, 과거 경호실장을 역임했던 윌리엄 번스 William Burns가 뉴욕에서 영업 중이던 민간 조사회사에서 함께 일하게 된다. 1915년, 민즈가 뉴욕 〈커머스 저널Journal of Commerce〉에 기고한 섬유산업 보도를 접한 미국 주재 독일 해군인 카를 보이드Karl Boy-Ed 대위가 민즈에 관심을 갖게 되었다. 그는 실은 미국 내 독일 스파이의 수장이었고, 마침 당시 민즈도 번스의 회사 발전을 위해 독일과의 연결고리를 찾던 중이었다고 한다. 그는 자신의 전매특허인 사기 능력을 발휘해, 독일 자금을 끌어들여 맨해튼의 화려한 호텔

한 층을 전부 임대해 혼자 유용했다.

1915년, 미국 함장들이 독일의 항해 일정을 영국에 제공하고 있다는 특급 비밀 정보를 생산하려는 그의 계획이 실패하자, 그는 전국적인 언론의 관심을 끌게 되었다. 그는 독일을 위해서 했던 일들은 미국이 세계대전에 참전하기 전이라고 합리화했으며, 심지어 나중에는 독일의 자금을 빼돌리려고 했다. 연방정부로부터 기소를 피하기 위해, 독일 첩보활동에 대한 자신의 지식과 정보를 제공하겠다고 제안하기도 했다.

뉴욕의 민간 조사기관에서 일할 때, 그는 더 면밀히 수사되어야 하거나 비난의 여지가 무척 높은 단서들을 담은 보고서를 비싼 비용을 받아가며 만들었다. 그로 인해 그의 명성이 널리 퍼지게 되었고, 1차 세계대전이 발발하기 직전 그는 당시 중립적인 태도를 견지하던 미국에 독일의 이익과 관심을 증대시켜달라는 요청을 받게 된다. 그는 비밀문서와, 잠복 중인 첩보원이 넘쳐나는 비밀 계략과 대응 책략들을 '꾸며'내기 시작한다. 물론 이 모두가 그 당시 기준으로 꽤 큰 액수였던 하루 100달러의 대가 속에서 이루어졌다.

미국이 세계대전에 참전하게 되자 그는 또 다른 먹잇감을 찾아 나선다. 영국 정부가 번스의 회사에 뉴욕에서의 독일 스파이 활동을 조사해달라고 비밀리에 의뢰하고, 동시에 독일도 영국을 조사하기 위해 번스를 고용하려 하자, 번스는 전술적으로 민즈에게 관련 계약을 넘겼다. 민즈가 독일에 대한 정보를 번스에게, 그리고 번스가 영국에 대한 정보를 민즈에게 넘기는 이중 스파이 같은 방식으로 둘은 큰 이익을 챙길 수 있었다. 두 사람은 위조 서류와 꾸며낸 첩보 등으로 꾸며진 다양한 계략을 꾸미고, 스스로 꾸며낸

이 같은 첩보를 빌미로 추가 비용과 대금을 당당히 요구했던 것이다.

독일을 위해 일하던 와중에도 그는 또 다른 사기극을 벌이며 사기꾼으로서의 경력에 정점을 찍는다. 일찍이 유명을 달리한, 시카고의 부유한 목재상 제임스 킹James King의 아내인 모드 킹Maude King이 그의 새로운 피해자였다. 번스 회사를 대리해, 민즈는 모드 킹을 협박하고 재산을 강탈하려던 일련의 영국 사기꾼 집단으로부터 그녀를 구해냈다. 민즈는 이 사건에서 또 다른 '봉'을 하나 잡았음을 동물적으로 직감한다. 그는 아내의 친척들과 장인 그리고 동생의 도움을 받아 서서히 모드 킹의 자산에 대해 검은 손을 뻗기 시작한다.

1917년, 그는 사망한 전 남편의 모든 재산에 대한 모드 킹의 권리를 시카고의 한 신탁회사에 맡기도록 사전 설정되었음을 알았다. 이를 낚아채려면 킹 여사의 또 다른 유서를 위조하는 수밖에 없었다. 이 위조된 유서를 법원에 제출하는 과정에서 돈이 필요했고, 민간 조사관 면허를 잃게 될 가능성에 맞닥뜨리게 된 그는 결국 무모한 행동을 저지르고야 만다. 그는 킹 여사를 콩코드 시로 유인했다. 모드 킹은 그곳에서 총기를 구입한 다음 날 민즈와 동반한 자리에서 총을 맞고 사망한다. 그러나 검시 결과 그녀의 죽음은 사고로 확정된다.

그러나 해당 사건에 대해 각종 언론들은 민즈에 대한 의심을 제기하기 시작했다. 사실 그녀의 머리에서 아무런 화약 성분이 발견되지 않았다. 이는 그녀가 가까운 거리에서 피격당하지 않았다는 의미였다. 다행스럽게도 지방 검사 또한 이 점을 알아차릴 만한 두뇌의 소유자였기에, 그는 즉시 민즈를 살인혐의로 기소한다. 그러자 시카고의 노던 트러스트Northern Trust 회사는 유서가 위조되었음을 확인했고, 뉴욕과 일리노이 주 관계자들이 수사를 개시했다. 시신이 화장된 직후 동생 애프턴 민즈Afton Means가 뉴욕에서 체포 된 뒤 개스톤 민즈의 집이 수색을 당하고, 곧이어 콩코드 시에서 검거되고 만다.

그러나 그는 이에 굴하지 않았다. 그는 모드 킹은 자살했으며, 자신을 이 사건에 연루시키려는 음모는 독일 첩보요원의 공작에 의한 것이라는 어마 어마한 변론으로 자신을 방어하려 했다. 결국 그는 뉴욕과 일리노이 검찰 과 배심에 대한 지역의 적대감 때문에 석방되고 만다. 그 직후 그는 또 다른 음모를 꾸미는데, 과거 자신을 고용했던 독일 첩보원을 미국 군사정보 당 국에 노출시키려 했으나 받아들여지지 않았다. 뿐만 아니라 킹 가문의 부 동산을 확보할 마지막 기회조차 잃고 만다. 그러자 그는 다시 콩코드로 돌 아가 사우스이스턴 익스프레스Southeastern Express 회사를 상대로 사기를 치려고 했다. 시카고로 5만 7천 달러를 보냈으나 화물에는 나무토막만 들어 있었다 는 주장이었다.

1921년, 민즈는 과거 자신의 고용주였던 윌리엄 번스가 미국 법무성 연방 수사국의 국장이 되자 또 다른 기회를 포착한다. 불법을 저지르고픈 그의 본능을 자극하고도 남을 기회였다. 아니나 다를까, 번스는 과거 자신의 직 원이었던 민즈를 연방수사국 특별 수사관으로 고용한다. 그는 하딩Harding 정 권 동안 흡사 '자선부서'로 잘 알려진 법무성에 특히 잘 적응했다. 즉시 가 짜 '정보원(paper informer)'을 고용한 것으로 꾸며 급여를 착복하고, 밀주를 제조 한 뒤 판매자들로부터 뇌물을 받기 시작했다. 1922년까지도 그는 자신이 연 방검찰까지도 포섭하고 매수할 수 있다고 지하세계에 공공연히 떠벌리고 다녔으나, 결국 위기에 봉착해 직무정지를 맞게 된다. 같은 기간 재무부의 세관원으로 일하는 동시에, 후에 번스에 이어 연방수사국장이 된 에드거 후버를 포함한 정직한 관료들을 격앙시켰던 법무성에도 사무실을 두고 있었다. 번스는 그들과의 충돌을 피하기 위해 민즈를 뉴욕으로 보낸다. 뉴욕과 워싱턴을 오가며 출퇴근하던 민즈는 5만 달러의 뇌물을 받아 워싱턴의 고급 맨션을 구입하고, 세 명의 하인과 운전기사를 고용해 지냈다고 한다.

당시 민즈는 큰 실수를 저지른다. 자신의 범죄자 고객들로부터 부정한 용역의 대가로 받은 돈을 처리하던 담당자가 실수로 고객의 한 사람인 존슨Johnson에게 준 영수증이 빌미가 되었다. 존슨이 그 영수증을 법무성 관리에게 제공했기 때문이다. 동시에 민즈는 킹 사건의 변호사였던 토머스 펠든Thomas Feldon을 고용해 뇌물을 협상하도록 했는데, 그와 함께 우편으로 이용한 유리관 판매 사기를 저지르기도 했다. 번스도 더는 법무성 조사로부터 민즈를 보호할 수 없게 되고, 결국 도허티Daugherty 법무장관은 하이럼 토드Hiram Todd를 민즈를 기소할 특별검사로 임명하게 된다. 번스와 민즈는 기소되었으나 검찰을 방해할 수 있었고, 민즈는 특별검사 도허티에 대해 공공연히 적개심을 드러내던 연방 상원의원 휠러Wheeler를 이용해 문제에서 벗어날 수 있다고 생각했다. 그는 심지어 법무부 조사를 위한 상원 소위원회에 출석해 무모하게도 특별검사에게 거래를 제안하기도 했다. 즉각 거절되긴 했지만 말이다. 기소를 피하기 위해 그는 마지막으로, 오랜 친구 제스 스미스Jess Smith는 물론, 하딩 대통령, 도허티 법무장관, 그리고 멜턴Melton 재무장관까지도 엮으려고 시도했다. 그러나 그 모든 시도가 실패한 뒤 처음으로 법원에서 유죄가 확정되어 실형을 선고받게 된다.

물론, 끝이 아니었다. 개스톤 민즈는 교도소에 잘 적응해 소장의 첩자가 되기도 한다. 법무부 사건에서 증언하기 위해 교도소에서 수차례 석방되었고, 심지어 한때는 뉴욕 아파트에서 지내기까지 했다. 1928년, 교도소에서 출소해 콩코드로 . 교도소에 있던 동안, 그는 자신의 이야기에 관심을 드러내던, 유명한 설교자의 부인이자 프리랜서 작가였던 대커Thacker 여사와 친분을 쌓고, 그녀가 집필을 맡아 자신의 이야기를 출간하는 데 합의하게 된다. 1930년 봄, 상스럽고 무례하기 짝이 없는 책『하딩 대통령의 이상한 죽음 (Strange Death of President Harding)』은 출간되자마자 베스트셀러가 된다.

1931년, 민즈는 가장 거대한 사기를 모색한다. 교도소로부터 출소하자 그는 신문기사를 읽어 작성한 정기 보고서를 이용, 자신이 공산주의자들을 수사하고 노출시킬 적임자라고 전국시민연합(National Civic Federation) 의장인 랠프 이슬리Ralph Easley를 설득하는 데 성공했다. 1930년 가족들을 동반해 전국을 돌아다니는 동안 멕시코에서 4천 달러의 금괴를 미국으로 밀반입했다. 사전 연습용이었다. 이래저래 그는 전국시민연합에서 총 20만 달러를 횡령한 뒤 10만 달러 이상의 거금을 자신의 계좌에 넣어두었다. 이렇게 온갖 사기를 치며 축적한 부와 여유로운 생활에도 불구하고 그는 점차 우울증으로 고통받기 시작했다.

뉴욕 조지타운 맨션에 둥지를 튼 그는 재벌 상속녀인 린드버그 납치사건에서 얻어낼 만한 것이 있을지, 어떻게 역취를 할지 고민했다. 결국 그는 아내의 인맥을 통해 린드버그 가의 친구이자〈워싱턴포스트Washington Post〉발행인의 아내 이블린 월시 맥린Evalyn Walsh McLean과, 린드버그의 사촌인 해군장교 이머리 랜드Emory Land 대위를 만난다. 민즈는 자신이 범행을 모의한 남자를 만났으며, 유괴된 아이를 찾을 수 있다고 그들을 설득했다. 그렇게 전국에 걸친 환상적인 사기극을 벌여, 사전에 10만 5천 달러를 맥린으로부터 강탈하고도 3만 5천 달러가 더 필요하다고 요구하자, 맥린 여사의 변호사가 속임수임을 눈치채고 FBI에 알리게 된다. 민즈의 오랜 적이었던 FBI의 후버에게는 더할 나위 없이 만족스러운 제보였다. 그는 바로 민즈를 체포했고, 민즈는 유죄판결을 받아 15년형을 선고받는다. 연방 당국에서는 민즈가 맥린 여사의 재산을 되찾을 수도 있는 버지니아의 연방 교화소나, 그가 너무나 많은 인맥을 둔 조지아 주 애틀랜타 교도소 모두 부적절하다고 판단하고 펜실베이니아의 교화소로 이송하도록 결정한다. 그러나 그의 건강은 점차 악화되고 있었고, 치료를 받았으나 병세는 점점 더 깊어져 결국 1938년 12월 어느 날 숨을 거둔다. 아내 줄리 민즈Julie Means가 남편 개스톤 민즈의 시신을 수습해 고향 콩코드에 안장했다.

부유한 집안에서 태어났고, 늘 돈을 좇아 움직이고 사기 치며 살다 간 민즈. 결국 무덤에 가져갈 수도 없던 그 돈은 그에게 어떤 의미였을까? 어쩌면 돈은 그에게 목적이 아니라 자신의 정체성과 능력을 확인시켜주는, 그래서 끊지 못하고 찾아 헤매야 했던 수단에 불과했을지도 모른다.

조지 파커
George C. Parker

/ 뉴욕을 상징하는 랜드 마크 브루클린 다리Brooklyn Bridge를 팔아먹다

1883년, 미국 뉴욕시를 대표하는 상징물의 하나인 브루클린 다리Brooklyn Bridge가 완공되고 얼마 지나지 않아, 이제 막 스무 살을 넘긴 조지 파커George C. Parker라는 한 날렵한 청년은 불현듯 하나의 아이디어를 떠올린다. 아무런 의심도 하지 않는 관광객이나 이민자들에게 그 교량을 팔 수 있을까? 황당하게도 어이없을 만큼 쉬운 일이었다. 그는 며칠 뒤 또 다른 사람에게 같은 시도를 하고 또다시 성공을 거둔다. 그는 이런저런 다른 사기 행각을 뒤로한 채 브루클린 다리 팔아먹기에 매진하게 된다.

브루클린 다리는 세계적인 대도시 뉴욕을 상징하는 랜드 마크이다. 장엄하고, 시간을 초월하며, 건축공학의 귀감이라는 등 다양한 미사여구로 표현

되는 거대한 우상이다. 그런 브루클린 다리가 매물로 나왔다면 믿겠는가. 거짓말 같지만 수년 동안 여러 번이나 팔렸다고 한다. 물론 모두 사기다. 브루클린 브리지를 사기로 판매한 여러 협잡꾼 가운데 으뜸은 그래도 조지 파커다. 파커는 바보가 아니었으며, 그의 사기는 그저 얼마간 스쳐가듯 사기친 후 야반도주하는 정도가 아니었다.

그는 뉴욕 시민이라면 누구라도, 그때나 지금이나 그중 대부분을 선동할 수 있을 만한, 치밀히 계산된 전략을 확보했다. 우선 현지 실정을 잘 모르는, 엘리스 아일랜드를 통해 미국으로 들어오는 이민자들을 표적으로 삼았다. 막 입국해 입국심사대를 통과한 이민자들을 엘리스 아일랜드로부터 뉴욕시로 운송하는 페리 선박의 근무자에게 뇌물을 준 뒤, 현금을 가장 많이 가진 듯해 보이는 이민자들에게 다가가 친분을 쌓도록 했다. 그들에게 브루클린 다리나 기타 뉴욕의 랜드 마크 시설이나 건축물을 구매할 수 있는 기회를 나눠주겠다고 하도록 했던 것이다. 승무원이 이민자와 가까워진 바로 그 순간, 이민자들은 자랑스러운 랜드 마크의 소유자이지만 급하게 매도해야 하는 파커에게로 보내지고 그렇게 가짜 매매가 완성된 것이다.

파커는 수년간 일주일에 두 번이나 브루클린 다리를 팔아먹었다고 주장한다. 그가 판 다리의 가격은 때로는 5천 달러였고, 어떤 때에는 고작 75달러였다고 한다. 대부분 표적이 가진 돈을, 아니 전 재산을 쏟아붓게 만든 셈이다. 어떻게 그런 매매에 성공할 수 있었을까. 한 가지 방법은, 다리 때문에 엄청난 스트레스를 받고 있는 소유주로 가장하는 것이었다. 브루클린 다리의 실소유자인데 관리하기가 너무 골치 아프고 너무나 스트레스를 받아, 더는 소유하기 힘들다는 것. 그래서 어쩔 수 없이 매각을 결심했노라고 연기하는 것이다. 그는 자신을 교량 건설자라 가장하며 통행료 징수소를 넘기게 되어 기쁘다고 표적들을 속였다. 자신은 다리에 통행료 징수 요금소를 설치해 수백만 달러의 소득을 올릴 수 있었노라고 그들에게 설명하기까지 했다.

사실, 누군가가 자신이 브루클린 다리의 소유자이고 지금 매물로 내놓았는데, 매입비용이 고작 50달러에서 5만 달러에 지나지 않는다면 어떻게 믿을 수 있겠는가. 뇌 한 부분이 살짝 망가지지 않고서야, 어디 그런 속임수에 사기를 당할 수 있단 말인가? 그러나 파커는 감정과 논리를 활용해 사람들에게 매매를 성사시킬 수 있었고, 인간의 몇몇 속성을 이용하는 방법도 알고 있었기 때문에 그 모든 사기 행각이 가능했다고 한다. 예를 들어 파커는 브루클린 다리를 팔 때 탐욕, 동정심, 무책임함, 정직성, 그리고 공허함 등을 이용했다고 한다. 누군가를 속여 사기를 치려면 자신의 탐욕과 공격성을 잘 숨겨야 한다. 파커는 우선 연구를 했다. 그는 사람들이 무엇 때문에 외상이나 신용으로 사고파는지, 무엇이 동기를 부여하는지 잘 알고 있었다. 뿐만 아니라 주요 거래에 관련된 부분에도 지식이 많았다. 예를 들어 그는 가짜 사무실을 마련하고, 가짜 위조 계약서도 만들어서 사람들이 그가 무언가 수상한 짓을 하고 있다는 의심을 하지 않도록 원천 봉쇄했다. 그리고 자신의 거짓된 제안을 받아들이도록 남을 속이려면, 우선 표적으로 하여금 자신이 특별하다고, 특별한 대접을 받고 있다고, 특별한 집단의 일원이라는 느낌을 받게 해야 한다. 누구나 자기 자신이나 자신이 가진 것이 아무나 가질 수 없고 아무나 될 수 없는 특별한 것이기를 바란다. 이 두 속성을 결합하면 대단히 강력한 판매도구가 된다. 파커는 바로 이런 점에 능했던 것이다.

파커는 1936년에 사망했지만, 그의 전설은 그가 사기극을 벌인 브루클린 다리만큼이나 시간을 초월했다. 그는 미국 역사에서 가장 사악하고 성공적인 사기꾼 가운데 한 사람으로서 만인의 뇌리에 살아 있다. 그가 행한 것들은 분명 불법이고 부도덕하지만 그럼에도 불구하고 아직도 무척 인상적이다. 파커는 브루클린 다리만 팔아먹은 게 아니었다. 뉴욕 시의 또 다른 상징물인 자유의 여신상(Statue of Liberty)이나 메트로폴리탄미술관(Metropolitan Museum of Art)은 물론이고 심지어 메디슨 스퀘어 가든(Madison Square garden), 그리고 율리시스 그랜트(Ulysses Grant) 대통령의 무덤까지도 팔아먹었다. 자유의 여신상이나 브루클린 다리를 팔아먹을 때는 판매원의 역할이었다면, 그랜트 대통령의 무덤을 팔 때는 그의 손자를 사칭했다. 물론 그가 폰지나 매도프만큼 일확천금을 만들지는 못했다. 그러나 그는 폰지나 매도프가 다만 꿈만 꾸었을 사기 행각을 완수했다.

파커는 뉴욕의 상징물들을 팔 때 매각 대상물에 따라 판매 사기의 수법을 달리했다고 한다. 그랜트 대통령의 무덤을 팔 때는 손자로 행세하고, 심지어 부동산 매매 사기를 처리하기 위해 가짜 사무실도 만들었다. 매각하려는 대상물의 합법적인 실소유주임을 입증하기 위해 서류도 정교하게 위조했다. 물론 전혀 자신과는 무관해 소유권이 없는 몇몇 공연과 연극 등도 팔아먹는 데 성공했다. 파커는 역사상 가장 성공적이고 또 가장 재능 있는 사기꾼으로 기록된다. 그에 대한 전설은 여기서 그치지 않고 하나의 문장으로도 남았다. 누군가가 속기 쉽다는 의미를 담은 "당신이 믿기만 한다면 나는 당신에게 팔 다리가 있다(If you believe that, I have a bridge to sell you)"라는 경구로.

파커가 표적으로 삼았던 먹잇감들은 이제 막 배에서 내린 이민자들, 미국이 낯선 사람들이었다. 앞서 언급했듯이, 그는 이들 이민자들을 싣고 온 국제선 여객선의 승무원들을 매수해, 돈을 소지하고 부동산을 매입하고 싶어 하는 이민자들의 정보를 입수했다. 이들 이민자들이 표적이 되었던 유일한 이유는, 그들이 미국이라는 나라와 법률을 이해하지 못한 채 막연히 미국을 '기회의 땅'이라고만 과신했기 때문이다. 또한 브루클린 다리가 매물이 된 데는 몇 가지 그럴 만한 이유가 있었다. 우선 이민자들이 내리는 항구로부터 근접성이 좋았다. 사기꾼의 표적이 되기 쉬운 그들 눈에 아주 잘 띄었고, 다리 규모가 워낙 커서 오히려 법망을 피해 가는 동시에, 다리의 이점을 보여줄 수 있었기 때문이다. 그러나 핵심은 다름 아닌 다리의 드높은 명성이었다. 당시 뉴욕에서 가장 잘 알려진 상징 중 하나가 바로 브루클린 다리였고, 다른 하나가 자유의 여신상이었다. 둘 모두 그런 이유로 사기꾼의 판매 대상이 되었던 것이다.

파커의 사기극은 보다 구체적으로, 이렇게 완성됐다. 그는 먼저 아주 공식적으로 보이는 '판매 중(For Sale)'이라는 표지를 모든 사람이 볼 수 있도록 브루클린 다리에서도 가장 눈에 잘 띄는 곳에 설치했다. 그리고 아주 조심스럽게, 대부분 뉴욕시 바깥에서 특히 이민자들을 선택하고 접근했다. 자신이 다리 소유자인데, 다리에 요금소를 설치한 뒤 통행세를 받아 돈을 많이 벌고 있고 요금소에서 일할 사람이 필요하다고 설명했다. 이 요금소 덕에 상당한 돈을 벌고 있다고 강조하고는 잠시 뒤 실은 교각을 매각하려 한다고, 그래서 표지를 설치했다고 밝힌다. 돈이 많이 벌리는데도 불구하고 급히 매각을 결정한 이유는, 뉴욕 아닌 다른 도시에 또 다른 다리를 설계하고 건설하는 데 더 관심이 많아졌기 때문이라고 부연 설명을 한다.

사기꾼들의 기술은 표적의 내면에 도사린 탐욕과 기회주의를 파고드는 것이다. 파커는 그런 방면에 거의 최고의 재능을 지닌 천부적인 사기꾼이었다. 그는 그런 장점을 살려 표적이 아주 헐값으로 사겠다고 제안할 때까지 대화를 조종했다. 심지어 차려놓은 가짜 사무실에 표적을 데려가, 아주 그럴싸하게 위조된 소유권 행사 관련 서류들에 서명해 매각 대금이 자신에게 지불되고 난 뒤 표적에게 건네주는 방식이다.

　　신기하게도 사람들은 어떻게 이런 일이 가능했을까 의아해하지만, 직접 그 대상이 될 경우 심심치 않게 넘어가곤 한다. 인간이라는 존재라면 공통으로 간직한 한탕주의 유전자 때문일까? '814만 5060분의 1'이라는 로또 확률, 그 불가능한 숫자에도 분명 '나라면 그 주인공이 될지도 모른다'는 착각과 욕망이 지금 이 순간에도 또 다른 세기의 사기꾼들을 탄생시키고 있다.

도슨과 우드워드
Dawson&Woodward

/ 뼛조각을 원시인류의 화석으로 날조하다

'필트다운Piltdown' 무용담은 1907년으로 거슬러 올라간다. 독일의 어느 광부가 무려 20만 년에서 60만 년 전 살았던 것으로 추정되는 네안데르탈인과 현대 인류 모두의 조상으로 판단되는 유인원의 턱뼈를 발견하고서부터이다. 이 발견은 1차 세계대전으로 이어진 국가적 갈등의 고조와 함께 영국 국수주의자들의 열등감을 자극했다. 이러한 사회 분위기에 힘입어 그로부터 5년 뒤, 영국의 아마추어 화석 수집가이자 변호사인 찰스 도슨Charles Dawson이 오랜 친구였던 고생물학자 아서 스미스 우드워드Arthur Smith Woodward에게 한 통의 편지를 보내면서, 근대 과학 사기사건 중 가장 유명한 사건의 하나로 알려진 이 화석 사기가 시작되었다. 자신이 독일에서 발굴된 것에 버금가는 인간 두개골의 일부를 발굴했다는 내용이었다. 이 발굴이 그렇게 엄청난 관심을 끌었던 이유는, 인간과 원숭이 사이의 연결고리를 찾았다는 점에서 과학적 가치가 매우 높았기 때문이다.

그렇게 1912년, 고고생물학자 아서 스미스 우드워드와 아마추어 골동품 수집가이자 변호사였던 찰스 도슨은 아마도 인간과 원숭이 사이의 연결고리를 제공해주리라 기대되는 라틴어식 학명 '에오안트로푸스 도스니 Eoanthropus dawsoni("Dawson의 원시인"이라는 뜻)'의 발굴을 알렸다. 그들의 발표는 과학자들과 일반 대중의 엄청난 관심을 끌었으나, 결국 이 원시인 '필트다운 인(Piltdown man)'의 초기 유명세는 역사상 가장 유명한 과학 사기의 하나로 오래도록 세간에 오르내리게 된다. 가장 최근의 과학적 방법, 예를 들어 DNA 분석, 초정밀 측정, 분광학과 가상 인류학 등의 기법을 활용한 재평가 결과, 이 필트다운 인은 오랑우탄 한 마리의 뼛조각과 최소한 두 사람 이상의 인간 뼛조각들을 이용해 만들어낸 가짜 화석일 개연성이 아주 높다는 사실을 드러냈다. 전체 조립 과정에서 그 수법이 매우 일관되며, 원시인 1과 2로부터 나온 뼛조각들이 모두 한 사람의 사기꾼 즉 찰스 도슨을 지목하고 있었다. 그러나 과연 도슨이 혼자 행한 단독 범행인지는 확실치 않다. 아마도 대중의 환호에 대한 갈망과 굶주림이 그로 하여금 자신의 명성을 걸고 수십 년 동안이나 인류학의 발전 과정을 호도했으리라 짐작될 뿐이다. 이 원시인 화석의 발굴로 인해, 도슨과 우드워드 두 사람의 개인적인 명성뿐만 아니라 인류 진화의 연구와 역사에서 그 중심 국가가 영국이라는 명성도 높일 수 있다는 점 또한 그들의 범행 동기가 되었을지도 모른다.

이 정교한 사기극이 공개적으로 알려지기까지 무려 40여 년이 걸렸다. 일찍이 일부에서는 고대 원숭이 화석인데도 최근의 인간 두개골과 많이 닮았으며, 혼합된 매장물인 듯하다는 의문이 제기되기도 했다. 그러나 도슨에 의해, 치아와 두개골 조각으로 구성된 제2의 원시 화석이 이어서 발굴됨으로써 이러한 의문들을 잠재우게 된다. 그러나 이 필트다운 맨만큼 특별한 조합, 즉 원숭이 같은 턱과 인간 같은 두개골의 조합은 아니었다 해도 다양한 유인원 화석들이 중국, 인도네시아, 아프리카 등지에서 자주 발굴되기 시작하면서 원시 화석에 대한 관심도 시들해지고 만다. 그러나 이들의 발굴에 의심을 품었던 자연사박물관의 인류학 부문 책임자와 옥스퍼드 대학의 과학자들이 필트다운 원시인 1의 일부를 분석한 결과, 동시대 유물이 아니었으며 발굴된 턱은 도슨과 우드워드가 내세운 정보보다 훨씬 더 최근의 것임이 드러났다. 현 시대의 원숭이 턱과 인간 두개골이 유사한 방식으로 녹을 입혀 원시인에 접목되었다는 것이었다.

아서 스미스 우드워드 경은 물고기 화석 전문가로 알려진 영국의 고고생물학자였다. 우드워드는 대학을 졸업한 뒤 1882년, 자연사박물관 지질학 부서의 직원으로 합류한다. 그는 그 부서에서 승진을 거듭해 1901년에는 해당 부서의 관리 책임자가 되었다. 같은 해에 고고생물학회 사무총장이 되고 1904년에는 지질학회 회장으로 선임되었으며, 1901년에는 왕립 협회 회원으로도 가입하게 된다. 그는 영국 박물관의 화석물고기 도감을 편찬한 화석 물고기 전문가로서 남아메리카와 그리스 등 세계 곳곳을 탐사했고, 자연사박물관의 위탁으로 아테네 근방의 피케르미Pikermi 지방을 발굴했다. 고고생물학에 대한 공헌으로 1917년 왕립 협회로부터 수상한 로열 메달Royal Medal, 지질학회 메달, 린네 협회Linnean Society 메달, 그리고 1917년에 받은 뉴 사우스 웨일즈 왕립 협회New South wales Royal Society의 메달을 포함한 다수의 상을 수상했다. 1924년에 정년을 했지만 1942년에는 미국 국립학술원의 메달을 수여받기도 했다. 그는 지질학계와 고고생물학계, 특히 화석 어류학계에서 세계적인 전문가였으며 그에 따른 다수의 수상 실적에 걸맞게 세계적인 명성도 얻었다.

그런 우드워드의 명성에 종지부를 찍은 사건이 바로 뼛조각을 모아 화석 원인인 것처럼 조작, 날조한 이 필트다운 맨 사기이다. 그가 남부 영국에서 발굴된 새로운 종의 사람과에 속하는 동물, 즉 원인에 대해 자신의 이름을 걸고 확인해주었는데, 그가 사망한 뒤 사기로 밝혀진 것이다. 그는 인류가 정해진 방향으로 진화한다는 정향진화(orthogenesis)의 옹호론자여서, 화석 기록에서 진화의 일반 추세를 찾을 수 있다고 믿었고, 인류도 그러한 진화 추세의 한 산물이라고 추정했다. 그는 자신의 그러한 생각을 "최초의 영국인" 이라는 저서에 상세히 기술했다고 한다.

이 화석 원인(遠人)이 조작된 것으로 알려지고, 아마추어 고고생물학자요 화석 수집가인 찰스 도슨이 이 화석 사기의 범인이라고 알려져왔다. 그러나 과학계와의 공모가 없이는 그가 그렇게 희귀한 고고생물학 유물에 어떻게 접근할 수 있었는지 설명하기가 쉽지 않다는 주장이 제기되어왔다. 당시 알려진 바로는 아서 스미스 우드워드가 그 중심에 있었다는 것이다. 그가 모든 필수적인 표본에 대한 지식을 갖고 그 모두에 접근할 수 있었던 사람이었기 때문이다. 그는 날조된 인류 화석에 심어진 앞어금니에 대해 최초로 기술했고, 코끼릿과에 속하는 화석동물의 어금니 조각들도 그가 1901년에 수집했던 피케르미에서의 발굴과 관련 있으며, 자연사박물관에 해당 표본을 도록으로 만든 장본인도 그였기 때문이다. 여기에 또 하나, 파타고니아 고고생물학적 표본이 그 사기에 사용된 '아주 두꺼운' 두개골로서 모종의 역할을 했다고 알려졌는데, 우드워드가 1899년에 이와 관련된 두개골도 다수 수집했다는 것이다. 실제로 두개골의 그림이 그의 소장본에서 발견되기도 했다고 한다. 이런저런 이유에서 도슨-우드워드 공모설은, 아마도 그들이 1912년 전까지 약 30여 년 동안 나누었던 교류로 인해 가능했으리라 해석되고 있다. 해당 표본의 발굴 및 발굴 시점이, 정향적 진화원리가 인류 진화에 있어서 "채우지 못한 연결고리"를 정확하게 예측할 수 있다는 우드워드의 믿음에 대해 지지를 보낸 것으로 분석되었던 것이다. 우드워드가 이처럼 그 연결고리에 집착했던 이유는, 바로 그러한 발굴로 인해 자신이 영광스러운 자연사박물관장 직의 유력한 후보가 될 수 있으리라 믿었기 때문이라는 것이다.

일부에서는 그러나 우드워드가 무고하다고 주장한다. 이러한 주장은 도슨으로부터의 편지 한통에 근거하고 있다. 그러나 이들 문서들은 공개서한들이기 때문에 전적으로 그러한 문서에 기초해 유죄를 확신해서도 안 되며 동시에 무죄로 간주해서도 안 될 것이다. 관리 책임자인 우드워드의 서신은 당연히 관장의 검토를 받기 마련이기 때문에, 알면서도 그가 그러한 사기에 의도적으로 가담했으리라고 단정하기란 쉽지 않다. 그런데도 우드워드의 가담에 대한 의문이 완전히 가시지 않는 이유는, 그가 찰스 도슨과의 관계를 30여 년이나 유지해왔으며, 이는 그 어떤 '의심' 이상으로 복잡하고 밀접한 관계임을 시사하기 때문이다. 그러한 유대 없이는 어떤 음모를 공동으로 설계하는 데 필수적인 신뢰가 불가능하기 때문이다. 도슨은 발굴지에 대한 접근은 가능했을지 모르지만 혼자서 일을 해내기에는 표본이나 전문성이 부족했고, 사기에 이용된 여러 자료 발굴지와 우드워드의 밀접한 관계가 그의 관련성을 지적하는 중요한 물적 증거로 작용했다. 그가 해당 사기에 가담했다는 사실이 발굴과 관련된 많은 의문과 수수께끼를 잘 설명해주었다. 즉 도슨-우드워드 연계야말로 필트다운 사기를 충분히 설명해줄 수 있는, 필요한 요소들을 상당수 제공했다는 것이다.

그러나 이 원시화석 사기에 대한 정확하고 확실한 해결은 현재까지도 중요한 문제라고 한다. 이는 과학자들을 향한 일종의 경각심을 일깨우는 경고이기 때문이다. 보고 싶어 하는 것만을 보지 말고 객관적이어야 하며, 심지어 스스로의 발굴들을 가장 강력한 과학적 검증에 부쳐야 한다는 경고말이다. 당시 20세기 초에는 불가능했던 유전자 분석이나 초정밀 계측, 분광학과 가상인류학 등과 같은 과학적 방법들은, 과거 조사에서는 교묘하게 피해 갈 수 있었던 대답들을 정확히 얻을 수 있다는 희망을 안겼다. 물론 현대의 정교하고 발전된 물리 인류학에 힘입어 이런 사기극이 다시 발생할 가능성은 매우 낮다. 그러나 과학자들이 자신의 과학적 발굴과 발견에 대한 기대에 집착한 나머지, 너무 쉽게 너무도 빨리 자의적인 해석에 의존하고 그 결과를 수용할 위험성은 여전히 존재한다. 인간이란 참으로 불가사의할 정도로 연약한 이성을 지닌 존재이기 때문이다. 가장 합리적이고 논리적인 과학의 영역에서조차 인간은 이처럼 자기자신을 잃어버리게 되니 말이다.

볼프강 벨트라키
Wolfgang Beltracchi

/ 세기의 미술품 위조범, 예술가인가 사기꾼인가?

그들은 국제 미술시장에서 2600만 유로 달러나 사취한 사기범 부부라기보다는 흔한 샌프랜시스코의 히피처럼 보였다. 남편 볼프강은 스포츠 진을 입고 어깨까지 길게 늘어뜨린 갈색 머리에 턱수염과 구레나룻을 하고 있었다. 법정의 네온 불빛 아래, 재판을 받던 60세의 그는 마치 찰스 1세 왕과 프랭크 자파Frank Zappa 사이의 기묘한 혼합과도 같아 보였다. 그의 공범인 53세의 아내 헬레네Helene도 막 히피들의 여름 축제(Summer of Love)에서 튀어나온 것 같았다. 법원의 재판이 열리기 전 그들은 군중과 언론 앞에서 열정적으로 껴안기도 했다. 몇몇 독일 언론에서는 이 서로 사랑하는 부부가 적어도 독일 미술품 사기 역사에서 가장 큰 예술품 사기 사건을 주도했음을 자백하고 시인했다고 '매우 동정적'으로 보도하기까지 했다. 볼프강 벨트라키 Wolfgang Beltracchi는 미술가이면서도 미술가로서보다 미술품 위조로 더 유명해 진 독일의 미술품 위조 작가다. 그는 수백 점의 미술품을 위조해 국제적인 미술품 사기를 통해 수백만 유로를 벌었다고 시인했다. 그는 자신의 아내 와 또 다른 공범인 마르크 파이더Mark Feider와 함께 자신들의 위작, 위조품을 막스 에른스트Max Ernst, 하인리히 캄펜딩크Heinrich Campendonk, 페르낭 레제Fernand Leger, 키스 반 동겐Kees van Dongen 등을 포함한 유명 작가들의 원작으로 판매했 던 것이다. 비록 14개의 작품을 위조하고 판매해 2860만 유로, 즉 4500만 미국 달러의 불법이득을 챙긴 혐의로 유죄가 확정되었으나 그는 자신이 약 50점 정도를 위조했다고 주장했다.

벨트라키의 이야기는 그의 얼굴의 미소가 보여주는 것처럼 선량하거나 평범하지 않다. 64세의 그는 천재성을 지닌 화가인 동시에 세기의 위조범으 로 정의되고 있다. 일부에서는 그를 '미술계의 로빈 후드'라고 하며, 그의 명 성에 걸맞게 〈벨트라키-위조의 예술〉이라는 기록 영화가 상영되었을 정도 다. 그렇다면 진정 그는 누구일까? 지난 35년여 동안 그는 300점 이상의 작품 을 그렸으나 불행하게도 자신의 이름이 아닌 유명작가의 이름으로 작품을 완성하고, 그렇게 위조된 작품을 아내에게 팔도록 했다. 그의 위작은 너무나 뛰어나, 심지어 죽은 작가의 부인조차도 벨트라키가 그린 그림을 보고 남편 이 남긴 가장 아름다운 그림이라고 칭송했을 뿐만 아니라 전문가들까지도 그의 그림들이 진품이고 명작이라고 생각했다. 그는 자신이 위조품을 만들 지 못할 작가는 없다고 주장했다. 그저 꼼꼼히 연구할 필요가 있을 뿐이며, 단지 르네상스 작품들이 현대미술보다 더 어려울 따름이라고 주장했다.

1951년생인 그는 아버지도 교회소장 미술품을 복원하고 벽화를 그리는 사람이었다. 그의 아버지는 수입을 더 보전하기 위해 렘브란트, 세잔, 그리고 피카소 등의 작품들의 값싼 복제품을 제작했다고 한다. 아버지의 영향을 받아서였을까. 그는 그런 아버지의 붓 솜씨를 물려받아 한 단계 더 발전시켰다. 자신의 진술에 따르면, 그는 고작 14살이던 때에 파블로 피카소의 그림을 복제했으며, 17살 때 이미 학교에서 퇴학당했고, 결국 아헨의 미술학교로 옮겨 갔다고 한다. 그는 또한 젊은 시절 아편과 LSD 같은 약물을 복용했으며, 약간의 미술품 위조도 시작했다고 진술했다. 그는 한곳에 정착하기보다는 모로코, 암스테르담, 스페인의 마요르카, 그리고 프랑스 등 유럽을 두루 돌며 생활했다고 한다. 1980년대에는 짧은 기간이지만 그는 한 비즈니스 파트너와 함께 화랑을 운영하기도 했으나, 두 사람은 곧 갈라서게 되었다. 동업자는 벨트라키가 자신의 집에서 미술품들을 훔치고 빼앗아 갔다고 비난했으나 벨트라키는 물론 이 혐의를 강력하게 부인했다.

그러나 그의 실질적인 범죄 행각은 그가 1993년 헬레네 벨트라키와 결혼하고서부터 시작된다. 특이하게도 그는 결혼을 하면서 자신의 성인 피셔 Fisher가 아닌 아내의 성인 벨트라키로 이름을 바꾸었고, 그들 부부는 헬레네의 여동생과 동료 한 사람과 함께 일당을 이루어 일련의 연속적인 미술품 위조 범행을 벌이게 된다. 그들의 범행 특징 중의 하나는 기존 미술품을 복제하는 대신, 유명 미술가들의 잃어버리거나 확인되지 않은 작품들을 의도적으로 창작하는 것이었다. 벨트라키의 첫 번째 작업은 따라서 적정한 캔버스를 찾는 일이었고, 이를 위해 그들은 작품이 그려지고 서명된 미술품 경매를 찾아서 돌아다녔다. 그는 그림의 맨 위에 있는 페인트를 벗겨내고 그 위에 물감을 그려서 넣었다. 비록 그가 과학자는 아니었어도 그의 수법은 나름 혁신적이고 실험적이었다. 심지어 그는 세월이 흐르면서 생기는 그림 표면에 금이 가게 하기 위해 그림을 오븐을 넣고 적정한 온도로 맞추기도 했다. 작품이 진품임을 화랑이나 수집가들에게 확신시키기 위해, 미술품 수집가였던 아내와 동료의 조부들로부터 미술품들을 상속받았다는 지난 수년 동안의 거짓 이야기를 꾸며내기도 했다. 어쨌거나 사람들은 그 이야기가 사실이기를 바란 사람들 덕분에 그들의 사기극은 먹혀들었고 성공할 수 있었다. 그 결과 그의 위조품 중 일부는 원작자 중의 한 사람인 막스 에른스트의 친한 친구이자 유명 미술사학자로부터 찬사를 받고 급기야는 그의 회고전에 특별 전시되기도 했을 정도였다.

볼프강과 그의 아내는 2010년 8월 27일 독일의 프라이부르그에서 체포되어 각각 6년과 4년형을 받았으나, 그들이 정규적인 직업을 유지하는 한 개방 교도소(여기서 말하는 개방 교도소는 'Open Prison'을 번역한 것으로, 일반 교도소는 담장과 철창 등 도주를 막기 위한 보안시설이 철저하나 개방 교도소는 그러한 보안 시설 없이 개방되었기 때문에 누구나 언제라도 마음만 먹으면 도주할 수 있는 교도소다)에서 형을 살 수 있도록 허가되었다. 그들 부부는 친구의 사진관에 고용되어, 아침에 교도소를 나가 일터로 가서 일과 후 저녁에 교도소로 다시 되돌아왔다.(이러한 교도소 프로그램을 '외부통근'이라고 한다.) 교도소에서 형기를 사는 동안 그는 사진가 친구와 함께 공동으로 자신의 사진에 덧칠하는 그림을 포함한 다수의 작품을 내놓기도 했다. 그들의 공동 작업은 2012년에 끝나고, 아내는 2013년 2월에, 그리고 벨트라키도 2015년 1월에 교도소로부터 석방되어 오로지 자신의 이름으로만 그림을 그리겠노라고 동의한 뒤 독일에서 프랑스로 이주한다. 그들의 이야기는 책으로도 만들어졌을 뿐만 아니라 기록영화로도 만들어져서 그해 최고의 기록영화 대상을 타기도 했다. 그들의 미술품 위조 사건으로 다수의 미술품 평가 회사들이 수모와 조롱을 당했으며, 많은 소비자들이 미술품의 신빙성을 잘못 보증한 미술품 전문가들을 상대로 손해배상을 제기했다. 이들과 공모해 위조 작품을 판매하려고 한 일부 화랑 대표자들도 공범으로 기소되기도 했다.

경찰이 벨트라키와 그 일당이 위조한 것으로 의심되는 작품 58점을 확인했으나, 벨트라키는 자신들이 50명 이상 작가들의 작품 수백 점을 위조했다고 주장했다. 그들이 위조한 미술품의 출처를 제공하기 위해 그들은, 헬레네의 할아버지가 1920년대 유명 미술품 수집가였다는 이야기를 꾸며내기도 했다.

그의 석방은 곧 런던, 뉴욕, 파리, 베를린 등의 미술세계를 전율케 했다. 미술품 구매자, 수집가, 그리고 화랑 소유주들 모두가 벨트라키가 다시 붓을 잡을 것인가 자문했다. 그들의 의문에는 그럴 만한 이유가 있었다. 2010년 독일 경찰의 총대 앞에서 체포될 때까지 거의 20년 동안이나 그는 국제 미술시장에 수백, 수천만 달러의 손실을 가져다준 수백 점의 위조 미술품을 거래하기 위한 체계적이고 대담한 사기극을 벌였기 때문이다. 그는 20세기 현대미술가들, 특히 캄펜덩크의 작품들을 주로 모사하는 데 특화했다. 당시 현대미술을 증오하던 나치의 박해로 외국으로 도피한 캄펜덩크의 작품들은 그가 1957년에 사망한 후 그 가치가 급증했다. 그렇게 유명하지는 않았지만 가격이 매우 높았고, 더구나 그가 얼마나 많은 작품을 남겼는지는 오리무중이어서 캄펜덩크는 위조범들에게는 완벽한 표적이 되었다.

이 사건에서 흥미로운 사실 하나는 벨트라키 일당에 대해 여론이 엄청나게 동정적이었다는 점이다. 독일 언론에서는 기만적인 은행가들과 비교해서 벨트라키 일당은 보통 사람들의 예금에서 돈을 사취하지 않았으며, 오로지 사기당하기를 원했던 사람들만 사취했다고 쓰기도 했다. 그는 비록 유죄를 받았지만 누구도 해치지 않고, 수집가들로부터 거액을 사취했지만 세상에서 위대한 예술가로 칭송받고 유명세와 자기실현을 이루었다. 많은 사람들에게 미술품의 위조는 위협적이지도 않고 피해자도 없는 범죄이며, 피해라는 게 있다면 오로지 대단한 부자들에게만 해당되는 것으로 여겨진다. 정말 그런 것일까?

과연 사람들은 왜 그리고 어떻게 예술작품 위조자가 되는가? 벨트라키에 대한 의문은 약간은 조심스럽다. 그는 사실 전후 유럽 역사에서 가장 대담하고 화려한 예술품 사기의 하나를 주도했다. 십여 년 동안이나 이 독학의 화가는 자신의 그림을 마치 최근에야 발굴된 주로 초현실주의와 표현주의 현대미술 대가들의 명작인 것처럼 속여서 넘겨왔다. 그들은 위작들을 소더비와 크리스티를 비롯한 유명 미술품 경매상을 통해 유럽 전역에 비싼 가격으로 팔았다. 심지어 막스 에른스트의 위작 중 하나는 뉴욕 현대미술관(Metropolitan Museum of Art)의 회고전에서 수개월 동안이나 전시되기도 했다.

예술과 사기의 영역은 과연 어디에서 어디까지이며 어떻게 구분할 수 있을까? 참으로 다양한 가치판단이 공존하는 세상은 여전히 흥미롭고 알 수 없는 곳이다.

로베르트 베스코
Robert Vesco

/ 미국 정치 및 사회배경과 떼놓을 수 없는, 세계를 떠돈 투자증권 사기꾼

로베르토 베스코Robert Vesco는 미국의 금융인, 재정 투자자이자 해외로 망명 중인 투자증권 사기 범죄자이다. 수년 동안 위험한 투자와 의문스러운 신용거래를 한 그는 증권사기 혐의로 금융당국과 법 집행기관으로부터 추적을 받자, 당국의 수사를 피하기 위해 즉각 미국을 떠나 미국과 범죄인 인도조약이 체결되지 않았거나 거의 지켜지지 않는 다수의 중남미 국가와 카리브 해 연안 국가에서 망명 생활을 시작했다. 베스코는 악당으로 소문난 사람으로, 자신만의 자율국가를 설립하기 위해 안티과Antigua로부터 카리브의 섬을 매입하려고 시도했고, 추방당하지 않으려고 코스타리카Costa Rica의 "베스코법"까지 만들기도 했다. 2001년 한 인터넷 매체는 그를 "논란의 여지

가 없는 망명 재정 금융인의 왕"이라고 기술했다. 일련의 망명 생활을 하다가 1982년 쿠바Cuba에 정착한 그는, 1989년 마약 밀반입 혐의와 1990년대 "사기와 부정한 경제활동", "국가의 계약과 경제 계획에 위배되는 행동"을 한 혐의로 쿠바 정부에 의해 기소된다. 언론은 13년 형을 선고받고 쿠바의 형무소에서 수형생활을 하던 그가 2007년 하바나의 한 병원에서 폐암으로 사망했다고 보도했으나, 일부에서는 그가 죽음마저 위장했을 수 있다며 그 죽음에 의문을 표했다.

베스코는 미국 역사상 가장 큰 규모의 사기 중 하나를 저지른 것으로 알려진 금융 사기꾼이다. 그는 현재 금액으로 약 1억 달러에 해당되는 최대 규모의 금융사기를 지휘한 후 1973년 미국에서 해외로 도주했으나 사기로 편취한 거액의 자금과 정치력 덕분에 십 수년 이상을 해외로 도주해 망명 생활을 지속했다. 고등학교 중퇴생인 그가 바하마Bahamas, 코스타리카, 안티, 니카라과Nicaragua, 쿠바를 거치며 10여 년 이상 외국의 수상과 대통령들을 부패시키고 속였다. 포브스Forbes는 그를 세계 400대 부자 중 한 사람으로 올리면서 그의 직업을 '도둑(thief)'이라고 적었다. 그러나 그는 베스코와의 관계로 더럽혀진 다수의 정치인 중 마지막으로 그의 보호자였던 쿠바의 피델 카스트로Fidel castro를 곤경에 빠트렸던 마지막 간계로 인해, 결국 재소자가 되고 만다. 그가 1983년 쿠바에 도착했을 때는 이미 그가 IOS로부터 사취한 2억 2천 4백만 달러의 돈 대부분은 이미 사라진 후였다. 망명 생활이 많은 비용을 요할 뿐 아니라, 그의 사생활이 화려했고 또 강제로 출국당해 미국으로 인도되지 않으려면 적재적소에 많은 사람들을 매수할 필요가 있었기 때문이었다. 그를 받아준 국가들도 그를 인도할 의향이 없었다. '적의 적은 동지'

라는 말처럼 그들 국가의 적, 즉 미국의 적인 베스코는 그들의 동지였던 것이다.

디트로이트의 크라이슬러 자동차회사 근로자였던 이탈리아계 미국인 아버지에게서 태어난 베스코는 고교를 중퇴한 뒤 자동차 수리공장에서 일하기 시작했으며, 그때 그는 "지옥 같은 디트로이트를 떠나, 회사 사장이 되고, 백만장자가 된다"라는 세 가지 목표를 세웠다. 막 30살이 지나 그는 세 가지 목표를 다 이루었다고 한다. 20대 중반 다니던 공업학교도 투자회사에 다니기 위해 중도에 그만두고, 알루미늄 시장에서 구매자와 판매자를 연결해주는 800달러의 독자적 주식회사를 설립해 운영하다가 급기야는 휘청거리는 알루미늄 공장의 자본 일부를 매입하기에 이른다. 1965년까지 그는 International Controls Corporation이라는 회사를 인수하는 데 충분한 자금을 빌릴 수 있었다. 적대적인 확장과 대출로 재정을 확보한 다른 사업체를 공격적으로 인수하는 과정을 통해, 그는 ICC를 빠른 속도로 성장시켰다. 1968년에는 항공사와 몇 개의 제조공장도 소유하게 되고, 베스코는 5천만 달러에 달하는 주식을 소유하게 되었다.

아마도 이미 조금은 지나치고 의심스러운 부분도 있었지만, 그의 나름대로 합법적인 기업 활동은 여기서 끝나는 것 같았다. 1970년, 그는 미국 증권거래위원회(SEC)와 문제가 생겼던 금융전문가 버나드 콘필드Bernard Cornfield가 경영하던 주가 1억 5천만 달러의 투자신탁회사인 Investors Overseas Service를 성공적으로 인수하기 시작한다. 회사가 재정적 어려움에 처하자 어떤 '백기사(white knight: 현 경영진의 경영권 방어에 우호적인 주주)'도 관련되고 싶어 하지 않았다. 바로 이때를 기회라고 판단한 베스코는 동료들의 반대에도 불구하고 회사의 통제권을 확보하기 위한 장기전을 콘필드와 시작했다. 콘필드는 스위스에서 구금되었고, 베스코는 회사에서 수천만 달러를 빼돌린 혐의로 고발당했다. 국제금융, 재정 분야의 다수 유명 인사들이 베스코나 콘필드로부터 서로 자기편을 들어달라는 부탁으로 돈을 받는 등, 이 혼란에 뒤엉켰다. 베스코에 대한 고발 사항의 하나는 그가 IOS 투자자들의 소유인 자금을 일련의 가짜 회사에 유치했다는 것이다. 그 가짜 회사들 중 하나가 네덜란드의 베른하르트Bernhard 왕자와 연관된 암스테르담에 주소를 두었었다고 하며, 그는 또 지분을 확보하기 위해 스위스 은행 금고에도 침입했다는 것이다. 그러나 이들 혐의는 그가 해외로 도주해 미국과 범죄인 인도조약이 체결되지 않았던 나라들을 오가며 15년여를 보냄으로써, 결국 입증되지 않았다. 1973년, 그는 자신에 대한 범죄 혐의가 분명해지자 IOS의 투자금 2억 2천만 달러를 가지고 회사 전용 제트기를 타고 코스타리카로 도주한다. 그는 국외 도피 중에도 ICC 주식의 26%에 대한 통제력을 유지하려고 시도하지만, 그에 대한 5가지의 확실한 증권사기 혐의로 기소되어 미국으로 돌아갈 수 없게 된다. 1981년 그와 그의 가족에게 1200만 달러를 지급하고서야 ICC가 베스코로부터 완전히 자유로워진다.

대부분의 사기 범죄에서처럼 베스코도 정치와 결탁해 정치적 영향력을 과시하고, 그것으로 자신의 사기 행각에도 도움을 준 것으로 보인다. 1970년대 그는 IOS로부터 2억 2천만 달러를 빼서 해외로 도주했는데, 코스타리카로 도주하기 직전까지도 자신의 활동에 대한 SEC의 수사를 중단시킬 희망으로 당시 대통령이었던 리처드 닉슨Richard Nixon의 조카인 도널드 닉슨Donald Nixon을 통해 닉슨 대통령에게 거액의 정치헌금을 제공했다. 뿐만 아니라 그는 1972년 닉슨 재선에도 20만 달러의 비밀 정치헌금을 한 혐의로 수사를 받았다. 그는 그 대가로 법무장관이 SEC 의장에게 영향력을 행사해 주기를 바랐으나 성공하지 못한다. 결국 해외로 도주하고 나머지 관련된 정관계 인사들, 법무장관, 대통령재선위원회 재정위원장, 자신의 법률자문 변호사(그는 비록 최종적으로는 기소가 기각되었지만), 모두 사법 방해 혐의로 기소되기에 이른다.

코스타리카에서 베스코는 당시 코스타리카 대통령이었던 피게레스Figueres가 설립한 회사에 210만 달러를 기부하고, 아마도 그 대가로 대통령은 베스코가 인도되지 않도록 보장하는 법안을 통과시킨다. 피게레스 대통령의 임기가 1974년에 끝나고 다음 대통령인 로드리고Rodrigo가 소위 "베스코법"이라고 하는 법률을 폐지하자, 1978년 그는 처음에는 낫소Nassau로 갔다가 다음엔 안티과로 체류국을 옮긴다. 안티과에서 그는 바르부다Barbuda라는 섬을 매입해 출처가 의심스러운 국제 기금에 대한 피난처로 삼았다. 자체 법률을 가지고 자체 여권도 발급하며, 따라서 자신을 인도하지 않을 수 있는 '재정 특별구', 이른바 '나라 안의 나라'라고 할 수 있는 독립된 주권국가를 세우려고 했으나 실패하자, 그는 1978년과 1982년 두 번에 거쳐 다시 코스타리카로 돌아가려 했으나 코스타리카 정부가 이를 거절한다. 그 후 그는 니카라과Nicaragua에도 살게 되는데, 그에게 입국을 허용했던 이들 나라들은 그의 막대한 부가 지역개발사업에 큰 재원이 되리라는 기대감에서 그를 받아들였던 것이다.

베스코는 1982년 그가 앓고 있던 요로감염을 치료해줄 수 있고, 미국으로 자신을 인도하지 않을 나라인 쿠바로 체류지를 옮긴다. 쿠바 당국은 그가 어떠한 금융거래에도 참여하지 않겠다는 조건으로 그를 받아들인다. 그러나 1989년 베스코는 마약 밀반입 혐의로 기소되고 만다. 그의 만행은 여기서 그치지 않는다. 1990년대 동안 도널드 닉슨이 면역력을 증대시킨다는 약물에 대한 임상실험을 위해 정부와 파트너를 구하고자 쿠바를 찾자, 베스코는 다시 닉슨에게 관여하게 된다. 베스코는 닉슨을 쿠바 지도자 피델 카스트로와 동생 라울 카스트로에게 소개했고, 쿠바 정부는 실험을 위해 실험실과 의사들을 제공하기로 합의했다. 1995년 5월 말경, 베스코는 닉슨과 라울 카스트로를 사취하려고 시도했고, 쿠바 당국은 베스코를 체포하게 된다. 쿠바 외무성에서는 그의 체포와 관련해 '외국 특수기관의 기관원이거나 앞잡이'로 의심되어 구금했다고 설명했으나, 공식적으로는 '사기와 불법적 경제활동', 그리고 '정부의 계약과 경제계획에 위배되는 행동'으로 기소되었다.

베스코는 증권투자 사기를 비롯한 다수의 범죄 행위로 1971년 미국을 떠나 해외로 도주했으나, 그는 어떠한 이념마저도 돈으로 극복할 수 있음을 반복해 보여주었다. 그를 보호해주는 사람이나 그와 밀접한 동료들 중에는 민주적으로 선출된 코스타리카의 대통령, 니카라과의 좌익 산디니스타Sandinistas, 컬럼비아Colombia의 코카인 왕, 테러로 점철된 리비아Libya 정부, 그리고 공산 쿠바의 피델 카스트로가 포함되어 있다는 사실이 이를 잘 보여준다.

베스코가 모든 것을 과시하고 과대평가하는 것은 아마도 열등감이 그 동기가 되었을 것이라 여겨진다. 그의 출생 신분이나 학력, 그리고 직업 등 거의 모든 배경이 빈한하고 미천했기 때문이다. 그의 이러한 원한과 한, 그리고 과대 망상적 편집증이 그로 하여금 리처드 닉슨과 같은 거물 정치인을 보다 더

잠재적인 정신적 지주로 삼고 싶어 하게 만들었을 것이다. 베스코는 매우 논리정연하지는 않았다 해도 매우 지능적이었지만, 자신에 대한 통찰이 부족했다고 할 수 있다. 그의 지나친 에고ego와 자존심이 그로 하여금 문제를 야기하는 자기 파멸적 재능으로 이끌었을 것이다. 그렇다고 그가 혼자인 것만은 아니었다. 그가 가는 곳마다 그가 하는 일마다 항상 그를 돕는 회계사와 변호사들이 있었다. 그는 포효하는 1960년대의 아들로서, 당시 미국사회는 반전운동 등 해방 기운이 넘치고 오늘날보다 훨씬 더 많은 것이 폭넓게 용인되는 시기였다. 온갖 종류의 큰 희망과 야망을 키웠던 때이기도 했다. 무엇이든 할 수 있다는 기운이 넘치고, 그래서 누구나 무엇이라도 이룰 수 있고 때로는 빠져나갈 수도 있다고 생각하던 시기였다. 신흥 갑부들은 벼락부자가 될 수 있다는 아메리칸 드림에 대해 관대한 태도를 보였다. 바로 이런 시대적 상황도 베스코의 범행 동기에 어떤 배경이 되었을 것이다.

범죄는 결코 단독으로 진행되는 것이 아니라, 한 시대를 반영하는 산물이기도 하다.

케네스 레이
Kenneth Lay

/ 분식 회계뿐만 아니라 죽음까지 의심받는 사기꾼

케네스 레이Kenneth Lay는 미국의 거대 에너지회사인 엔론Enron의 설립자요 CEO로서 10건의 주식사기 혐의로 대배심원에 의해 유죄가 확정된 전문 경영인이다. 그의 이름은 당시에는 경영진 사기와 부패의 별칭이 되기도 했다. 그는 1942년 4월 15일, 미주리의 텍사스Texas 카운티에서 태어나 같은 주의 컬럼비아Columbia로 이주해 자라고, 미주리대학교에서 경제학 학사와 석사 학위를 받았으며, 대학 재학 중에는 남학생 사교클럽(Fraternity)의 회장을 맡기도 했다. 그는 미주리대학교에서 석사학위를 받은 후, 휴스턴대학교에서 경제학 박사학위를 받는다. 곧이어 미국의 연방 내무부의 에너지 담당 차관보로 근무하다가 거대 다국적 석유회사인 엑슨Exxon에서 일하면서 에너지

회사와의 인연을 시작한다. 결국 자신의 회사인 엔론을 설립해 세계적인 에너지 기업으로 성장시키게 된다. 그런 공적으로 그는 1999년 4240만 달러라는 거액의 보상금을 받으며, 미국에서 가장 보수를 많이 받는 CEO 중 한 사람이 된다.

사실 레이의 삶은 가난하게 시작되었으나 그의 신분은 너무나 높이 상승해, 한때 아버지 부시대통령이 경제부 장관을 제의했으나 그 자리가 자신의 존엄에 미치지 못한다고 생각한 그가 입각 제의를 거절하기도 했을 정도였다. 경영계에서 그는 CEO의 롤 모델이 되었고, 미래의 세계경제와 세계정치에 관한 그의 의견은 폭넓게 수용되었다. 많은 사람들이 그의 성취를 부러워했을지라도 그는 워낙 사람이 좋아서 그를 원망하거나 미워하는 사람은 거의 없었다고 한다. 그러나 그런 그도 2000년대 초 존경받던 재계 지도자에서 자신의 지위와 명예를 위해 수억 달러를 부당하게 챙긴 경멸받는 실패자로 추락하게 된다.

미주리의 작은 도시에서 전도사의 아들로 태어난 레이는 미국 사회에서 마치 별똥별처럼 신분의 수직상승을 누려서 부시 대통령은 그에게 '케니보이Kenny boy'라는 별명을 붙여주기도 했을 정도였으며, 10여 채의 집을 소유하고 4억 달러 이상의 개인 자산을 가진 풍요로운 삶을 살았다고 한다. 그러나 회사의 파산으로 인해 어느 해직 사원이 '나는 엔론에서 해고당했다'라는 조롱 섞인 티셔츠로 무언의 항변을 했던 것처럼 그는 증오와 조롱의 대상이 되고 말았다. 레이에 대한 의혹은 여기서 끝나지 않고 전직 사원들은 미국에서도 가장 비싼 휴양지의 최고급 별장이라는 레이의 사망 장소에 대해서도 몇몇 지점을 들어 비꼬기도 했다. 그가 그렇게 엄청난 일을 저지르고도 그처럼 화려한 생활을 누릴 수 있었다는 데 대해 분노한 시민들은 그가 수갑을 차고 끌려가기를 원했던 것이다.

기소장에 기재된 그의 범죄 혐의에 따르면, 그는 1999년과 2001년 사이 수차례에 걸쳐 동료 임원진들과 함께 대중 투자자들, 미국연방증권거래위원회와 기타 엔론의 진정한 경영 실적에 관한 사항들을 속이기 위한 광범위한 계략에 가담했다는 것이다. 추궁을 받고 있는 계략은 엔론이 분석가들의 공식적 기대에 부합되는 건전하고 예측 가능한 정도로 성장하고 있으며, 심각한 결손이나 빚이 없으며, 투자 가치가 있을 만큼의 신용등급이며, 일련의 성공적인 기업경영 집단으로 구성되어 있고, 적정한 현금도 보유하고 있는 것으로 보이도록 만들기 위해 고안해낸 것들이었다고 한다. 이는 곧 엔론의 주가를 인위적으로 끌어올리는 효과를 가져와, 1998년에 주당 대략 30달러에서 2001년 80달러까지 주가가 올랐다고 한다. 기소장에 의하면, 레이가 그러한 계략에 가담한 것은 바로 상당한 금전적 이익을 얻으려는 동기에서였다. 결과적으로 그는 천문학적인 액수의 금전적 이득을 얻을 수 있었다고 한다. 그는 계략의 일부로서 실질적이거나 합리적으로 성취 가능한 결과에 기초하기보다는 분석가들의 기대치에 기초해 비현실적이고 성취가 불가능한 목표를 설정했다. 당연히 회사는 지속적으로 그 목표에 훨씬 미치지 못하게 되고, 그때마다 그와 임원진들은 실제 결과와 예측 결과 사이의 격차를 메꾸기 위해 일련의 회계 조작을 의도적으로 지휘했다는 것이다. 그러고는 엔론이 분석가들의 기대치를 상회했다고 공개적으로 발표했다는 것이다. 뿐만 아니라 그들은 분석가들, 기자회견, 그리고 증권거래위원회 등에 엔론의 경영과 회계에 대한 허위 발표를 하고 호도했다고도 한다.

연방증권거래위원회(SEC)에 따르면, 그는 엔론의 경영 실적과 재정 상황에 관한 공식 발표를 호도하고, 허위 문서를 만들고, 공개 발표된 회계결과를 허위로 발표함으로써 회계 사기를 위한 광범위한 계략과 책략에 주도적인 역할을 했다. 또한 엔론의 주식을 실제 가격을 반영하지 않은 높은 가격에 대량으로 판매함으로써 상당한 부당 이익을 얻는 범죄에도 가담했으며 그는 2001년에 엔론의 경영실적이 급속도로 나빠지고 있다는 사실을 구체적으로 알면서도 엔론의 재무회계 사정에 관한 잘못된 공시와 허위 발표를 수차례 만들었다는 것이다.

레이의 회사 엔론은 결국 2001년에 부도를 내고 만다. 당시 엔론의 부도는 미국 역사상 가장 규모가 큰 부도로서, 전체적으로 2만 명의 임직원이 직장을 잃었다. 많은 경우에는 연금마저 잃었고, 투자자들 또한 수억 달러의 손실을 보게 되었다. 2004년 7월 7일, 레이는 회사의 파산에 대한 책임으로 인해, 대배심원에 의해 11건의 주식사기, 문서의 위조와 조작, 그리고 유선사기 혐의로 유죄 확정된다. 물론 그는 자신의 재판에서 회사 주식의 90%를 소유한 자신이 회사를 부도나게 할 이유가 없으며, 회사의 파산은 언론, 일부임원, 그리고 단기 주식매도자들의 음모 때문이라고 항변했다. 그러나 검찰은 회사가 대부분 가공된 이익과 점점 정교해진 회계부정으로 인해 재정적으로 위태로운 상태였다고 주장해, 레이는 2006년 5월 25일 배심원에 의해 6건의 교사와 사기혐의로 유죄가 확정되고, 또 다른 재판에서도 4건의 사기와 허위진술 혐의 추가로 유죄가 확정되어 같은 해 9월 11일 선고공판이 이루어질 예정이었다. 불구속 상태로 재판받던 그가 콜로라도에서 휴가를 즐기던 2006년 7월 5일, 과거 병력이 있었던 심장마비로 갑작스럽게 사망한다.

그는 부정직과 경영 비리로 '수치심의 유산(Legacy of shame)'을 남긴 미국 역사상 '최악의 CEO 3위'로 평가되고 있으며, 그의 행동은 '지도력, 지배구조, 그리고 책임의 표준(Standards of leadership, governance, and accountability)'에 관한 기본적인 기업 개혁의 초석이 되었다고 한다.

레이는 우리에게 그가 행한 사기와 음모뿐만 아니라 한 가지 더 불가사의한 논쟁거리를 던지기도 했다. 바로 그의 죽음에 대한 진실공방이다. 그의 죽음이 인터넷을 타자마자 바로 음모론이 퍼지기 시작했다. 어느 인터넷 블로그는 그가 자신이 수감되기 직전 자살했다는 것이 의심스럽지 않은지, 그가 자신의 죽음을 속이려면 몇 명의 의사에게 뇌물을 주어야 할지, 의사 한 사람으로도 충분할지 또는 그가 교도소로 가야 할 사람이라면 경찰이 이중으로 특별히 더 챙겼어야 되는 건 아닌지, 시신은 분명히 있지만 그것이 그의 시신인지 누가 확신할 수 있는지, 그리고 그의 집으로 피자를 배달했다는 배달원의 말이 귓전을 울리는 것은 왜일지 의문을 제기하고 있다. 여기서 한발 더 나아간 경우 누군가에게는 죽음이 오히려 또 다른 직업과 경력상 이동이 될 수도 있다고까지 주장한다. 그의 죽음에 대해 이처럼 논란과 의문이 제기되는 것은 바로 그가 죽은 시점 때문이다. 그가 단순히 형기를 하루도 살기 전에 죽었다는 것이 아니다. 선고 직전 그가 죽음으로써 그의 유죄가 지워질 수 있고, 따라서 그의 재산을 몰수하려면 그 과정이 더 심각하고 복잡해지기 때문에 그의 죽음 시기와 시점이 절묘하다는 것이다. 그의 죽음은 그에 대한 유죄 평결을 무효화시키며, 그의 부동산과 자산을 몰수하려는 정부의 노력을 일시적으로 방해하고, 힘들게 쟁취한 정부의 승리를 무력화시키는 것이었다. 이런 점들을 고려할 때, 그는 자신이 죽기에 완벽한 시간을 택했다는 것이다. 물론 이것이 그가 자신의 죽음을 속였다는 사실을 의미하지는 않지만, 그의 죽음은(만약 그가 아직도 살아 있다면) 그와 가족들에게 엄청나게 편리한 것이라는 주장이다.

결국 레이는 자신의 유죄 확정과 선고, 그리고 구금을 피하기 위해 자신의 죽음까지도 속였다는 것이며, 실제로 그는 죽지 않았고 사기로 획득한 엄청난 현금을 가지고 다른 어느 외국 어디에선가 자유롭게 노닐 것이라는 주장이다. 이런 주장은 어떻게 나왔을까? 우선 아무도 그의 시신 자체를, 사실 아직도 표면 위로 진실로 사망했음을 보여주는 의학적 증거나 사진 증거 전혀 보지 못했다는 점이다. 몇 가지 진술서만 있을 뿐 그가 확실히 죽었다는 확고한 증거는 제공된 적이 없다는 것이다. 구체적으로 우선, 그가 사망했을 때는 그가 콜로라도에서 휴가를 즐길 때여서 사망지가 콜로라도인데도 현지 병원의 응급실 의사가 아닌 휴스턴의 목사가 그의 사망을 발표했다는 점, 레이가 60대 초반이었지만 어떠한 건강상 문제도 없이 매우 건강해 심장마비의 가능성이 낮다는 점, 그의 시신이 곧바로 콜로라도에서 화장될 것이라고 발표한 점 등이 의심을 사고 있다. 무엇보다 대통령 선거가 임박해, 부시와 친분이 두텁고 거액의 정치자금을 후원한 당사자로서 형을 선고받게 되면 선거에 악영향을 미칠 것을 우려한 나머지 그가 사망했다고 속임으로써 이를 극복할 수 있다는 정치적 음모론까지 등장했기 때문이다. 무엇보다도 그가 자유형을 피할 수만 있다면 엄청난 재산을 가진 그가 살아야 할 이유는 충분했지만 법률적으로 형을 피할 수는 없었으며, 부시도 대통령으로 그를 사면하기엔 정치적인 부담이 너무나 커지기 때문에 이 모든 문제를 단숨에 해결할 유일한 방법은 그의 죽음을 조작하는 것

뿐이라는 주장이다. 그는 그렇게 세금 천국인 국가에서 여생을 편히 사는 선택을 했으리라는 것이다.

보통 사람들에게는 심장마비란 엄청나게 불행한 일이다. 그러나 엔론의 CEO 레이에게는 심장마비가 자신에게 일어날 수 있는 최상의 일이었다. 생각해보라, 평생을 교도소에서 보내야 하는데 마음속으로는 스스로를 무고한 사람이라고 확신한다면, 그냥 받아들이기엔 너무나 큰 형벌이 아닌가. 역시 기대했던 대로 적지 않은 사람들이 그가 죽은 시기가 너무나 완벽하다고 여기며 그의 죽음 자체에 회의적이어서, 그들은 레이가 자신의 죽음을 속임으로써 종신형을 피할 수 있었다고 주장한 것이다. 뿐만 아니라 유죄 확정과 선고 사이에 사망하는 피의자는 더는 유책하지 않기 때문에, 그의 죽음으로 적어도 서류상으로는 그가 더는 범죄자가 아니다. 결국 그는 기술적으로는 전과 기록이 남지 않게 되며, 이 또한 그의 재산 보호에도 결정적인 역할을 할 수 있다는 점에서도 그의 죽음에 의문을 표하기도 한다. 물론 이런 주장에 대한 반론도 만만치 않다. 연방검찰의 기소라는 압박이 곧 살인자라는 것이다. 연방검찰의 기소는 곧 유죄가 확정되면서 처음으로 불안감이 조성되고, 선고 단계를 거쳐 구금되면서 최고조에 달하게 되는데, 특히 거대기업의 총수였던 그에게는 이러한 압박이 더욱 극심했을 것이고, 이것이 심장마비로 연결되었을 것이라는 입장이다.

그를 알고 존경하는 다수의 사람들에게 그는 명석하고, 열심히 일하며, 점잖은 사람으로서 미국 역사상 가장 큰 기업 파산에 책임이 있을 수 없는 확고한 사람이었다. 그의 성공을 뒷받침했던 바로 그런 그의 특성들, 지칠 줄 모르는 야망, 고집스러운 낙천주의, 그리고 믿음과 같은 속성들이 그의 좌초에 일익을 담당했을지도 모른다고 월 스트리트 저널은 분석했다.

사람은 믿는 대로 본다고 한다. 레이의 삶과 죽음을 바라보는 사람들의 시선들에 관한 이야기가 이 말을 다시 떠올리게 한다.

the baby that I love with

Chapter 2

아름다움과 능력에
속는 인간의 한계여!

뛰어난 외모와 능력으로 사람을 홀린 사기꾼들

타이타닉 톰슨
Titanic Thompson

/ 천부적인 재능과 노력으로 탄생한 희대의 내기 도박꾼

과연 이 세상에 존재하는 모든 것에 도박을 걸 수 있을까? 여기 그런 인물이 실존한다. 희대의 내기 도박꾼인 타이타닉 톰슨Titanic Thompson이다. 본명이 앨빈 클래런스 토마스Alvin Clarence Thomas인 그는, 20세기 초 당시 미국 최고의 도박가, 노름꾼, 골퍼로 유명했다. 드넓은 미국 방방곡곡을 누비며 카드, 주사위 놀이, 골프, 사격, 당구, 말발굽 던지기를 하고, 무엇보다 직접 개발하기까지 한 '제안내기(proposition bets)'에 돈을 걸곤 했다.

감각이 뛰어난 그는 양손잡이였고, 골퍼, 카드놀이꾼, 저격수, 사기 당구꾼으로서 그의 현란한 기술과 명성은 세계적인 도박 영웅 멀린Merlin에 비교되기도 한다. (멀린의 매력과 명성은 영화와 뮤지컬로 지금까지도 대중에게 큰 사랑을

받고 있는 〈아가씨와 건달들Guys & Dolls〉의 소재로도 쓰인 바 있다.)

그에게 본명인 앨빈보다 타이타닉이라는, 우리에게도 익숙한 별명이 붙은 일화가 있다. 그가 내기 당구를 칠 때마다 누구든 다 이겨버리는 바람에, 누구도 더는 그와 내기 시합을 하지 않게 되었다. 그러자 그는 당구대를 뛰어넘어 보겠다며 또다시 새로운 내기를 제안한다. 그리고 실제로 당구대를 뛰어넘는 묘기를 선보인다. 당구장 주인은 혀를 내두르며 말했다. "도대체 어떻게 저럴 수 있는지 이유는 모르겠지만, 부딪칠 때마다 늘 우리를 가라앉히는 걸 보면 저치는 '타이타닉Titanic'인 게 분명해." 알다시피 타이타닉은 빙산과 부딪히는 바람에 탑승객 1500여 명이 사망한 호화 여객선의 이름이다.

앨빈 톰슨은 1892년 미국 미주리 주에서 태어났는데, 도박중독도 유전이었을까. 그의 아버지는 앨빈이 태어날 때도 동네 바에서 도박에 빠져 있어, 아들의 출생 따위는 안중에도 없었다. 앨빈의 어머니는 곧 남편의 도박중독을 견디다 못해 이혼하고, 돼지 농장을 하던 농부와 재혼을 한다. 그러나 앨빈은 독실한 기독교도인 가족과는 다른 길을 걷기로 결심한다. 그는 언제나 집을 떠날 구실을 찾았고, 당연히 학교생활에 잘 적응하지 못했다. 오늘날 기준으로는 문맹에 가까웠던 그는 그러나, 오히려 조기에 학교를 그만두는 과감한 결단[2] 덕분인지 독창적인 사기 수법이나 기술, 도박 전략과 전술, 기막힌 손놀림을 개발하고 연습하는 데 더 많은 시간을 투자할 수 있었다.

포커에 대한 자신의 천부적인 재능을 깨닫기 전 그는 체커나 도미노부터 시작했다. 카드 한 벌에 교묘히 표식을 해놓는 바람에, 그를 이기기란 불가능했다. 그 표식은 아주 간단하지만 효과 만점이었다고 한다. 예를 들면 좋은 카드는 모서리에, 나쁜 카드는 다른 곳 아무데나 표식을 하고 중간 카드에는 아무런 표식을 하지 않았다. 심지어 그는 다른 사람의 카드에도 손톱으로 아주 작은 표식을 남기곤 했다. 다른 사람의 눈에는 보이지 않지만 놀라울 정도로 동체 시력이 좋았던 그만이 알아볼 수 있는 표식이었다.

어린 시절부터 도박 기술을 독학하고 개발하며 터득해간 그는 1908년경, 16살이던 해에 주머니에 단돈 1달러도 없이 드디어 집을 떠났다. 미국의 남중부 지역을 중심으로 수지맞는 도박과 노름을 일상으로 삼는 방랑이 시작된다. 그러던 중 1918년 초 미국이 제1차 세계대전에 참전하게 되자 징집된 그는, 타고난 감각으로 훈련소에서 뛰어난 역량을 발휘해 병장 계급까지 진급하지만 전장에 직접 투입되지 않고 장병들을 훈련시키는 임무를 수행했다. 물론 장병들에게 군사훈련만 시키는 데 그치지 않고 도박기술까지 가르친 다음, 그들을 상대로 도박을 벌여 상당한 돈을 따낸다. 도박으로 딴돈 5만 달러 이상을 들고 1918년 전역한 뒤, 고향에서 어머니에게 집을 사주는 데 대부분의 돈을 사용하게 된다.

그 뒤 그는 온갖 기술을 연마해 자기 것으로 한 뒤, 상대방이 작정하고 그보다 더한 사기를 치지 않는 이상, 언제 어디에서 누구에게든 거의 모든 '제안(proposition)'에서 다 이김으로써 지하세계의 전설로 등극한다. 그가 남긴 유명한 제안 내기들은 이런 식이다. 호두를 던져서 건물을 넘길 수 있다거나 (사전에 호두의 속을 비우고 납덩이를 미리 넣어두었지만), 커다란 방 열쇠를 자물쇠에 던져 넣을 수 있다거나, 거리 표지판이 잘못되었다고 내기를 걸기 전에 미리 표지판을 옮기는 등의 수법을 동원하는 것이다.

한번은 당시 골프 전문가의 비거리가 고작 200야드 남짓일 때, 자신은 히코리(호두나무의 일종) 목재 드라이버로 골프공을 500야드나 날릴 수 있다고 내기를 제안한다. 그리고 겨울이 올 때까지 기다렸다가, 시카고의 얼어붙은 미시간호수 위로 공을 날린 뒤 굴려서 500야드 이상을 보냈다. 그렇게 내기를 이겼다고 한다. 한번은 자신이 머무는 호텔 앞에 서서 기다리다가 수박을 가득 싣고 지나가는 트럭에 실린 수박의 개수를 알아맞히겠다는 내기를 제안했다. 실제로 세어본 결과 놀랍게도 2개밖에 틀리지 않았다. 그 비밀은 무엇이었을까? 물론 당연히 그의 사기성 계략이 그 비법이었다. 사실은 하루 전에 트럭기사에게 미리 돈을 주고 수박 개수를 정확하게 센 다음, 정해진 시간에 정확하게 호텔 앞을 지나가도록 했던 것이다. 2개의 오차는 아마도 트럭기사가 푼돈에 눈이 어두워 오는 도중 행인에게 팔아버렸기 때문이 아닐까 싶다. 이렇게 다양한 방법으로 수많은 내기를 이겼지만 그가 오로지 경마에서는 실패를 거듭해 수백만 달러를 잃었다니, 참 기묘한 일이다.

타이타닉 톰슨은 도박과 내기의 귀재인 동시에 숙달된 운동선수이자 명사수였으며 독학으로 연마했지만 프로로 전향해도 충분할 정도로 뛰어났던 골프선수이기도 했다. 비상한 시력과 손과 눈의 운동조정(hand-eye coordination) 능력은 그의 불우한 환경을 미안해한 신의 선물이었는지도 모른다. 30대 초반이 되어서야 뒤늦게 입문했는데도, 그는 샌프란시스코의 한 골프장에서 상당 기간 동안 머무르며 클럽 프로선수에게서 레슨을 받고 기술을 닦아 급격하게 향상되었다고 한다. 그때부터 그는 장장 20년 동안 내기골프를 했다. 당시는 유명 프로선수들이 1년에 겨우 3만 달러를 상금으로 벌던 때였다. 톰슨은 유한 컨트리클럽 회원들을 대상으로 내기 골프를 해서 매 주마다 그 정도의 돈을 벌었다고 한다. 주위에서 프로로 전향할 것을 제안하자 그는 상금이 너무 적어서 싫다고 답했다는 것이다.

그가 뒤늦게 연마한 골프로도 그렇게 많은 돈을 번 이유 중 하나는, 태생은 왼손잡이였지만 후천적인 노력을 통해 오른손도 왼손 못지않게 잘 활용하게 되었고 골프 또한 양손 모두를 써서 잘 쳤기 때문이다. 함께 오른손으로 골프를 치다가, 자신은 왼손으로 칠 테니 대신 판을 두 배로 키우거나 판돈 전부를 다 걸자는 식의 제안을 해 이기는 식이었다. 그는 골프뿐만 아니라 모든 내기에서 확률을 천부적으로 잘 계산했고, 그 쪽에 집중해 돈을 거는 능력이 탁월했다고 한다. 무엇보다 상당한 압박감이 따르기 마련인 내기 상황에서 그 심리적 무게를 너무나 잘 이겨냈다고 한다. 확실히 자신감은 모든 능력을 증폭시키는, 보이지 않는 힘이다.

'타이타닉' 톰슨은 당시 야구의 신이라 불리던 베이브 루스Babe Ruth나 미국 문학을 대표하는 대문호 마크 트웨인Mark Twain만큼이나 상징적인 인물이었다고 한다. 그는 그칠 줄 모르고, 냉정하고, 무모한 '제안 내기(Proposition bet)'라는 사기의 전문가였다. 먼저 자신이 이길 수 있는 시나리오를 만들거나 준비해, 불가능할 듯한 내기를 제안한 것이다. 한번은 그가 그 유명한 마피아의 대부 알 카포네Al Capone에게까지 내기를 걸었다. 그에게 자신이 5층 호텔 지붕 위로 레몬을 던질 수 있다고 큰소리 친 것이다. 역시 이미 과일 판매대에 진열되어 있던 레몬들 사이에 물오리 등을 사냥할 때 쓰는 산탄을 미리 심어놓았던 것. 카포네는 어둠 속에서 전혀 눈치채지 못하고 내기에 넘어가 500달러를 잃고 만다. 포커에도 천부적이었던 톰슨은, 1919년 뉴욕에서 세계 최대의 야구경기인 월드 시리즈 경기를 조작해 유명해진 범죄 집단

두목 아놀드 로스슈타인과도 맞붙는다. 1928년 당시 '세기의 범죄'라 불린, 로스슈타인의 살인으로 이어진 포커였다. 당대 기준 천문학적 판돈이 걸린 내기였다.

톰슨에게는 실은 돈보다는 승부가 중요했다. 돈 때문에 내기를 한 것이 아니라 이기기 위해 내기를 했다. 그는 거만한 알 카포네를 찌르고, 하워드 휴즈를 꺾기 위해 수년간 비벌리 힐즈에 집을 마련해 살았고, 프로골프 명예의 전당에 헌정된 유명선수들인 리 트레비노Lee Trevino, 레이먼드 플로이드Raymond Floyd까지도 자신의 내기 골프에 이용했다.

그는 내기 못지않게 여성 편력도 화려했다. 결혼을 다섯 번이나 했고, 신부는 한 명을 제외하고는 모두가 10대의 어린 여성들이었다. 아무래도 그의 결혼에도 어떤 사기 수법을 쓰지 않았나 의문을 가지지 않을 수 없는 노릇이다. 그 결과 그는 각자 어머니가 다른 세 아들을 두었다. 인생에서 다섯 명의 아내들로도 모자라 다른 많은 여성들과도 염문을 뿌리고 관계를 맺었다고 한다. 그중에는 당대 은막의 스타였던 진 할로우와 머나 로이 등도 있다. 그는 어린 여성과 결혼해 짧은 기간, 불과 몇 달 정도 함께 살다가 또다시 도박하는 방랑가로 되돌아가곤 했지만, 이혼한 아내들에게는 안락한 집과 재정 지원을 아끼지 않았다고 한다.

그렇게 톰슨은 터무니없는 내기 도박을 중심으로, 미국 역사에서 가장 파렴치한 떠돌이 사기꾼, 도박꾼이라는 전설이 되었다. 경마, 골프, 카드 등의 결과에 내기를 걸어서 사람들의 전 재산을 강탈하는 데 뛰어났던 20세기 최고의 사기꾼 앨빈 톰슨. 평생 동안 전국을 누비며 그 악명 높은 하워드 휴즈Howard Hughes, 조직범죄집단 두목 아놀드 로스슈타인Arnold Rothstein과 같은 다른 유명 도박꾼들을 포함해 마주치는 사람 그 누구와도 내기를 해 수백만 달러의 돈을 따냈다. 그러나 그런 그도 마지막에는 친구 한 사람 없이, 돈 한 푼 없이 쓸쓸하게 죽음을 맞이했다고 하니, 쉽게 얻은 것은 쉽게 잃고 절실하지 않은 것은 영원하지 않기 마련인가 보다.

제대로 된 바른 길이 아니라 유감이긴 하지만, 좋아하고 잘하는 분야에 노력까지 더해지면 거짓말 같은 사기도 능력이 되는 세상의 진리란. 참 많은 생각을 하게 만드는 요지경 속이다.

로버트 헨디 프리가드
Robert Hendy-Freegard

/ 비밀 정보원을 사칭하고 여인들을 사로잡은 자동차 판매원

로버트 헨디 프리가드Robert Hendy-Freegard는 영국의 M15 정보기관 비밀요원으로 사칭해 "사기의 모험(Odyssey of Deceit)"을 펼쳤다. 그는 "꼭두각시 놀이꾼(Puppetmaster)"이라는 별명을 가진 34살의 영국 사기꾼으로, 10여 년 동안 인정사정 보지 않고 피해자들을 속여 착취했다고, 그를 재판한 법원이 밝힌 바있다. 그는 테러리스트들에게 은신하라고 속이고 일부로부터는 엄청난 돈을 갈취했다. '교활한 매력'을 잘 활용해 자신이 M15 비밀요원이라고 주장하며 대부분의 피해자들의 자존감을 순차적으로 무너뜨리고 결국은 자신의 실질적인 노예로 만들었다. 피해자 중 최소한 7명이 여성이었고, 그들중 다수와 약혼까지 했다. 피해자들 중에는 변호사, 심리학자, 회사의 이사,

남편까지 포기하고 사기꾼을 택하고는 초콜릿 한 쪽으로 하루를 버티며 공원 벤치에서 잠을 자기도 한 신혼의 개인 비서까지 있었다. 일부 피해자들은 평생 가난을 참고 견디며, 영국 전역을 돌며 헨디 프리가드를 위해 이상한 임무를 수행해야 했다. 그의 폭발적인 성질과 저격수들이 일거수일투족을 지켜보고 있다는 공포에 떨어야만 했다. 무엇이 이들을 이렇게 만든 것일까.

그는 1971년 3월 1일 태어난 모로코계 술집 종업원이자 자동차 판매원이었다. 동시에 영국 비밀경찰 MI5 요원으로 가장, 여러 사람들에게 북아일랜드 독립운동단체로부터 저격받을지도 모른다는 공포를 심은 뒤 장기간 숨어 살게 만들고 금전까지 사취했던 영국의 사기꾼이다. 그는 자신의 피해자들을 사교 행사나 자신이 일하던 자동차 매장이나 술집에서 고객으로 만났다고 한다. 북아일랜드 독립군 IRA에 대응하는 런던 경시청이나 특수조직인 MI5의 비밀요원으로 행세한 그는 결국 피해자들을 속여 금전을 요구하고, 그들이 도박을 걸게 했다. 피해자들이 가족이나 친지들과 접촉을 끊도록 만들고, '충성심 검증(loyalty test)'을 받게 하고, 열악한 환경에서 홀로 생활하도록 했다. 그는 결혼을 원한다며 5명의 피해 여성들을 속였다. 그의 혐의가 드러난 이후에도 일부 피해자들은 처음에는 경찰에 협조하기를 거부했는데, 그가 경찰도 어쩌면 이중첩자인 비밀요원이거나 또 다른 '충성심 검증'을 하는 MI5 요원들이라고 피해자들에게 경고했기 때문이다.

1992년, 프리가드는 '백조'라는 주점에서 일하면서 지역의 농업대학에 다니던 한 남학생과 두 여학생을 만나 친분을 쌓는다. 그는 먼저 남학생에게 자신은 대학의 IRA 지하조직을 수사하고 있는 MI5 비밀요원이라고 밝히며,

충성심을 입증하고 '충분히 강하다'는 것을 보여주기 위해 자해할 것을 강요했다. 또한 그는 그 남학생을 다른 학생들로부터 격리시키고 충성도를 입증하기 위해 대학에서 이상한 방식으로 행동하도록 설득했다. 그러고는 그 남학생에게 자신의 신분이 알려져서 자신과 함께 둘 다 비밀스럽게 숨어 지내야 한다고 말했다. 여학생들에게는 그 남학생이 암에 걸렸다고 말하고는 그와 작별을 고하기 위해 영국 전역을 돌며 이별 여행을 하자고 설득했다. 그는 그들을 숨어 있게 하고, 접촉한다는 이유만으로도 위험에 빠지기 때문에 모든 가족들과의 접촉도 다 끊으라고 요구했다. 그들은 가지고 있던 모든 돈을 그에게 주었고, 그가 외출을 금지했기 때문에 5달 동안이나 세 명이서 싸구려 아파트에서 생활했다. 셋은 결국 흩어져, 둘은 일을 해 번 돈 대부분을 헨디 프리가드에게 주었고 그중 한 명은 그의 연인이 되어 두 딸을 낳기도 했다. 그러나 다른 여성들과의 염문이 그녀에게 알려지자, 그녀에게 입을 열면 폭력을 행사하고 죽이겠다고 협박했다. 뿐만 아니라 나머지 한 명의 남학생과 그의 부모를 설득해 30만 유로를 받아냈다. 그 남학생은 기이한 일을 수행하는 훈련을 받게 했는데, 때로는 있지도 않은 회의를 한다고 특정 장소에서 일주일을 기다리게 하기도 했다. 결국 그가 자기 여동생에게 IRA가 자신을 알고 있다고 말하면서 그 이야기가 퍼지기 시작했다.

헨디 프리가드는 또 당시 신혼이었던 자기 아이들의 돌보미에게도 자신이 MI5에서 일한다고 속이고는 그녀에게 모든 가족과 친지들과의 접촉을 끊으라고 명령했다. 그러지 않으면 살해될 것이라고 위협한 것이다. 또한 그는 그녀의 나체사진을 촬영해 협조하지 않으면 남편에게 보이겠노라고 협박했다. 결국 그녀는 이름까지도 바꾸며 그에게 협조하게 된다. 그녀에 대한 충성도 검증은 며칠 밤을 히드로 공항과 공원 벤치에서 잠을 자는 것과, '여호와의 증인'인 척해 MI5의 우두머리가 자신과의 결혼을 승낙하도록 만드는 것이 포함되었다. 그는 그녀가 지속적으로 감시받고 있으며, 저격수가 항상 그들의 집을 지켜보고 있다고 주입했다.

그는 또 2000년에는 자동차 판매소의 고객으로 한 변호사를 만나자, 자동차를 바꾸도록 해 그 차익을 챙기고 더 많은 것을 요구했다. 동업으로 임대업을 하자고 더 많은 돈을 받아내기도 했다. 둘은 결국 연인이 되어 세계를 여행하고 다녔으며 약혼까지 했으나 결국 그녀의 가족이 개입하게 된다. 2002년에는 미국인 아동 심리학자를 꾀어, 가족과의 접촉을 단절시키고 자신과 같은 MI5 요원이 된다는 조건으로 결혼하고 싶다고 제안했다. 그는 그녀에게도 충성도 검증을 실시해 신분도 바꾸게 하고, 급기야 그녀의 아들을 살해할 것을 요구하면서 자신은 둘 모두를 살해할 수 있다고 협박했다. 등대로 거처를 옮겨 살아야 한다고 강요했지만 그녀가 듣지 않자, 이미 계약이 된 상태여서 옮기지 않으면 거금의 위약금을 물어야 한다고 금전을 요구했다. 그녀는 아버지에게 자신의 '스파이 학교' 교육비라고 속이고 돈을 받아냈다고 한다.

그를 재판한 판사에 따르면, 헨디 프리가드는 피해자들이 겪는 고통에 대해 어떤 회개도 동정도 없을 만큼 이기적이며 자기중심적이고 고집 센 사기꾼이었다. 배심원들에게 그는 잘나가는 고객들에게 값비싼 자동차를 성공적으로 판매했을 뿐만 아니라 일부 고객들과는 데이트도 즐겼던 매력적이고 성공적인 자동차 판매 사원이었다. 그와 데이트했던 여성 고객들에 따르면, 그가 처음에는 잘생기고 매력적이며 씀씀이가 큰 완벽한 남자친구였으나, 얼마 지나지 않아 상황이 이상하게 돌아갔다고 한다. 그가 몇 주씩 사라졌다 나타나서는 자신이 단순한 자동차 판매원이 아니며, 자신의 진짜 임무는 훨씬 더 흥미로운 것이라는 암시를 던지기 시작했다고 한다. 다름이 아니라 사실은 자신이 IRA저격수들에게 쫓기고 있는 M15 스파이라고 고백한 것이다. 그러한 그의 환상은 10여 명의 피해자들과 심지어 그 부모들에게까지 심각한 외상을 초래하는 결과를 낳았다. 그는 다수의 여성들과 연인 관계이거나 데이트를 했지만 어떤 여성도 그와 다른 여성들과의 관계를 알지 못했다. 심지어 가끔은 한 여성에게서 사취한 돈을 다른 여성에게 구애하기 위한 비싼 선물과 식사를 사는 데 사용했다. 그는 그런 식으로 한때는 다섯 명의 여성과 동시에 데이트하고, 한 번은 두 여성을 한 집에 생활하게 하면서도 두 여성이 서로 다른 언어를 사용한다고 거짓말로 속이고 서로 소통하지 못하게 막았다. 그의 분노는 폭력적이고 예측 불가능한 것이어서, 때로는 자동차 전용도로에서 여성에게 차 밖으로 던져버리겠노라고 협박하기도 했다고 한다. 그는 여성들에게 곧 결혼하겠노라고 약속하지만 결국 여성들에게는 그들의 은행계좌에 커다란 구멍만 남기고 만다.

1993년부터 2003년까지 10여 년 동안이나 그는, 자동차 판매원으로 일하면서 일련의 사회적으로 명망이 높은 피해자들에게 자신이 M15 비밀요원이자, 피해자들이 자신을 알고 있다는 것을 알기 때문에 IRA의 표적이 되고 있다고 속여 약 백만 유로 달러를 사취한 것이다. 이 사기꾼은 "거짓말은 속이고 속을 수 있을 만큼 큰 거짓이어야 한다"는 모토로 피해자들에게 접근해, 어느 날 갑자기 '자신의 비밀 신분이 들통 났기 때문에 자신과 접촉해온 피해자들도 표적이 될 위험에 빠졌고, 따라서 도주해야 한다'고 속인다. 그렇게 그들이 전국을 돌며 이상한 임무를 수행하도록 한 다음 소위 '안전가옥'이라는 곳에서 숨어 살게 했다. 이 이상한 임무들은 그가 '스파이 총수'로부터 지시 받은 일종의 '충성도 검증'이라고 속였던 것이다.

그의 피해자들은 대부분 교육 수준도 높고 사회적으로 명망도 높은 사람들로서, 전형적인 사기 피해자들과는 달랐다. 그런데도 쉽게 이 사기꾼의 표적이 되고 사기를 당할 수 있었던 데는 물론 사기꾼의 매력적인 외모나 뛰어난 화술도 한몫했겠지만, 당시 사회적 상황도 크게 영향을 미쳤을 것으로 보인다. 당시 영국은 IRA폭탄이 폭발하고 총격이 가해지는 등 시끄러운 문제가 횡행하던 시절이었기 때문에, 자신보다 훨씬 현명하고 경험이 많아 보이는 사람의 설득력 있는 주장을 믿었고, 그가 대학의 IRA 요원이나 프락치들을 몰아내려는 특수요원이라는 말을 믿지 않을 수 없었던 것이다. 더구나 자신이 말하는 모든 것이 특급비밀이고 그것을 아는 것만으로도 마치 사형선고와 같다면 그 누가 믿지 않을 수 있었을까.

사람들은 그의 피해자 중 한 사람이었던 새러Sarah 양이 기회가 있었는데도 왜 도망치지 않았는지 의문을 가졌다. 그의 세계에서 갇혀 산 지 10년 동안 그녀에게는 그 사람밖에 존재하지 않았다. 따라서 그녀와 그의 관계는 일반적으로 인질범과 인질 사이에 나타날 수 있는 단순한 스톡홀름 신드롬Stockholm Syndrome 이상으로, 그녀가 그에게 의존할 수밖에 없었다고 한다. 그녀는 대학 졸업도 못하고, 돈도 없고, 가족으로부터도 철저하게 소외되었으며, 그가 그녀를 비참하게 다루었기 때문에 더는 생사의 의미조차 없었다고 한다. 그리고 굳이 가족마저 위험에 빠뜨리고 싶지 않았기 때문이었다.

담당했던 수사관에 의하면 그의 사기수법은 비교적 단순했다고 한다. 먼저 피해자들의 약점을 찾아 집중 공략했으며, 또한 피해자들을 물리적으로, 심리적으로 격리하고 소외시켜 그에게 점점 더 의존하게 만들었다고 한다. 이런 이유로 경찰은 아직도 그의 피해자를 모두 확인했는지 의문이 든다고 했다. 심지어 사람을 속이고 구실을 대는 데 있어 그만큼 영향을 크게 미치고 뛰어난 사람은 처음 보았다고, 이 사건에 관계했던 연방수사국 FBI 요원조차 실토했을 정도였다고 한다. 이쯤 되면 사기꾼이 문제인지, 사기꾼에게 속아 넘어갈 수밖에 없는 우리의 나약한 정신세계에 자리 잡은 허점이 문제인지, 문득 궁금해진다.

크리스토프 로캉쿠르
Christopher Rocancourt

/ 자칭 록펠러로 행세한, 별들을 유혹한 사기꾼

롱아일랜드의 부촌 햄턴Hampton의 한 회원제 고급 식당 바, 깔끔한 턱시도를 입은 잘생긴 신사가 아름다운 모델 연인과 테이블 상석에 앉아 일행들을 위해 비싼 샴페인과 매우 값비싼 캐비어를 계속해서 주문하고 있다. 계산서가 도착하자 8만 달러의 청구서에 순간의 망설임도 없이 서명해 종업원에 전한다. 신사의 대접을 받은 젊은 여성이 대체 그가 누구인가 궁금해 하자, 신사는 진한 프랑스 어투로 '록펠러Rockefeller'라고 대답하고는 곧 자신을 그냥 크리스토퍼Christopher라 불러달라고 속삭이듯 말한다. 누구나가 그처럼 화려한 생활과 그처럼 환상적인 성, 록펠러라는 이름을 가진 사람이라면, 그가 당연히 L.A의 부유한 가문의 후손쯤은 되리라 상상했을 것이다. 그러나 실제로 그는 프랑스의 시골 작은 도시의 가난한 가정에서 태어난 뒤 부모한테 버려져 대부분의 어린 시절을 고아원에서 보냈다.

크리스토프 로캉쿠르Christophe Rocancourt는 영어 식으로 크리스토퍼라고도 불리며, 다양한 유명인들을 사칭해 수천만 달러를 사취한 프랑스 출신 다국적 사기꾼이다. 그는 유명인과 부유층의 사람들을 사취해 '별들의 사기꾼(Con man of the stars)'이라는 별명을 얻었다. 그는 자신이 "코난 더 바바리안", "드래곤 하트", "드래곤", "마지막 군단" 등의 영화를 제작한 이탈리아 출신의 유명한 영화 프로듀서인 디노 데 로렌티스Dino De Laurentis의 조카이자 소피아 로렌Sophia Loren의 아들이라고 주장했을 뿐만 아니라, 미국의 철강왕인 록펠러 가문 출신으로, 자신이 프랑스의 록펠러라고 주장했다. 숱한 거짓말을 하던 그는 결국 붙잡혀 다양한 범죄 혐의로 캐나다에서 수감생활을 하게 된다.

로캉쿠르는 1967년 7월 16일 프랑스의 한 작은 도시에서 태어났으며, 아버지는 알코올중독으로 집에서 그림을 그리는 화가였고 어머니는 겨우 17세의 매춘 여성이었다고 한다. 이들 부부는 크리스토프가 태어나기 한 달 전 결혼했으며, 그들은 1968년 딸아이를 하나 더 낳아서 온 가족이 함께 비좁은 이동식 집에서 살았다고 한다. 로캉쿠르에 따르면, 어머니는 결혼하고 아이들을 출산한 후에도 자신의 여동생과 함께 아이들을 집에 놔두고 매춘을 했다고 한다. 1969년 출산 중 셋째 아이가 사망하자 부모는 결별을 한다. 그의 아버지는 자신의 아내가 바람을 피웠다고 믿고 일자리를 구하기 위해 가족을 남겨두고 벨기에로 가버렸다고 한다. 그러자 얼마 후엔 그의 어머니도 아이들을 방치하고, 그와 여동생은 수도도 나오지 않고 전기도 없는 방 두 칸짜리 오두막에서 조부모와 함께 살게 된다. 아버지는 그가 5살이 되자 벨기에에서 되돌아와, 그의 이모와 연애를 시작했다고 한다. 그녀도 그와 가족들을 버리자 아버지는 아이들을 고아원으로 보내버린다. 아버지는 그가 20살쯤 되었을 때 길거리에서 동사하고 만다.

로캉쿠르는 고아원에서 3년을 지내고 1979년 7월, 어느 가정으로 입양 가게 되었는데, 양아버지는 소년이 견디지 못할 정도로 엄격했다고 한다. 몇 번의 탈출 시도 끝에 그는 18살이 되어서야 파리로 도주하게 된다. 파리에서 그는 부유한 러시아의 귀족 신분으로 위장해 좀도둑과 횡령 등의 범죄를 시작했다. 처음에 그는 누구에게도 사기가 먹히지 않아 수차례 구금되었다. 23살이 되어 처음으로 큰 사기 행각을 벌이게 되는데, 다름 아닌 파리의 빌딩 권리증을 위조해 1400만 달러에 팔았던 것이다. 보석강도로 몰려 경찰을 피해 미국으로 도주한 그는 1991년 24살의 나이로 LA에 정착해 다양한 가짜 신분으로 헐리우드의 유명인들과 어깨를 나란히하며 살기 시작했다. 그는 이탈리아 출신의 유명 영화 제작자인 프로듀서 디도 데 로렌티스Dino De Laurentis의 조카요 유명한 여배우인 소피아 로렌의 아들이라고 사칭하기도 했다. 심지어 그를 가장 의심하는 사람들까지도 녹일 수 있을 정도로 타고난 매력을 가진 그는 곧장 화려한 파티를 열고, 자신이 어떻게 그 많은 돈을 벌었는지에 대한 이야기로 손님들을 현혹했다. 그 얘기를 듣고 나면 사람들은 자기들도 투자할 수 있게 해달라고 매달리며 그에게 돈을 갖다 바쳤던 것이다. 거액의 돈이 굴러들어오자 거창한 인맥도 따라오게 되고, 유명 영화 제작자와 친구가 되어 함께 영화도 제작하기로 계약하기도 했다. 심지어 유명 배우 미키 루크Micky Rourke와 잠시 동거하기도 했으며, 이어서 유명한 성인잡지인 플레이보이 모델과 결혼해 아이를 갖기도 했다. 동시에 그는 자신이 프랑스 백작의 아들이라고 속이고 또 다른 플레이보이 모델과 내연 관계가 된다. 매혹적인 아내와 그에 뒤지지 않는 내연녀를 가진 수백 만 달러 자산가였던 그였지만 이후 장기투숙으로 인해 숙박비가 밀리고 투자자들의 투자금 환수 요청이 쇄도하기 시작하면서 그의 재정에 대한 의문이 제기되었다. 결국 1997년 경찰이 그의 호텔 스위트룸을 급습했지만 이를 미리 눈치챈 그는 친구와 함께 동아시아 지역으로 피신하며 화려한 여행을 즐겼다. 그때까지도 남겨진 많은 돈으로 화려한 여생을 충분히 즐길 수 있었지만 이 탐욕스러운 사기꾼은 만족하지 못하고 놀랍게도 LA로 돌아가 체포되고 만다. 그는 거액의 보석금을 내고 다시 사라졌다가 뉴욕에 나타난다.

여기서부터 그에게 가장 큰 문제를 야기했던 일을 벌이게 된다. 다름이 아니라 바로 그가 미국의 롱 아일랜드의 햄턴에 사는 동안 크리스토퍼 록펠러Christopher Rockefeller로 행세했던 시기였다. 로캉쿠르를 록펠러 가문의 일원으로 착각한, 재력이 풍부한 엘리트들이 그에게 모여들어 자기들의 재산을 투자하게 해달라고 매달렸던 것이다. 그는 투자자들이 그에게 현금을 미리 제공하는 한 자신이 2주 이내에 모든 투자자들의 투자금을 2배로 불려줄 수 있는 양 행세하며 그들의 투자를 받았다. 또다시 지불하지 않은 호텔 숙박비 문제로 경찰에 체포되지만 그의 지문도 채취하지 않은 실수로 인해, 그의 과거 LA에서의 범행 사실을 인지하지 못한 경찰이 다시 4만 5천 달러의 보석금으로 그를 석방한다. 이후 그는 투자금을 챙겨 캐나다로 도주했지만 그곳에서도 자동차 경주 선수 행세를 하며 한 노인 부부에게서 추가로 10만 달러를 사취하다가 비로소 체포되기에 이른다.

그는 조국 프랑스로 돌아가 새로운 사기극을 벌이는데, 46살의 그는 자신의 변호사, 그리고 23살의 연인, 더불어 공증인과 프랑스 특수부대 창설 요원의 한 사람과 함께 주요 뇌물사건에 연루되고 만다. 검찰에 따르면 그는 자신에게 돈을 주면 파리 경찰 지구대의 비자문제를 해결해주겠노라고 사람들을 속였고, 또한 피해자들의 문제를 해결할 수 있는 경찰관에게 접근할 수 있다고 주장했다. 물론 그의 주장이 전혀 거짓은 아니었다. 그 사기극에서 가담한 것으로 지목된 특수부대 요원은 실제로 그와 수년간 친구 사이로 지냈기 때문이다.

결국 로캉쿠르는 미국 LA에서도 수감생활을 하게 되는데, 그는 교도소에서의 수형생활 중 베스트셀러가 된 『나, 크리스토퍼 로캉쿠르, 고아, 바람둥이, 재소자』라는 자서전적 전기를 집필했고, 두 번째 저서인 『크리스토퍼 로캉쿠르, 나의 인생』을 프랑스로 돌아간 며칠 뒤 바로 계약했다. 뿐만 아니라 자신의 이름을 딴 "로캉쿠르 진Jean"이라는 의류에 이름을 상표권으로 팔기도 했고, 후에 기자들에게 범죄로 약 4천만 달러 이상을 벌었노라고 자랑했다고 한다. 뿐만 아니라 그는 2007년 교도소에서 석방된 뒤에는 전 미스 프랑스 소니아 롤랜드Sonia Rolland와 연인이 되어 둘 사이에 아이를 낳기도 했으며, 칸 영화제에서 유명 모델인 나오미 캠벨과 팔짱을 끼고 레드 카펫을 밟기도 했다. 그러나 2014년 프랑스에서 비자 사기와 뇌물죄로 체포되어 그의 사기극은 막을 내리고 만다.

로캉쿠르는 평생 가짜 왕자, 가짜 록펠러, 가짜 그랑프리 자동차 경주 선수에 이르기까지 그 모든 것을 연기했다. 1990년대부터 새로운 2000년대로 접어들기까지 그의 거칠지만 화려한 인생역정에서 그는 속기 쉽고, 의심하지 않는 유명인들에게 놀라울 정도로 다양한 사람과 신분을 사칭해 수 천만 달러를 사취했던 것이다.

이쯤 되면 사기꾼이란 하늘에서 내린 재능이자 매력을 통해 탄생하는 것인지, 불우한 생을 타고난 이가 스스로 삶을 개척해 욕망을 이루었다고 봐야 할 것인지 혼란스럽기까지 하다.

린다 테일러
Linda Taylor

/ 반사회적 인격 장애를 지닌, 미국의 복지의 여왕(Welfare Queen)

미국의 사회복지 시스템을 교묘하게 악용해 복지여왕이라고 불리던 린다 테일러는 본명이 무엇인지조차 분명하지 않다. 사용한 이름도 수십 가지에 이른다고 한다. 린다 테일러는 알려진 바로는 마사 루이제 밀러Martha Louise Miller나 마사 루이제 화이트Martha Louise White로 태어나 광범위한 복지 횡령과 사기를 범하고, 따라서 '복지의 여왕(welfare queen)'이라는 별명이 붙은 미국의 연쇄 사기범이다. 그녀의 복지 사기와 횡령이 얼마나 광범위하고 다양했고 그래서 미국 복지제도 전체에 대한 비판과 문제가 얼마나 심각했으면, 미국 대통령선거에 출마한 공화당의 로널드 레이건Ronald Reagan은 1976년부터 시작된 선거운동에서 미국의 사회복지 프로그램과 제도를 비판하기 위한 사례로 그녀를 활용했을 정도다. 그녀의 범죄활동은 사실 복지 사기와 횡령을 넘어 폭력, 절도, 보험사기, 심지어 이중결혼과 아동 납치와 인신매매, 그리고 아마도 살인까지도 저지른 것으로 추정되고 있다.

그녀는 실제로 다양한 정부 정책과 프로그램으로부터 수십 만 달러의 돈을 떼어 먹었다. 그녀는 10여 개의 가발을 가지고 다니는 변장과 위장의 장인이었다. 가장과 가짜 신분으로 이것저것 자신을 뒤집으며, 알려진 것만으로도 33개의 가명을 이용했다. 그녀가 린다 테일러로 가장 잘 알려진 이유는, 단지 사회적 관심이 지대했던 사기혐의 재판에서 그녀에게 사용된 이름이었기 때문이다. 이런 그녀의 이야기는 그냥 단순히 흥미롭기만 한 것이 아니라, 복지제도와 프로그램의 현실과 논점에 대한 우리의 이해를 더욱 깊게 해주었다.

1964년, 테일러가 권리를 주장한 로렌스 웨이크필드Lawrence Wakefield의 부동산에 대한 상속심판에 따르면, 그녀는 1926년 무렵 앨라배마Alabama의 서미트Summit에서 마사 루이제 화이트라는 이름으로 태어났다고 기록되어 있지만, 그녀 자신은 그 이름을 부인했다. 미국 호구조사에는 1927년에서 1929년 사이 테네시에서 조Joe와 리디 밀러Lidy Miller 사이에서 태어난 마사 밀러Martha Miller로 신원이 기록되어 있다. 두 경우 모두 그녀는 비록 전 생애를 거쳐 흑인, 동양인, 히스패닉, 유대인 등을 포함해 다양한 인종적, 민족적 정체성으로 자신을 밝혔지만, 아마도 약간의 원주민 핏줄이 섞인 먼 조상을 두었을 수 있는 백인으로 신원이 기록되어 있다. 그녀는 자신의 인종뿐만 아니라 자신의 나이조차도 20대 초반에서 50대 초반에 이르기까지 그때그때 다르게 주장해, 한 정부 관리는 그녀가 자신이 바라는 어떤 나이라도 될 수 있는 것처럼 보였다고 진술하기도 했다. 물론 그녀가 린다 테일러라는 이름으로 가장 잘 알려지고 유명하지만 언론 보도에 의하면 그녀는 많게는 80여 가지의 다른 이름을 가지고 사용했으며, 때로는 이름에 맞는 신분증을 만들기 위해 서류를 조작하고 위조하기도 했다는 것이다. 그녀가 사용한 신분 중에는 성직자도 있었고 간호사, 의사, 그리고 영적 지도자 등이 포함되어 있다.

테일러를 세상에 더욱 알려지게 한 사람은 바로 1976년 미국 대통령선거의 공화당 후보였던 로널드 레이건이다. 앞서 말한 것처럼, 선거유세에서 미국사회의 복지제도를 비판하면서 그녀의 이야기를 예로 들었기 때문이다. 레이건은 자신의 지지자들에게 믿기 어려운 복지사기를 벌인 한 일리노이 여성의 이야기를 들려주었는데, 그녀가 바로 테일러였다. 그는 시카고에 사는 한 여인은 80여 개의 이름과 30여 개의 주소, 그리고 10여 개의 전화번호를 이용해 푸드 스탬프Food Stamp, 사회보장Social Security, 존재하지도 않는 사망한 전역 남편에 대한 보훈복지 연금들을 타 먹었다는 것이다. 이렇게 해서 그녀가 세금 한 푼도 떼지 않는 현금 수입만 매년 15만 달러에 상당해, 수영장과 헬스클럽을 갖춘 고급 공공주택단지에서 요술을 배우며 고급 승용차를 타고 다녔다고 소리를 높였다.

테일러의 기행은 이뿐만 아니었다. 1974년 8월 12일, 치과기공사로 일하던 라마 존스Lamar Jones는 치과 진료를 위해 병원을 들른 린다 숄비아Linda Sholvia를 만나고, 아름답고 나긋나긋한 그녀에 반해 둘은 결혼에 이르게 된다. 그러나 그들의 혼인은 겨우 5일을 넘기지 못하고 끝이 난다. 그들이 혼인서약을 교환한 불과 몇 주 후, 린다가 체포되고 존스가 그녀의 보석금을 지불하자 그녀는 일리노이를 떠나고 더구나 존스의 텔레비전까지 훔친다. 존스는 텔레비전이 없어지기 전 이미 자신의 새 신부에게 무언가 석연치 않은 점이 있음을 깨닫게 된다. 그녀가 자신에게 보여준 아이티 대학교의 졸업장엔 린다 숄비아가 아닌 린다 테일러라는 이름이 적혀 있었던 것이다. 그녀는 뿐만 아니라 5개의 우편함을 가지고 있었는데, 같은 주소에 5개의 다른 이름으로 우편물을 받고 있었다. 또한 그들이 결혼한 후, 그녀가 존스를 8번째 남편이라고 말하는 데 대해 놀라기도 했을 것이다.

1964년 2월 18일, 시카고 경찰과 소방 당국은 로렌스 웨이크필드라는 60대 남성의 주거지로 긴급하게 출동한다. 그러나 몇 시간 후 그 남성이 병원에서 사망하게 된다. 죽은 남성이 도박꾼이었고 상당한 재산도 보유하고 있었는데도 유서를 남기지도 않았고, 생존한 친인척도 없었다. 이런 사실이 신문에 알려지자 10여 명 이상의 사람들이 스스로 자신이 상속자라고 주장하며 나타났다. 그중 한 사람이 66세의 로즈 케네디Rose Kennedy라는 백인 여성으로, 그녀는 자신이 웨이크필드와 사실혼 관계에 있다고 주장했다. 그녀의 가장 치열한 경쟁자는 콘스탄스 웨이크필드Constance Wakefield라는 이름의 여성이었는데, 한 지역신문이 웨이크필드의 유산에 대해 상속권을 입증할 서류도 있다고 주장하는 딸이 나타났다고 보도했다. 29세의 콘스탄스는 로렌스 웨이크필드와 에디스 저비스Edith Jarvis를 부모로 하는 1935년의 출생증명서를 제출했다. 콘스탄스, 그녀가 테일러다. 물론 그녀의 모든 주장은 거짓이었고, 이 거짓 주장을 뒷받침했던 모든 서류들 또한 조작되거나 위조되었던 것이다.

복지의 여왕 테일러는 기자들로 꽉 찬 자신에 대한 재판에서 동정심을 구하기보다는 오히려 법을 조롱하는 사람의 역할을 즐기는 것 같았다고 한다. 증인들이 그녀를 국고를 훔친 뻔뻔한 사람으로 진술해도 그녀는 비싼 의복과 커다란 모자를 쓰고 화려하게 치장한 뒤 뉘우치는 기색 없이 냉정함을 유지했다. 보조금을 타기 위해 캐딜락 승용차를 몰고 가는 오만방자한 도둑 테일러는 악의적 전형의 화신이었다. 이를 정치선전의 좋은 예로 활용한 레이건으로 인해, 어느 정도 정치적이긴 했지만 미국 사회에 광범위한 복지사기에 대한 국민적 관심을 가지게 하는 계기가 되었고, 이 '복지의 여왕' 테일러는 모든 사람이 증오하는 여성이자 악의 원흉이 되었다. 그녀는 정직한 사람들이 그토록 열심히 일해서 버는 돈을 거짓말로 구걸하는 것을 부끄러워하지 않는, 게으른 사기꾼이었던 것이다.

바로 이런 점에서 테일러의 범행으로 인해 복지에 반대하는 사람들은 복지제도와 프로그램에 대한 감시와 감독이 얼마나 미약하며 얼마나 쉽게 남용될 수 있는지를 잘 보여주는 증거라고 주장하며 복지제도에 대한 논쟁을 점화하기도 했다. 물론 실제로는 그녀는 일련의 정부 용역으로부터 많은 돈을 훔쳤을 뿐만 아니라 사적인 개인들로부터도 많은 돈을 사취했다. 그녀의 사기 행각은 언론의 많은 관심을 받게 되고, 그로 인해 공공복지 수혜자들에 대한 잘못된 인상을 심어주었고, 헌신적인 범죄자라면 복지기금의 상당 정도를 훔칠 수 있다는 점까지 보여준 셈이다.

강력범죄로 유죄가 확정되면 대개는 눈물을 흘리지만, 재판 전후, 그리고 과정 중 테일러의 행동은 그와는 대조적으로 기괴하고 뻔뻔스러웠다고 한다. 테일러는 과연 냉혈 사기꾼이었을까? 정신질환을 앓고 있었을까? 그녀를 대한 40년 경력의 한 변호사는 그녀가 자신이 처음 접해보는 유형의 사기 전문가이자 기술자이며, 그녀는 순식간에 원하는 사람으로 위장하고 변장할 수 있어서 공주가 되고자 하면 공주가 될 수도 있는 사람이라고 주장했다. 반면 그녀의 변호사는 그녀에게 임상심리 검사 결과를 제출할 수 있도록 허락해줄 것을 재판부에 요청하면서, 테일러는 그녀 자신조차 스스로의 말이 진실을 말하는지 아닌지조차 알 능력이 없으며, 두 정신의학자가 그녀가 정신병자라고 진단했다고 주장했다.

린다 테일러에게 사람들은 소모품이었으며, 지배하고 약취해 버릴 대상에 불과했다. 그녀는 누군가로부터 일단 신분, 체크카드, 생명보험과 같은 가치가 있는 무언가를 뽑아내게 되면 곧바로 다른 누군가에게로 옮겨 갔다. 자신의 여건이나 환경이 어쨌더라도 항상 새로운 표적이 주위에 있었다. 그렇다면 과연 어떤 유형의 사람이 이렇게 행동하는가? 1970년대 사람들의 인성, 특히 소위 '사이코패스', 반사회적 인성장애(psychopath)라고 하는 것을 평가하는 도구를 만들었던 심리학자 로버트 해어Robert Hare의 항목에 나오는 증상들을 보면 놀랍다. 입담 좋고 외양적인 매력, 병리적 거짓, 교묘함, 동정심 결여, 기생적 생활양식, 빈번한 단기 관계, 그리고 범죄적 다양성 등과 같은 테일러의 알려진 행동과 인격특성은 바로 이 '사이코패스'로서의 특성을 망라한 카탈로그와도 같았다고 한다. 해어의 20개 검사항목 모두에 이 사기여왕은 관련되었다고 한다. 이러한 인성의 소유자들은 당연히 옳고 그름을 알고 있으며, 범죄 행위로부터 쾌감을 느끼며 지능도 높아 체포하기도 어렵다고 한다. 비록 해어의 검사 항목이 전적으로 옳다고 할 수 없고 누군가를 쉽게 사이코패스로 진단하는 것은 위험한 일이지만, 테일러에 대해서는 큰 반론의 여지가 없어 보인다.

노만 슈
Norman Hsu

/ 거대한 두 권력, 정치와 돈의 결합, 정치 헌금 사기꾼

노만 융 옌 슈Norman Yung Yuen Hsu는 1951년 10월 홍콩에서 태어나 18세에 미국으로 이민 가 의류 업계와 손 잡은 정치헌금 모금자요, 피라미드 사기의 주동자다. 물론 그는 유죄가 확정되어 자유형을 선고받은 사기꾼이다. 그의 기업 활동은 미국 민주당의 주요 기금 조성자로서 그의 역할과 얽혀 있다. 같은 이유에서 2007년 수상한 형태의 정치 헌금이 뭉칫돈으로 모금된 사실이 보도되어 악명을 얻게 되었다. 결국 그는 1992년 사기혐의로 유죄가 확정된 것과 관련된 장기 망명 도주자임이 밝혀졌다. 2007년 캘리포니아 당국에 스스로 자수한 후에도 또다시 도주를 감행했으나 곧장 다시 붙잡히고 만다.

슈의 가족들은 원래 상해 출신이나 그는 홍콩에서 나고 자랐으며, 18살에 미국으로 이민을 가 1973년 버클리 캘리포니아대학에서 컴퓨터 공학 학사 학위를 받았다. 1976년에는 캘리포니아 주 부동산중개사 자격증을 받았고, 1981년에는 펜실베이니아대의 와튼 비즈니스스쿨에서 MBA 학위를 받는다. 그는 다른 홍콩의 동업자들과 1982년 스포츠웨어 회사인 라베노Laveno를 설립하지만 1984년 부도가 나고 만다. 그 후에도 그는 의류점과 식당을 포함한 다른 몇몇 사업에도 관여했으며, 바로 이 시기쯤 미국으로 귀화해 시민권자가 된다.

슈의 사기 범죄에 특징이 있다면 그가 유력 정치인들과의 정치 유대를 과시하고 이를 자신의 사기를 비롯한 범죄 행위와 사업에도 이용했다는 점이다. 뿐만 아니라 그가 대대적인 다단계 판매 사기에 성공할 수 있었던 데는 몇 가지 개인적 특성도 한몫했다고 할 수 있다. 그는 자신의 옷차림, 온화하고 품위 있는 매너, 높은 학력 수준, 업계 잡지에 소개되기도 하고 자신의 이름으로 된 많은 일련의 사업체 등을 둔 덕에 투자자들의 신뢰를 얻을 수 있었다. 뿐만 아니라 그는 수없이 많은 주소지를 두고 실망한 투자자들을 남긴 채 떠나버린 기록도 남겼다고 한다. 그는 1989년 시작해 라텍스 고무장갑 사업을 출범시키기 위해 투자자들로부터 백만 달러를 모금했다. 이들 투자자들 중 일부는 연금저축을 투자하고 다른 일부는 심지어 집을 저당 잡히기도 했으며, 일부 투자자들은 투자금이 손실될 듯하자 슈를 제소했다. 1990년 그는 자신이 직업도, 소득도 없으며 단지 SUV와 반지 하나 외에는 별 다른 소유물이 없는, 너무나 가난한 처지라고 주장하며 파산을 신청했다.

1991년, 캘리포니아 주 당국은 그가 다단계 판매사기를 운용했다고 판단하고 사기혐의를 적용했다. 특히 슈는 어떠한 합법적인 경제활동에도 관여, 개입, 가담하지 않았으나 대신 먼저 투자한 사람들에게 이윤을 되돌려주기 위해 후발 투자자들의 투자금을 전용했다고 파악했다. 그도 전형적인 다단계 판매 수법을 활용했던 것이다. 1992년 2월, 슈는 3년의 자유형과 1만 달러의 벌금에 동의했으나 결론적으로 선고재판에 출석하지 않았고, 결국 그에 대한 체포영장이 발부되었다. 그러자 그는 홍콩으로 도피해 1996년까지 생활하게 되는데, 그동안 요식업계에서 일하게 된다. 그는 적어도 애매한 성격의 두 회사를 차렸다고 한다. 그러나 주변 사람들은 그를 매력적이고 훌륭한 인격을 지녔다고 진술했으며, 그의 사업은 일정 기간 동안은 화려하고 고급스러운 값비싼 빌딩에서 생활할 수 있을 정도로 번창했다. 그러나 1997년과 1998년에 두 회사는 와해되었고, 홍콩 법원은 1998년 슈가 다시 한 번 파산했다고 공표한다. 그는 2006년까지 홍콩에서 이 파산으로부터 헤어나지 못했다.

그가 막대한 정치자금을 헌금하는 동안에도 다시 미국으로 돌아온 이후 그의 소득과 수입에 대한 분명한 기록이 없다고 한다. 의류 등 몇 가지 사업에 관여했다고 그는 주장하지만, 그가 적시한 사업장의 주소지에는 그의 흔적도 찾을 수 없었다. 정치헌금 서류에 기재된 주소지도 어느 한 곳도 찾을 수 없었으며, 동업자라고 밝힌 사람은 그의 이름조차도 들어보지도 못했다고 했다. 슈가 제안한 투자계획을 알게 된 어느 기업인이, 캘리포니아 주 민주당에 슈의 활동이 합법적이지 않았을 수도 있다고 우려와 경고를 전했다. 확실히 슈는 매 3개월마다 약 6%를 돌려주는 '단기 대출' 운용을 위한 투자자들을 모집하고 있었다. 그러나 투자자들은 자금운용에 관한 자세한 내용을 거의 듣지도 못했으며, 투자자들은 이 '징검다리 대출 또는 단기 대출'이 과연 진실된 진정한 영업활동인지, 아니면 단순히 새로운 다단계 사기를 위한 미끼인지 판단하려고 노력하고 있었다. 사실 슈는 다수의 사기행각을 대규모로 벌이고 있었다고 할 수 있다. 예를 들어 뉴욕의 한 투자 자금이 슈의 회사와 37번의 별도 거래를 통해 4천만 달러를 투자했다. 그때 슈는 자금이 명품 브랜드 의류 제품들을 제조하는 데 활용될 것이며 매 투자 거래에 대해 49%의 이윤을 창출할 것이라고 주장했다. 그러나 2007년 그의 회사가 발행한 수표를 현금화하려고 하자 자금이 충분하지 못했고, 그로부터 슈에 대해 연방정부의 사기 혐의가 적용되었다고 한다.

2001년, 슈는 야우 쳉Yau Cheng이라는, 뉴욕에서 만난 동업자 여성의 투자를 받아 초기에는 매우 성공적인 사업을 했으나 그 후 6년 동안 그들은 다른 투자자들을 모집해 결국 수천만 달러를 유치하게 된다. 투자자들을 모집할 때 그들은 투자금이 구찌Gucci, 프라다Prada 같은 명품 브랜드 제품을 제조하는 데 사용될 것이라고 했으나 앞서 라텍스 고무장갑 사업과 마찬가지로 그들의 설명에는 한 가지 맹점이 있었다. 바로 구찌도 프라다도 슈나 그의 회사와는 어떠한 거래나 사업을 함께한 적이 없다는 것이다.

연방검찰의 기소장에 따르면, 슈의 투자제안은 후발 투자자들이 투자한 자금으로 먼저 투자한 투자자들에게 이윤을 제공하는 이른바 전형적인 다단계 사기, 즉 폰지 사기였다. 특히 그는 피해 투자자들에게 선택할 후보자들의 명단을 제공하고는 이들 선거 출마자들에게 정치자금을 기부하도록 압력을 가했고, 후원금에 맞게 기부자들에게 후사하기도 했다는 것이다. 이러한 혐의들에 기초해 슈는 우편사기, 전송사기, 그리고 연방선거법 위반 혐의로 기소되었던 것이다. 이를 종합하면, 그는 연방선거법을 위반했을 뿐만 아니라, 소장에 따르면 자신의 회사에 투자하면 단기간에 투자에 대한 높은 이윤을 보장한다고 허위로 약속해 민간 투자자들로부터 최소한 2천만 달러를 사취했다는 것이다. 결국 그는 다단계 판매 사기와 연관된 우편사기와 전송사기에 대한 자신의 유죄를 인정하고 유죄협상을 벌여 24년 형을 받고 수형생활 중이라고 한다.

홍콩에서 활동하던 슈를 아는 사람들은 그를, 혼잡한 바에 걸어 들어가자마자 모든 마치 사람들을 예전부터 알던 사람처럼 만들 수 있는 매력적인 인성을 가진 사람으로 기억하고 있다. 그는 군중 속에서도 대화를 지배했고, 그러면서도 친절하고, 사교적이며, 유머 있는 남자로서 대단히 훌륭한 판매원, 영업사원이었다. 과거 친지와 동업자들과의 인터뷰나 다양한 여러 법원창고에서 찾아낸 서류 등으로 밝혀진 바로는, 슈의 과거는 실패한 사업, 납치, 소송, 설명조차 힘든 회복으로 이어지는 일련의 재정적 파산으로 가득하다. 그런 그가 친구들, 친척들, 그리고 대학 동기생들을 사로잡은 뒤, 대부분은 실패해 투자자들을 궁지에 몰게 한 부동산 사업, 요식업, 그리고 의류업에 투자하도록 했던 것이다.

슈가 합법적인 사업이건 아니면 불법적 사기성 사업이건 성공적일 수 있었던 데는 몇 가지 이유가 있다고 한다. 그는 매우 따뜻하고 사람들을 배려하고 보살피는 사람이었으며, 매우 좋은 친구처럼 행동했다고 한다. 여기에다 그는 아메리칸 드림을 이룬 성공한 이민자요 버클리 캘리포니아대학교와 펜실베이니아대학교 경영대학원을 나온 수재라는 뛰어난 학력과, 당시 유력 정치인이었던 힐러리 클린턴Hillary Clinton의 주요 정치 헌금인이라는 정치적 역량도 그가 투자자들을 유혹하는 데 크게 기여했을 것으로 알려지고 있다. 그래서일까, 일부 투자자들은 자신들의 연금저축까지 그리고 일부는 집을 담보로 대출까지 받아 그에게 투자했다고 한다. 그는 매우 성공적인 기업인이라는 명성을 가졌었다는 것이다. 이러한 기본적인 신뢰 외에도 그는 일부 초기 투자자들에게 이윤을 되돌려줌으로써, 잠재적 투자자들에게 자신들도 투자이익을 얻을 수 있을 것이라는 느낌을 확장했다고 한다. 바로 다단계 판매 사기의 전형이었던 것이다.

피해자이면서도 어쩌면 공범일 수도 있는 야우 청은 단순한 다단계 사기에 쉽게 넘어갈 그런 사람이 아니었다. 그녀는 세계적인 금융투자자문회사인 메릴 린치Merrill Lynch의 금융인이었고, 자신의 투자 펀드에 동업자였으며, 철저하고 지성적인 투자자였기 때문이다. 그런 그녀도 슈가 자신의 요식업 사업으로부터 눈이 번쩍이는 이익을 낼 수 있다고 제안하자 제대로 점검하는 적절한 노력을 가하지 않았던 것이다. 무엇보다도 슈의 개인적 인적 관계망이 한 가지 이유를 대변한다. 한때, 슈는 그녀를 힐러리 클린턴에게 소개했다. 이런 인간관계가 그녀와 다른 피해자들에게 강한 인상과 신뢰를 더해주었던 것이다. 슈가 금융기관으로부터 상당한 금액의 융자받을 수 있었던 것도, 막강한 기금 조성자로서 정치권에서의 그의 상당한 명성이 한 몫했던 것이다.

돈과 정치라는 거대한 두 권력이 결합할 때, 일반 상식으로는 이해할 수 없는 일들이 펼쳐지곤 한다. 슈의 지속적인 사기 또한 그런 배경에서 가능했던 것이다.

밀리 바닐리
Milli Vanilli

/ 립싱크로 그래미 상을 받다

밀리 바닐리Milli Vanilli는 독일 뮌헨 출신의 R&B 듀오이다. 이 그룹은 1988년 프랑크 파리안Frank Farian에 의해 창단되었고, 파브 모르반Fab Morvan과 로브 필라투스Rob Pilatus 두 사람으로 구성되었다. 그룹의 데뷔 앨범인 "Girl You Know It's True"는 국제적인 성공을 거두어서, 1990년 2월 21일 그래미 상 시상식에서 최고신인 가수상(Best New Artist)을 수상하게 된다. 밀리 바닐리는 1980년대 말에서 1990년 초에 이르는 기간에 가장 인기가 많은 대중 예술가 중 하나가 되었다. 그러나 그들의 매니저인 세르지오 벤데로Sergio Vendero가 모르반과 필라투스는 그들의 레코드에 나오는 목소리의 어떤 부분도 실제로 부르지 않았다고 고백하면서, 그들의 성공은 아주 빠르게 오명으로 바뀌고 만다. 두 사람은 자신들이 수상했던 그래미 상을 돌려주기로 결정했고, 나아가 그 상을 실제 노래를 부른 보컬리스트들에게 줄 것을 요청했다. 그러고는 그들 스스로도 1998년 자신들의 복귀 음반을 녹음했으나 앨범이 출시도 되기 전에 멤버 중 한 사람인 로브 필라투스가 사망한다.

세계 대중음악계에서 가장 권위가 높은 그래미 상을 수상하고 수백만 장의 음반이 판매된 명곡 중의 명곡이, 실제 노래를 부른 것은 음반을 만든 가수들이 아니라 제작자와 작업을 함께하던 무명 가수들이었다는 사실이 알려지면서 이 사건이 대중문화, 특히 대중음악 역사에서 가장 중요한 스캔들 중의 하나로 기록되고 있다. 특히 진실성과 허위성에 대한 문화적 전쟁이 한창인 오늘날의 여건에서는 더욱 그렇다. 당사자들인 모르반과 필라투스는 자기들을 외모를 보고 선택했으며, 약속과는 달리 자신들에게 녹음할 기회조차 주지 않았다고 주장한다. 그런데도 그들의 음악은 국제적으로 음악 차트의 상위를 차지하고, 그들에게 환호하는 청중들의 화제가 되었다. 그들은 한때 그들이 자기들이 밥 딜런Bob Dylan이나 폴 메카트니Paul McCartny보다 음악적으로 재능이 더 뛰어나다고 〈타임지〉 기자에게 말하기도 했다.

오늘날엔 립싱크가 그리 이상한 일도, 그리 흔치 않은 일도 아니지만, 1990년 11월 19일은 대중음악 역사에서 실제로 노래를 부르지 않았다는 게 가장 수치스러운 절정에 다다르는 순간이었다. 그날은 바로 밀리 바닐리가 자신들에게 주어진 그래미 상을 박탈당한 날이었다. 밀리 바닐리는 독일의 음악제작자요 작사 작곡가인 프랑크 파리안Frank Farian의 창작품이었다. 1988년 초, 파리안은 여러 보컬리스트들과 그룹 앨범을 작업하고 있었으나, 그 해 여름 앨범이 출시될 때 자신이 발탁한 무용수 겸 모델이었던 로베르트 필라투스Robert Pilatus와 파브리스 모르반Fabrice Morvan이 그룹을 선도하기엔 시장성이 없음을 알게 되었다. 당시엔 그들의 이력에 음악과 노래가 없었기 때문이다.

사건의 전말은 이렇다. 그들의 싱글 "Girl You Know It's True"는 처음 제시 파웰Jesse Powell이 제작했고, 로브 필라투스와 파브 모르반이 발탁되기도 전에 이미 완성되었다고 한다. 프랑크 파리안은 필라투스와 모르반의 목소리를 다듬는 데 중점적으로 노력을 가할 필요가 없다고 느꼈다고 한다. 그는 다른 두 사람의 목소리를 숨기려고 백업Back-up 가수들을 이용해 자신의 스튜디오에서 지원된 목소리도 추가했다. 2011년, 모르반은 파리안이 계약서에 서명할 때 자신들에게는 아주 작은 선금만 지급함으로써 자기들을 착취했다고 주장했다. 그 두 사람은 선급금 대부분을 의상과 미용에 써야 했으며, 몇 달 후 파리안은 그들을 다시 불러서는 사전 녹음된 음악에 립싱크를 하거나 아니면 계약에 따라 선금을 전액 되돌려줘야 한다고 했다. 이를 두고 모르반은 자신들은 "고용된 것이 아니라, 함정에 빠졌었다"고 회상했다.

당시 미국 음악방송인 MTV의 사장이었던 베스 메카트니-밀러Beth McCarthy-Miller는 그들이 첫 방송 인터뷰를 위해 방문했을 때, 그들의 빈약한 영어 실력 때문에 당시 현장에 있던 방송국 관계자들이 과연 그들이 음반에서 실제로 노래를 불렀는지 의문을 갖게 되었다고 말한 바 있다. 그들이 립싱크를 한다는 첫 대중적 신호는 1989년 7월 21일 코네티컷 주 브리스톨에서 열린 MTV 생방송 공연 중이었다. 청중들 앞에서 그들이 생방송으로 공연하자 그들의 노래 "Girl You Know It's True"의 레코드가 엉켜서 튀기 시작하고, 스피커를 통해 한 부분인 "Girl You Know It's..."만 계속 반복되었다. 그들은 계속해서 몇 분 동안 무대 위에서 실제로 노래를 부르는 것처럼 굴고 춤을 추고는 둘 다 무대를 내려왔다. 당시 상황을 취재해 기사화했던 한 기자에 따르면, 공연에 참여했던 청중들은 그 사실을 눈치채지도 못하거나 개의치 않는 것 같았으며, 마치 아무 일도 없었던 것처럼 공연은 계속되었다고 한다. 1990년 3월, 〈타임〉지는 필라투스가 그룹의 성공 탓인지, 그들이 믹 재거Mick Jagger, 폴 매카트니Paul McCartney, 밥 딜런Bob Dylon보다 음악적으로 재능이 뛰어나다고 생각하며 스스로 '새로운 엘비스 프레슬리'라고 주장했다고 보도했다.

"All or Nothing"의 국제판과는 달리, 앨범의 미국판 삽입곡들은 보컬을 모르반과 필라투스라고 명시하고 있다. 바로 여기서 가수인 찰스 쇼우Charles Shaw는 1989년 12월, 자신이 그 앨범에서 실제 노래를 한 세 가수 중 한 사람이었으며, 모르반과 필라투스는 가짜였다고 밝혔다. 그러자 파리안은 쇼우에게 자신의 진술을 번복하도록 요구하며 15만 달러를 지급한 것으로 보도되었지만, 이것으로 대중적 비난의 파고를 극복하지는 못했다. 그룹에서 실제로 노래하는 사람은 누구인지에 관한 증폭되는 대중적 의문은 물론, 다음 앨범에서는 노래하도록 해달라는 모르반과 필라투스의 주장으로 인해 파리안은 결국, 1990년 12월 12일 기자들에게 레코드에서 모르반과 필라투스는 실제로 노래하지 않았다고 고백했다. 결국 미국 언론의 압력으로 밀리 바닐리의 그래미 상은 4일 후 취소되었으나, 그들에게 주어진 다른 3개의 미국 음악상은 결코 취소되지 않았다. 그 상이 음악 소비자들에 의해 그들에게 주어진 것이라고 조직위원회가 판단했기 때문이었다고 한다.

그렇다면 과연 진짜 밀리 바닐리는 누구란 말인가. 1990년 봄, Milli Vanilli의 두 번째 앨범이 완성되었다. 그해 가을에는 첫 싱글이었던 "Keep on Running"

이 파리안이 밀리 바닐리에 관한 진실을 털어놓기 직전, 라디오 방송용으로 출시되었다. 마지막 순간, 파리안은 모르반과 필라투스 대신 실제가수들을 밝히고, 앨범의 타이틀 "Keep on Running"도 다른 곡으로 바꾸며, 가수 이름도 'The Real Milli Vanilli'로 바꾸도록 했다. 그러나 그 일을 맡은 그래픽 담당자가 앨범 표지 수정 작업을 깜빡 잊는 바람에, 두 번째 앨범에까지 가수 이름이 밀리 바닐리로, 앨범의 타이틀도 "Keep on Running" 그대로 출시되고 말았다. 1991년 초 유럽에서 출시된 앨범에는 "진실의 순간(The Moment of Truth)"이라는 타이틀 속에 "Keep on Running", 'Nice 'N Easy', 그리고 'Too Late(True Love)' 세 곡의 싱글이 수록되었다. 표지에는 레이 호르턴Ray Horton이라는 모르반과 필라투스 닮은꼴 가수가 실렸고, 그는 4개 트랙에서 보컬을 담당했다. 미국 시장에서 파리안은 밀리 바닐리와의 어떠한 관계도 피하기로 결정해 음반을 대부분 이 레이 호르턴을 리드 보컬로 해 녹음했다.

반면, 모르반과 필라투스는 미국 캘리포니아의 로스앤젤레스로 옮겨서 조스 엔터테인먼트Joss Entertainment 사와 계약을 체결하고, 그곳에서 Rob & Fab이라는 이름으로 대부분을 자신들의 리드 보컬로 해 후속 앨범을 녹음했다. 회사의 재정 사정으로 인해, 앨범은 밀리 바닐리의 우선 시장이었던 미국에서만 출시할 수 있었다. 그들의 싱글 "We Can get It On"은 앨범이 출시되기 직전 라디오 방송용으로 먼저 제공되었으나, 광고 부족, 유통과 배송 미비, 그리고 립싱크 스캔들 이후 스타덤에서의 갑작스러운 추락 등으로 인해 해당 앨범은 고작 2,000개 정도만 판매된 실패작으로 끝나고 말았다. 그러나 추락한 명예를 되찾기 위해 이에 그치지 않고, 파리안은 1997년 모르반과 필라투스를 리드 보컬로 한 새로운 밀리 바닐리 앨범을 제작하기로 합의를 보았다. 결국 1998년 그들의 복귀 앨범인 "Back and In Attack"을 녹음하기에 이른다. 심지어 작업실의 동료 가수들까지도 너무나 빨리 사라진 명성을 일부나마 회복할 수 있도록 힘을 실어주었으나, 필라투스는 앨범 작업 도중에도 다수의 사적인 문제에 직면하게 된다. 결국 그는 마약과 범죄에 눈을 돌려 일련의 폭행과 강도를 저지르고 3개월 구치소에 구금되고 6개월간 약물치료 시설에 수용되고 만다. 파리안은 그를 보석으로 석방시켜 약물치료 비용과 비행기 항공료를 부담해 조국인 독일로 보내지만, 새로운 앨범의 홍보 투어 전날 밤인 1998년 4월 2일, 필라투스는 프랑크푸르트의 한 호텔 방에서 의문스러운 알코올과 약물 과다복용으로 숨진 채 발견된다.

한편 모르반은 자신의 음악 인생을 끝까지 놓지 못하고 계속하고자 숱한 보컬 강습을 받았지만 단 한 번도 만족스러운 결과를 얻지 못했다. 결국 LA의 라디오 방송국의 DJ로 일해야 했고, Fox 텔레비전의 유명인 병영 캠프(Celebrity Boot Camp)라고 하는 리얼리티 쇼에도 출연했다고 한다. 2000년이 되자 파브 모르반은 〈It Takes two: The Story of the Pop Duo〉라는 BBC 다큐멘터리로 출연하게 된다. 그들의 이야기는 음악방송인 VH1의 〈Behind Music〉에도 인터뷰도 하고 출연도 한다. 2007년 2월 14일, 유니버설 영화사는 음악계에서 밀리 바닐리가 뜨고 진 이야기에 기초한 영화를 준비하고 있다고 발표했다. 그 영화에서 파브 모르반은 자문 역할을 할 것으로 알려졌었다. 2014년 1월, 밀리 바닐리의 실제 가수들이 〈Oprah: Where Are They Now〉의 제작자와 심층면담을 해 2월 14일에 미국에서 방영되었다. 2015년에는 파브 모르반이 밀리 바닐리의 원 가수 중 한 사람인 존 데이비스John Davis와 "Face Meets Voice"라는 앨범을 함께 작업했다고 알려진 바 있다.

놀랍게도 당시 음반 제작자, 매니저, 음반회사, 가수, 그리고 음악가들에게 누군가 아주 훌륭한 보컬리스트를 대치하는 것은 전혀 새로운 사건이 아니라 보편화된 관행이었다. 다만 비밀을 지키는 것이 문제라면 문제였다. 이 사건에서도 관계자들은 누군가 입을 열까 봐 항상 두려워했으며, 장기적으로 무슨 일이 일어날지 누구도 알지 못했다. 마치 마술사 데이비드 코퍼필드David Copperfield도 이들보다 더 잘 감출 수는 없었을 것이다. 그러나 현실은, 밀리 바닐리라는 남성 듀오는 실제로는 결코 듀오가 아니었으며 오히려 전국의 수많은 젊은이들에게 실망을 안겨주었고, 심지어는 기계음악까지 받아들이게 했던 장본인이었다. 그들의 사건은 인간의 이중성을 세상에 알렸으며, 극단적인 실망을 초래했다고 한다.

1990년대만 해도 청중들은 비록 영화제작에 있어서 복잡한 분업화에 대해서는 어느 정도 인식하고 배우들이 모든 연기를 직접 다 하지 않고 소위 스턴트 배우들을 활용한다는 데 대해 잘 알고 있었는데도 누구도 그에 대해 기분 상해 하거나 불만이나 문제를 제기하지 않았다. 그러나 음악계에서는 개별 가수들이 직접 청중들에게 소통하는 분위기여서, 영화계에서 스턴트와도 비교할 수 있는 립 싱크를 전혀 받아들이지 못하는 상황이었다. 밀리 바닐리는 바로 이런 음악계 통념의 희생양 또는 순교자였을지도 모른다.

그러나 이 사건으로 인해 많은 사람들이 바로 인간의 이중성을 깨닫게 된 것으로도 알려지고 있다. 그렇다고 매력이 떨어지는 가수들의 노래를 립 싱크한 이 잘생기고, 어두운 피부의 유럽 모델들의 문화적 영향을 경시해서도 잊어서도 안 된다. 명성에 굶주린 이 두 사람이 우리에게 끼친 영향은 가히 국제적이고 엄청난 것이었다.

스티븐 제이 러셀
Steven Jay Russell

/ 사랑 때문에 신분을 속여 교도소를 4번 탈옥한 사나이

　스티븐 제이 러셀Steven Jay Russell은 다른 사람을 가장해 교도소를 4번이나 그것도 멀쩡하게 걸어서 정문을 통해 탈옥에 성공한 것으로 널리 알려진 직업 사기꾼이다. 그는 1957년 9월 14일에 태어난 미국인으로 이처럼 교도소를 4번이나 탈출한 사기꾼이며, 그런 그의 삶과 범죄에 관한 이야기가 2009년 유명 배우 짐 캐리Jim Carey가 주연한 〈사랑하는 필립 모리스(I Love You Phillip Morris)〉라는 제목으로 영화화 되었고, 2011년에는 "챙겨줘야 할 남자친구가 있어(Got a Boyfriend)"라는 에피소드로 〈성공할 뻔한 사건(Almost Got Away with It)〉이라는 TV쇼로도 방송되었다. 2005년엔 디스커버리 채널Discovery Channel의 〈도망 중(On the Run)〉이라는 프로그램에서 〈사기왕(King of Cins)〉이라는 에피소드로 그

의 범죄에 관한 다큐멘터리를 제작, 방송하기도 했다.

누구나 교도소 탈주를 생각한다면 당연히 도주나 땅굴을 파는 것을 생각하겠지만 러셀의 생각은 달랐다. 그것이 바로 그를 다른 탈주범들보다 유명하게 만들었다고 할 수 있다. 그는 아주 쉬운 방법을 생각해냈고, 결국 한번도 어려운 교도소 탈주를 4번이나, 그것도 뛰지도 땅굴을 파지도 않고 교도관, 의사, 판사 등을 사칭하고 위장해 제 발로 당당히 걸어서 나갈 수 있었다. 그에 따르면 자신이 쉽게 걸어서 나올 수 있었던 것은 위장한 자신을 교도관들이 비밀경찰이라 생각했기 때문이며, 그러한 도주극이 매우 흥분되는 일이었고, 자유의 첫 순간은 놀라웠다고 후에 한 인터뷰에서 진술했다.

러셀은 1998년 3월 20일, 텍사스 주 댈러스 소재 네이션스 뱅크Nations Bank로부터 7만 5천 달러의 대출을 합법화하려는 의도로 버지니아 주에서 온 백만장자로 가장했는데, 은행 관계자가 의문을 품고 경찰을 부르자 그는 심장마비인 척하고 병원으로 이송되었다. 그는 이후 FBI요원으로 가장해 자신의 휴대전화로 병원에 전화를 걸어 퇴원시킬 것을 요청했다. 물론 그는 한 달 뒤 플로리다에서 붙잡혀 99년은 탈주 혐의로, 그리고 45년은 다른 혐의로 통합 144년 형을 선고받고 교도소에 수용 중이다.

1998년 초, 스티븐 제이 러셀이라는 이름을 가진, 쇠약해진 한 텍사스 재소자에게 호스피스 병동 수용을 허락하는 특별가석방(Special parole)이 허가되었다. 그의 의료 기록에는 그가 호스피스 병동으로 이송되는 이유에 대해 그가 HIV/AIDS에 감염되어 있고 더는 생존할 가능성이 없기 때문이라고 적혀 있다. 그로부터 얼마 지나지 않아 텍사스 형사 사법 당국은 러셀이 사망했다는 사망 진단서 한 장을 수령하게 되지만, 불과 몇 주 후 러셀이 구속된다. 사망신고서가 접수된 죽은 사람이 구속되었다? 이 말도 안 되는 사건이 바로 러셀을 유명한 세계적인 사기꾼 반열에 올리는 이유이다.

러셀의 첫 범죄 행위는 1990년대 초에 일어난 것으로, 그가 전표를 조작했을 때이다. 그의 계략은 발각되고 그는 사기 혐의로 기소되어 6개월 형을 선고받는다. 그러나 그에게는 6개월이 너무나 길었고 그래서 그는 교도소를 떠났다. 이유는 두 가지다. 하나는 수형 기간이 너무 길어서였고, 더구나 그의 남자친구가 AIDS로 죽어가고 있어서 곁에서 그를 간호하고 죽음을 지켜보기 위해서였다. 수형생활 4주차에 그는 버려진 민간인 복장을 훔쳐서 교도관으로 위장해 큰 어려움 없이 교도소를 걸어 나와 자유의 몸이 될 수 있었다. 그러나 그는 다시 붙잡혔고 형기를 다 채울 수도 있었으나, 그것은 필립 모리스Phillip Morris라는, 또 다른 로맨틱한 파트너를 만나기 전이었다. 둘 다 만기 출소하자 러셀은 남자친구가 호사스럽게 생활하도록 해주고 싶어서 자신의 이력을 위조해 최고재무책임자(CFO)로 취업하게 된다.

러셀은 사기 혐의로 유죄를 선고받고 또 의미 있는 적절한 경험이 없음에도 불구하고, 어느 의료관리 기업의 재무 책임자로 직장을 얻게 된다. 아마도 자신의 직책에 전혀 자격을 갖추지 못한 그는 들통 나기 전 현금을 빼돌리기로 결심하고 모리스의 도움을 받아 붙잡힐 때까지 80만 달러를 횡령한다. 결국 그는 기소되고 도주 우려가 높다고 판단되어 보석금이 95만 달러라는 거액으로 책정되자, 빠른 시일 안에는 다시 자유를 찾을 수 없을 듯했다. 그러나 그에게 한 가지 좋은 수가 떠올랐다. 그는 법원 서기에게 전화를 걸어 자신이 사건의 담당판사라고 주장하고는 보석금을 4만 5천 달러로 감액시켰다. 그 정도는 낼 수 있었던 그는 보석금을 내고 플로리다로 도주한다. 2년 사이에 벌써 그는 두 번 탈주한 것이다.

그러나 자유의 달콤함은 1주일 만에 끝나고 그는 다시 붙잡혀 횡령 혐의로 재판에 회부된다. 유죄가 확정되어 다시 교도소에 수감되기에 이르렀고, 이번엔 45년이라는 훨씬 긴 형이었다. 그의 남자친구 모리스도 교도소에 수감되었지만 훨씬 짧은 기간이었고, 비교적 합리적인 보석으로 그는 일시적으로 구금을 피할 수 있었다. 러셀은 모리스와 함께 있기를 원했다. 그래서 그는 또다시 세 번째로 구금시설을 탈주하게 된다. 이번에도 그는 자신의 도주를 위해 권한이 있는 누군가를 사칭하기로 결심하는데, 이번에 그가 사칭할 사람은 다름 아닌 교도소 의사였다. 그의 수법은 이랬다. 그는 다량의 초록색 마커(marker)와 여분의 일반 교도소 제복을 획득한 다음, 마커의 물감을 이용해 죄수복을 마치 한 쌍의 구질구질한 의사 가운처럼 보이게 해 놀라울 정도로 쉽게 도주했던 것이다. 더 심각한 것은 러셀이 보안이 최고로 엄격해야 하는 중구금 교도소(Maximum security prison)에 수용되었는데도 그가 정문을 통해 걸어 나올 수 있었다는 사실이다. 아마도 교도관과 의료진이 서로 잘 모르기 때문이었을 것으로 판단되는 대목이다. 러셀은 공범 모리스의 도움을 받아 둘은 미시시피 주로 도주하지만 결국 또다시 붙잡혀 그의 탈주 혐의에 대한 재판을 받고 45년의 형기가 추가된다.

러셀은 그렇지만 포기하지 않고 대신 전보다 더 창의적이 되었다. 의사로 위장할 수 있었다면 환자가 되지 말라는 법도 없지 않은가 생각했던 것이다. 그리고 더 나아가 환자라면 꼭 살아남아야만 할 이유도 없지 않은가? 죽은 것처럼 꾸밀 수도 있지 않을까? 누구도 시신에 대해서 대대적인 수색과 추적을 벌이지는 않는다고 생각한 그는 즉각 도주계획을 세우고 실행에 옮겼다. 먼저 그는 단기간에 최대한 많은 양의 체중을 덜기 위해 다량의 설사약을 복용했다. 그는 또한 같은 기간 동안 자신이 허위로 HIV에 걸렸다는 것을 고지하는 의료기록까지도 위조하는 데 성공했다. 결국 중병에 걸린 사람처럼 삐쩍 말랐고 질병을 뒷받침할 의료기록도 갖추게 되자, 그는 1998년 3월 호스피스 병동으로 옮겨진다. 호스피스 병동의 보안이 훨씬 가볍다는 점을 감안할 때 그는 아주 쉽게 호스피스 병동을 도주해, 텍사스 주를 떠나 주 경계를 넘자마자 텍사스 법원에 자신의 사망진단서를 보낸다. 그는 집에서 자유로운 몸이 되었지만 모든 사람들이 다 그가 실제로 죽었다고 믿지는 않았다. 관계자가 검토한 결과 그는 실제로 죽지 않았다고 확인되었고 추적 끝에 플로리다에서 검거되어 탈주 혐의로 다시 유죄가 확정되었다. 그것이 그의 마지막 탈주가 되었다. 그는 비폭력 범죄임에도 불구하고 현재 횡령 혐의로 45년과 도주 혐의로 99년 등 도합 144년 형을 선고받고, 하루 중 운동과 샤워 시간 1시간을 제외한 23시간을 독방에서 지내고 있다.

일부에서는 그에 대한 양형이 지나치다는 평가도 나온다. 그들에 따르면, 러셀은 폭력적인 사람도 강간범도 마약 판매상도 아니며, 자신의 범행에 흉기를 사용하거나 공포를 조장하지도 않았다. 오로지 사람들을 잘 파악하고 이용하는 엄청난 능력과 믿을 수 없을 정도의 지능에 의존할 따름이었다. 반면 텍사스의 한 가족 3명을 잔인하게 살해한 다중 살인범이나 16세의 여자아이를 강간한 성폭행범보다 그에게 가해진 형량이 훨씬 높기 때문이다. 물론 그가 폭력적이지 않았고 사람이 피해자도 아니었다고 해서 그의 범행이 용서될 수는 없지만, 그에 대한 양형은 지나치며 4번이나 교도소를 탈주해 형벌기관을 농락한 데 대한 일종의 보복성 형벌이라는 주장이다.

러셀은 자신의 이야기를 하나의 러브 스토리라고 한다. 자신이 했던 행동은, 사랑에 빠진 사람이라면 누구나 그렇듯이, 사랑하는 사람을 볼 수 없게 된다면 할 수밖에 없는 일이었을 뿐이라는 것이다. 러셀은 자신은 결코 경찰보다 영리하지 않지만, 경찰이 범죄자는 바보라고 생각하고 안심하기 때문에 자신의 범행이 가능했을 뿐이며, 따라서 누구라도 어디서라도 탈출할 수 있다고 주장한다. 그가 여러 직업의 사람들을 흉내낼 수 있었던 것은 자신이 그와 관련된 용어들을 잘 알았기 때문이라고도 했다. 그를 아는 사람들은 그가 타고난 거짓말쟁이지만 너무나 매력적이고 너무나 재미가 있어서 그에게 마음을 주지 않을 수 없었다고 평가한다. 다른 한편에서는 그가 절대적으로 관심 받기를 좋아하는 사람이며, 워낙 역겨워서 주위에 오래 같이 있기가 힘든 사람이라고도 평가한다. 영화의 주연이었던 짐 캐리Jim Carrey는 러셀은 사랑받고 싶어 했으며, 자신의 전 인생을 빼앗겼다고 느끼는 사람 같았다고 했다. 어쩌면 캐리의 관찰이 옳을지도 모른다. 러셀은 태어나자마자 생부와 막 이혼하고 자녀양육을 원치 않았던 어머니에 의해 입양 보내졌다. 그러나 그의 범죄와 가장 관계가 깊은 것은 연인을 그리워하는 그의 연애방식이었다.

스티브 제이 러셀은 여러 다른 이름을 가지고 있다. 14개의 알려진 가명뿐만 아니라 그는 위조 증명서를 꾸미고 의사, FBI 수사관, 바 실습생, 그리고 심지어 판사로 위장하는 동안 그가 교도소를 탈주하는 놀라운 능력 때문에 '사기왕(King Con)'이라거나 탈출의 명인이라 불리는 전설의 마술사 '후디니Houdini'라는 별명도 가졌다. 그는 5년에 걸쳐서 4번이나 교정시설을 탈출했고, 그런 그의 이야기는 짐 캐리Jim Carrey가 주연한 영화로 영원히 남게 되었다. 그는 지능지수가 163이나 되는 것으로 알려지고 있으며, 그에 걸맞게 신문이나 잡지를 읽으며 시간을 보낸다고 한다. 그는 또한 잘 웃고, 유머 감각도 있으며 대화가 수월한 사람이다. 무엇보다 그의 장점은 그의 신체적 외양으로서, 변신해도 누구도 알아채지 못하게 하는 탁월한 능력을 가졌다고 평가받는다. 뿐만 아니라 목소리도 다양했다. 사진을 찍을 때마다 다른 자세와 얼굴을 보여주었다고도 한다. 그는 전혀 폭력적이지 않았으며, 자신은 결코 도주한 것이 아니라 교도소에서 문을 열어주었을 뿐이라고 주장한다. 러셀은 법과 형량이 어디까지 어떻게 범죄의 동기와 죄를 물어야 할지, 혼란스럽게 만든 인물이기도 하다.

나트와랄
Natwarlal

이번에는 타지마할이다. 세계문화유산이자 성스럽기까지 한 궁전 형식의 묘지 타지마할을 누군가 팔겠다면 넘어갈 것인가? 믿기 어렵겠지만 영악한 악덕 사기꾼의 교활한 술수에 넘어가 그런 황당한 계략조차 믿어버리는 경우가 많다. 오늘날도 몇몇 사람들은 일확천금을 끌어 모아 엄청난 유명인사가 되는 꿈을 꾼다. 불행하게도 아니면 다행스럽게도 대부분의 사람들은 그저 꿈으로 그칠 뿐 그런 꿈을 실현하려고 애쓰지는 않는다. 그러나 그러한 꿈을 실현하려는 사람들 중 극소수는 실제로 애버그네일, 뤼스티그, 매도프가 되고 또 실제로 세계적인 문화유산 타지마할까지도 팔아치운다. 믿기 어렵겠지만 실제로 타지마할을 팔아먹은 인도 역사상 최고의 사기꾼도 그런 희귀 종족이었다. 나트와랄Natwarlal로 더 잘 알려진 미실레쉬 쿠마르 스리바스타바Mithilesh Kumar Srivastava라는 인도의 사기꾼이다.

나트와랄은 변장술에 완벽했고 남을 속이는 데 신기한 아이디어들을 활용했다. 뿐만 아니라 위조 기술도 능숙해 당대 다수의 유명인들 서명도 위조했다고 한다. 그에게 사기란 하나의 예술의 경지였다. 사기꾼이 되기 전 변호사로 일했던 만큼, 법률 지식도 많고 지능도 높았고, 스스로 인간본성에 대해 연구했으며 이해 또한 깊었다. 사기꾼들의 강력한 불씨이자 무기이기도 한 인간의 탐욕이라는 것을 이용할 줄 알았다.

타지마할은 '왕궁의 왕관(Crown of Palace)'이라는 뜻을 지닌, 인도의 유백색 왕릉이다. 무굴 제국의 샤 자한Shaha Jahan 황제가 1632년, 가장 사랑했던 부인 뭄타즈 마할Mumtaz Mahal을 추모하기 위해 건축하기 시작해 1653년 완공되었다고 한다. 건설비용에 현재 가치로 계산하면 8억 2천 7백만 달러 이상이 소요되었고, 2만 명 이상의 장인과 노동자가 투여되었다고 한다. 타지마할은 1983년 "인도 무슬림 예술의 보물이요 세계문화유산의 명작"으로 그 보편적 가치를 인정받아 유네스코 세계문화유산으로 지정되었다. 노벨문학상을 수상한 인도의 시성 타고르Tagore도 "시대의 양볼에 흐르는 눈물(tear-drop on the cheek of time)"이라고 표현했으며, 많은 이들이 "무굴제국 건축물을 대표하는 가장 훌륭한 본보기이자 유수한 인도 역사의 상징"으로 간주하는 세계적 문화유산이요 보물이다.

인도를 대표하는 이런 세계적인 문화유산이 매물로 나온다면 믿고 사겠는가? 나트와랄은 이 타지마할은 물론이고 심지어 인도 국회의사당까지도, 게다가 한 번이 아닌 수차례에 걸쳐 팔아먹었다고 하니 가히 인도 최고의 사기꾼임에 의심할 여지가 없겠다. 놀랍게도 그는 직업적인 사기꾼이 되기 전 변호사였다. 인도의 수많은 사람들에게서 수천만 루피의 돈을 갈취했으며, 50개가 넘는 위조 신분과 가명을 사용했다고 한다. 그는 또한 다수의 기업 경영인들에게도 사기를 쳤다. 도움이 필요한 사람이나 사회사업가로 위장해 엄청난 금액의 현금을 사취했던 것이다. 그의 사기 행각은 여기서 그치지 않고, 추후 위조된 것으로 밝혀진 수표를 주고는 다수의 상인들에게 어음을 요구하는 방식으로 사기를 치기도 했다.

이렇듯 다양한 범죄 행각으로, 나트와랄은 인도 8개 주 경찰로부터 100가지 이상의 사건으로 수배되었고, 결국 113년의 자유형을 선고받는다. 그러나 더 놀라운 것은, 그가 평생 각각 다른 교도소에서 무려 8번이나 탈주를 감행했다는 점이다. 그는 9번 구금되었으나 매번 탈주에 성공했다. 이때 그가 교도소에 있던 기간은 채 20년도 안 된다. 1996년 마지막으로 체포되었을 때 그의 나이 84세였지만, 그는 경찰을 속이고 다시 도주한다. 1996년 6월 24일, 휠체어를 탄 80대 노인이 치료를 받기 위해 교도소에서 병원으로 이송되던 중 감쪽같이 사라졌던 것이다. 경찰의 호위까지 받으며 병원으로 가다가 뉴델리 기차역에서 사라진 뒤, 누구도 그를 보지 못했다고 한다.

20여 년을 각종 구금시설에서 보냈고 10여 개 주 경찰로부터 추적을 받았는데도, 그의 생애와 범죄는 아직도 오리무중이다. 오랜 기간, 그의 무모한 행동들에 대한 소문과 억측이 사실과 뒤섞이는 바람에, 그의 범죄 사실과 경력들을 짜 맞추기가 더 힘들어진 탓도 있다.

영국 정부와 긴밀한 관계를 유지하던 대지주 두 아들 중 맏이로 태어난 나트와랄은 어린 시절 어떤 악행의 징조도 보이지 않았던 것 같다. 마을 사람들은 그를 평범했던 학생으로 기억했다. 중학 시절 급우였던 72세 노인은, 그가 학업보다는 축구와 체스에 더 관심을 두었다고 회상했다. 그가 처음 경찰의 관찰 대상이 된 때는 1937년으로, 노상에 쌓여 있던 9톤의 고철을 절도한 혐의로 체포되었을 때이다. 그는 위조문서를 이용해 철근들이 자신의 소유인 양 속여, 중개상에게 팔았다. 그 사건으로 처벌을 받긴 했으나 구금조차도 그를 억제하지 못했다.

몇 가지 요소가 그의 사기 행각에 도움이 되었다. 아버지가 한때 역장이었기 때문에 그는 대규모 철도 운송의 흐름을 알고 있었고, 그의 주장대로 대학에서 전공한 경영학과 증권 거래인으로 잠시 일한 경험 덕분에 금융거래 법규에 대한 지식에 밝았다. 어떠한 서류나 서명이라도 위조할 수 있는 능력도 그의 사기 행각을 크게 거들었다. 그는 철도운송 사무실로 가서는 하역 대기 중인 화물들을 확인하고 송장과 수표를 철도당국에 제시한 뒤 화물과 함께 사라지곤 했다. 유사한 방식으로 섬유협회 구매 담당자로 가장해 사기극을 벌이기도 했다.

나트와랄은 생사조차 미스터리로 남아있다. 2009년, 나트와랄의 변호사는 그에게 적용된 100가지 이상의 혐의 모두 기각해달라고 요구했다. 나트와랄이 2009년 7월 25일 이미 사망했기 때문이라는 주장이었다. 그런데 나트와랄의 동생은 자신의 형을 1996년에 이미 초원에서 화장했다고 주장했다. 결국 나트와랄의 정확한 실제 사망 연도와 일시도 아직까지 분명하지 않다. 13년의 간격을 두고 두 번이나 사망하다니, 참으로 그다운 이 전설은 사람들의 기대에 어긋나지 않았다. 그의 화려한 전설과 경력은 미국의 전설적인 사기꾼 애버그네일이나 파리 에펠탑을 팔아먹은 뤼스티그과 같은 세계적인 사기꾼들과도 어깨를 견줄 수 있을 정도로 정평이 났다. 아이러니하게도 그의 고향 사람들은 그를 자랑스러워했고, 그의 집이 있던 곳에 기념 동상을 세우기도 했다. 주민들은 그가 아무런 폭력을 행사하지도 않았고 누구에게도 해를 끼치지도 않았으며, 단지 부자들만을 갈취했고 비뚤어진 천재였을 뿐이라고 이야기한다. 인도 최고의 사기꾼으로 명성을 날린 그의 전설은 지금까지도 살아있어서, 특히 기막히게 영특한 사기꾼들을 인도에서는 '나트와랄'이라고 부를 정도이다. 수많은 사기꾼들이 그의 인생에서 영감을 받았다고 언급하곤 한다.

이쯤 되면, 사기를 치든 무엇을 하든 사람들에게 잊히지 않을 매력이란 과연 어디에서 비롯되는지 궁금해진다. 천재에 대한 환상에 숨은 노력이 가려지듯, 사기꾼에 대한 환상에 어두운 범죄라는 그림자 또한 가려지고 마는 것이 아닐까.

소피 스미스
Soapy Smith

/ 개척자 사기꾼Frontier Conman, 사기꾼과 지역사회 일꾼이라는 두 얼굴

'개척자 사기꾼(Frontier Conman)'이라는 별명이 암시하듯, 소피 스미스Soapy Smith는 서부 개척자 같은 사기꾼이다. 그는 1860년 미국 조지아 주의 부유한 가정에서 태어나 우수한 교육을 받으며 성장했다. 할아버지는 제법 규모가 큰 농장의 주인이었고 아버지는 변호사였다. 그러나 실은 '농장주'가 축적한 부의 대부분이 농장의 노예들과 직결된 것이어서, 1865년 노예해방과 더불어 그의 가정은 폐허가 되었다. 결국 가족의 농장 부지를 매각해 1876년 텍사스로 이주하게 된다. 바로 이즈음이 그가 야바위꾼들의 세계에 발을 들여놓은 시기이다.

이듬해 1877년 어머니가 세상을 떠난 뒤, 범죄조직의 우두머리였던 샘 베

이스Sam Bass가 총격 당하는 모습을 사촌과 함께 목격하게 된다. 직업 범죄자가 범죄자라는 이유로 살해되는 장면을 목격한 충격 때문이었을까. 17세의 소년은 어른이 되면 직업 범죄자가 되고 싶다는 생각을 자연스럽게 품기 시작했고, 결국 정확히 자신이 바라던 그런 사람이 되고 말았다.

그는 집을 떠나, 철도 남단에 위치한 번잡한 도시 포트워스(Fort Worth)로 이주한다. 이로써 그는 텍사스에서 했던 가축 몰이를 완벽히 그만두게 되고, 도시야말로 항상 사람들로 붐빈다는 사실을 재차 확인한다. 어린 스미스에겐 바로 이곳이야말로 야바위꾼의 야바위 기술을 완성할 수 있는 완벽한 장소였다. 스미스는 다음 22년간 직업적인 전문 사기꾼과 충성스러운 야바위꾼들로 구성된 파렴치한 범죄 집단의 우두머리로 지낸다.

스미스는 이곳 포트워스로 오기 전 전국을 다니며, 물건의 실제 가치보다 훨씬 더 높은 가격으로 싸구려 보석들을 팔고 다녔다. 그는 스스로에게서 천부적인 장사꾼 기질과 재능을 발견했다. 적당히 남을 속일 수 있는 사기 카드 게임 운영 방법, 자신이 판매한 '기적의 만병통치약'을 산 사람들이 배탈이 나기 직전 마을을 떠나는 방법 등 온갖 사기꾼의 기술과 마술 등을 노상의 다른 사람들로부터 습득했다.

후에 자신을 상징하는 이름을 만들어준 '상금 비누 묶음(Prize Soap Package)' 수법을 스스로 개발했다. 외관상 비누를 팔기 위한 상품 진열대를 세우고, 비누 자체의 신비로움과 우수함을 장황히 설명한 뒤 자신만의 독특한 판매 보상제를 제안하는 식이었다. 그는 먼저 한 다발의 지폐를 집어 군중에게 보여준다. 그러고는 지폐로 비누를 둘둘 말아 둘러싼 뒤 다른 보통의 비누와 구분되지 않도록 종이로 재차 둘러싼다. 마지막으로 가방에 집어넣은 뒤 마구 섞은 뒤 비누 곽을 팔기 시작한다. 가격은 1달러에서 시작하고, 초반에 누군가가 100달러를 땄다고 흥분하며 소리친다. 물론 당첨자는 동료이다. 가끔 여기저기서 승자가 나오기는 하지만 기껏해야 5달러가 고작이어서, 초반에 승자가 나온 뒤 더 큰 금액을 따는 사람은 나오지 않는다. 매대의 물건이 줄어듦에 따라 가격은 올라가는데, 남은 비누가 많지 않아 큰 상금에 당첨될 확률도 그만큼 높아지기 때문이라고 스미스는 주장한다. 끝날 무렵엔 그는 주머니 가득 돈을 채워 가지만 내기를 건 사람들에게는 대부분 몇 푼 되지 않는 비누 하나만 남게 된다.

피해자들 모르게 그는 자신의 비누 갱 단원들을 군중 속에 섞어, 오로지 이들 사기꾼들에게만 현금이 든 행운의 비누 곽을 뽑을 수 있는 행운이 돌아가도록 했다. 행운의 비누를 뽑은 사기꾼들은 군중 안에서 소리를 지르며 자신이 행운을 차지했다고 떠벌리도록 지시했다. 행운을 뽑은 사람 모두가 기꺼이 어떻게 하면 행운의 비누를 뽑을 수 있는지 그 요령을 군중들에게 알려주려고 했다. 실은 이 모든 것이 다 사기였다. 사실 어떤 비누 곽에도 현금은 들어 있지 않았다. 스미스의 부하들 말고는 누구도 행운을 잡을 수 없었던 것이다.

스미스가 텍사스 포트워스에서 법률문제에 얽혔을 당시 언론은 그의 이름을 정확히 몰랐거나 관심을 두지 않았다. 그런데 그가 비누를 이용해 사기를 치자, 언론은 그를 비누(Soap)에서 따온 '소피Soapy'라고 지칭하기 시작했다.

그는 단체를 구성하고 꾸려가며 이끄는 재능을 발휘해, 지능적인 사기꾼으로서 매우 끈끈하고 강력한 범죄 집단을 조직했다. 조직원들은 각자 피해자들로부터 돈을 갈취하는 자신만의 독특하고 전문화된 재능을 지니고 있었으며, 스미스처럼 그들도 이곳저곳을 오가는 떠돌이들이었다. 이런 조직원들을 스미스가 하나의 조직으로 통합하고 함께하면서, 그들의 거침없는 행보는 거의 막을 수 없을 정도였다고 한다. 그는 그들의 자산을 통합하고, 정치인과 관료에게 뇌물을 제공하고, 돈으로 살 수 있는 최고의 변호인단을 선임했다. 결국 그는 자신과 조직원들이 구금되지 않도록 보호할 수 있었고, 법과 질서도 자신에게 유리하게 작용하도록 만들 수 있음을 알게 되었다고 한다.

그동안 활동해온 포트워스에 싫증이 나자, 1879년 소피는 무서운 속도로 성장하고 발전해 자신에게도 큰 시장으로 다가온 콜로라도 주의 덴버(Denver)로 활동무대를 옮긴다. 이곳에서도 예전처럼 사기성 노름을 벌이기 시작했고 또 성공을 거두었다. 성공 비결은 그가 늘 강조해온 충성심이었다. 그는 충성심이란 양방통행이며, 자신이 먼저 조직원들에게 늘 그들 뒤에 있다는 믿음을 주고서 그들로부터 충성을 얻었다고 한다. 두 번째 성공 요인은 그가 정직과 선의의 가치를 잘 알고 활용했다는 것이다. 그는 조직원들에게 절대로 폭력을 행사하지 말 것, 지역민들과 다투지 말 것 등 비교적 단순하지만 기본적이며 한편 지키기 쉽지 않은 요구를 했다. 그는 뇌물에만 신경을 쓴 게 아니라 자선사업도 활발히 했다. 가난한 사람, 교회, 그리고 심지어 매춘 여성의 장례에까지도 도움을 주었고, 특히 부하가 어려울 때는 먼저 손을 내밀어 도와주어 충성심을 얻고, 관리와 정치인 그리고 지역사회의 평판마저 거머쥐었다. 결국 그는 1884년경 덴버 지하세계의 수장이 되었다. 심지어 시청의 직원들도 그를 친구라고 부르게 될 지경이었다.

덴버에서 그가 사기 행각을 벌인 근거지는, 바로 그가 소유하고 운영하던 티볼리 클럽(Tivoli Club)이라는 도박장이었다. 1889년 그는 동생까지 불러들여 이 담배 가게를 맡겼는데, 실은 부유해 보이는 이방인들이 잠시 쉬어가도록 한 뒤 가게 뒤편에서 벌였던 카드게임이 그곳의 주된 실제 업무였다. 비밀스럽게 운영했는데도 그의 조직원들은 지역민들에게 매우 유명했다. 소피가 다수의 빈곤 퇴치 운동에 매우 적극적이었고 기사도 정신을 보여, 시민들로부터 명성을 얻었기 때문이다. 그는 동생이 운영하는 담배 가게를 전진기지로 삼아 숱한 사기 행각을 벌렸는데, 야바위꾼들이 돈을 빼앗을 피해자들을 기차역에서 실어올 때를 대비해 늘 카드 도박장을 뒷방에 준비해두었다. 그 외에도 가짜 복권 판매상, 싸구려 시계와 위조 다이아몬드 등 비싸 보이지만 실은 값싼 가짜 물건들을 경매하는 가짜 경매소, 엉터리 광산회사 주식을 발행한 광산과 광물회사 등도 있었는데, 역시 이 모든 장소마다 고객들이 순서를 기다리는 동안 도박할 수 있는 공간이 늘 준비되어 있었다.

그러나 시의회에서 조만간 도박을 금지하려 한다는 소문이 돌자 그는 도박장을 팔고 나서 활동 무대를 옮긴다. 당시 은 광산 붐이 일어 쉽게 돈을 벌려는 수많은 사람들을 끌어들였던 콜로라도 크리드Creede라는 곳이었다. 사실 스미스가 전보다 더 기이한 방법으로 부와 명성을 얻었던 곳이 바로 크리드였다. 그는 얼마 지나지 않아 그곳의 지하세계도 장악하게 되는데, 여기서 저지른 그의 가장 유명한 사기는 화석화된 동굴인(Caveman) 맥긴티McGinty 전시였다. 그는 화석이 된 동굴인 맥긴티를 소개하며, 크리드에서 이를 발굴했다는 어느 광부로부터 구입했다고 주장했다.

맥긴티를 잠시 캠프에 전시한 뒤, 덴버에서 살롱이나 도박장 관련 제약을 완화하기 시작했다는 소식을 접하자 그는 맥긴티를 덴버로 옮긴다. 많은 기업들이 도시를 떠나자 세수 감소로 고통받던 덴버 시에서는 소피 스미스가 상당히 많은 부분을 회복시키리라 믿었기 때문에 그의 귀환을 환영했다. 그는 사람들이 자신의 가짜 네안데르탈인 화석을 볼 때 돈을 받지 않았으며, 실제 돈벌이는 줄을 서서 기다리는 사람들을 대상으로 자신의 조직원들이 행했던 다양한 도박에서 했다고 말했다. 그러나 정치적 문제 및 자신과의 성격 차이로 인해 정치권과의 관계도 악화하고 경쟁 조직 또한 크게 성장하자, 그는 다시 자신의 활동무대를 옮겨 간다.

1897년, 그에게 새로운 기회가 찾아왔다. 알래스카(Alaska)에 새로운 골드러시가 도래한 것이다. 그는 즉각 알래스카의 스캐그웨이(Skagway)라는 도시로 이주해 광산을 따라 가게를 열었다. 그는 지역사회에 특유의 친화력을 발휘하는 전술로 또다시 많은 부를 축적했다. 당시 스캐그웨이는 기업인은 물론이고 사기꾼들에게도 완벽한 도시였다. 광산으로 들어가고 나가는 사람들로 좁은 길목은 언제나 병목현상을 일으켜, 광산으로 들어가려면 광부들 모두가 서두르기 때문에 사기꾼들이 작업하기가 너무나 쉬웠다고 한다. 심지어 피해자에게 현행범으로 걸리더라도 소를 제기할 만큼 오래 머무를 수 없고, 소를 제기하더라도 연방 방위군조차도 실은 이들 비누 갱단과 한 통속이기 때문에 전혀 도움되지 않았다. 그런데도 굳이 소를 제기하려면 배를 타고 5마일이나 떨어진 곳까지 가야만 했기 때문에, 대부분 피해자들은 금광으로 가기 위해 손해를 감수하려고 했다.

사실 스캐그웨이에서 스미스 일당이 저지른 더 웃기는 사건은, '스캐그

웨이 전신전화국'이다. 광부들이 단돈 5달러만 내면, 세계 어디로든 전보를 보낼 수 있다는 것이었다. 1887년 알라스카에서 전보를 보낸다는 게 얼마나 어려운 일이었을지 한번 상상해보라. 당시만 해도 일주일 이상의 긴 항해도 위험하지만, 도착한 곳 또한 수천 마일 떨어진 전혀 알지 못하는 미지의 땅. 그곳에 남겨진 당신 앞에 전신전화국이 있고 5달러면 전보를 보낼 수 있다니. 5달러를 지불하자 직원이 당신을 사무실로 안내하고 사무실에는 몇 명이 테이블에 둘러 앉아 카드게임을 하고 있다. 순간 직원이 카드 게임 중인 손님 한 사람을 부인이 급히 찾는다며 불러댄다. 그렇게 빈자리가 생기자 방금 들어온 당신에게 합석하라고 제안하고, 당신은 기꺼이 합류해 카드게임을 시작한다. 불행히도 얼마 지나지 않아 당신은 거액을 잃고 만다. 당연히 당신은 사기도박에 속았기 때문이다.

사실 당시 알라스카에 전신전화국이 있다는 게 사기라는 것을 알아차리기란 그리 어려운 일이 아니었다. 어떻게 그 짧은 시간에 전신주가 서고, 도로가 개통되고, 수천, 수만 킬로의 전선이 산, 강, 숲을 넘어 가설될 수 있단 말인가? 전신 케이블이 설치된 때는 한참 뒤인 1901년인데 말이다. 당신이 피해자라고 가정해보자. 당신이 속았다는 것을 뒤늦게 깨달았을 때, 그때 당신은 무엇을 할 수 있을까? 과연 누가 그런 엉터리 수작에 속았다고 가족들에게 털어놓겠는가. 실제로 그 누구도 피해 사실을 시인한 기록은 없다고 한다.

천재와 바보는 종이 한 장 차이라고 했던가. 사기꾼과 지역사회의 일꾼도 마찬가지인 것일까? 새로운 시대가 시작되려는 모호한 시기, 사람과 사건이 모이는 곳에서는 늘 모든 가치가 뒤엉키고 재편되는 게 당연한 것인지도 모르겠다.

프레드릭 부르댕
Frederic Bourdin

/ 애정결핍 때문에 신분을 위장, 카멜레온이란 별명을 가진 사기꾼

부르댕Bourdin은 1974년 6월 14일에 태어난 프랑스의 연쇄 사기꾼이다. 언론에서는 그가 계속해서 다른 사람의 이름을 사칭하는 변화무쌍한 사람이라고 해 "카멜레온(Chameleon)"이라는 별칭을 붙이기도 했다. 그는 아동기부터 다른 사람들을 사칭하는 신분사기를 시작했으며, 최소한 500여 명의 허위 신분을 사칭했던 것으로 간주되고 있다. 그중에서 3명은 실제로 실종된 10대 아동이었다고 한다. 그는 프랑스의 낭트에서 태어났으나 가출해 결국 파리로 갈 때까지 조부모 손에서 자랐다. 그의 아버지는 어머니의 진술에 의하면 카시Kaci라는 이름의 알제리 이민자 출신 기혼 남성이었으며, 안타깝게도 부르댕은 그 아버지를 단 한 번도 본적이 없고 전혀 알지도 못하는

존재였기에 그는 조부모에게서 자랐으며 결국 가출했다고 할 수 있다.

부르댕의 사칭 행각 중에서도 단연 압권은 자신이 실종된 13살짜리 미국 소년 니콜라스 바클레이Nicholas Barclay라고 사칭해 그의 가족들과 몇 달 동안이나 한 집에서 바클레이로서 살았던 일일 것이다. 바클레이는 1994년 6월 13일 텍사스의 샌안토니오 시의 집 부근에서 친구들과 농구를 하고 있었으나 집으로 돌아오지 않았고, 그 이후로 목격되지도 소식이 들린 적도 없었다. 그 니콜라스 바클레이라는 소년이 3년 반이 지나 스페인Spain의 리나레스Linares에 나타나서는, 조직범죄 집단으로부터 탈주하기까지 자신이 어떻게 고향 집 부근 길거리에서 납치되어 유럽으로 실려가 아동 성매매 집단으로부터 조직적으로 학대당했는지를 자세히 설명하고 나선 것이다. 자신이 겪은 시련으로 외상 후 스트레스 장애를 가지게 된 당시 16세의 니콜라스는 바클레이의 친누나에게 인도되어 미국 고향집으로 귀국할 수 있었다고 한다.

물론 그는 바클레이가 아니었으며, 당시 23살이었던, 다양한 이름과 신분으로 사칭한 일련의 경력을 가진 프랑스 청년 프레드릭 부르댕이었다. 1997년, 부르댕은 바로 그 실종된 미국 소년 바클레이의 신분을 사칭해 미국으로 날아갔다. 비록 갈색 눈과 프랑스 억양을 가졌는데도 그는 자신이 유럽의 아동 매춘 조직으로부터 탈출했고 그들이 자기 눈을 갈색으로 바꾸었다고 주장하며, 바클레이의 가족에게 자신이 바로 그들이 찾던 파란 눈의 아들이라고 확신시켰다. 그렇게 해서 부르댕은 바클레이의 가족들과 1988년 3월 6일까지 거의 5개월간 한집에서 함께 생활했던 것이다. 그러나 1997년 말, 한 지역 민간 조사원이 바클레이 가족을 촬영하던 TV 직원들과 작업하던 중 의문을 갖게 되었다. 그 민간 조사원은 바클레이와 부르댕의 귀를 자세히 관찰한 결과 전혀 일치하지 않다는 사실을 발견했다. 실제로 사람의 귀는 독특하기 때문에 마치 지문처럼 일종의 신원이 될 수 있다고 한다. 1998년 2월에는 FBI도 부르댕의 지문과 유전자를 채취할 수 있는 법원 명령을 받아냈으며, 분석 결과 지문과 유전자가 바클레이가 아니라 부르댕의 것으로 확인되었다.

그의 가장, 위장, 사칭이 워낙 설득력이 있었기에 스페인 당국, 미국 영사관, 미연방수사국 FBI, 그리고 심지어 믿기 어렵겠지만 니콜라스 바클레이의 가족까지도 우롱했던 것이다. 이 일로 그는 자신의 고국 프랑스에서 변장의 마술사인 '카멜레온'이란 별명을 얻게 되었다. 어떻게 가족들마저 그가 자기들의 형제자매, 아들이라고 믿을 수 있었으며, 과연 그는 어떤 사람이기에 자신이 그들의 형제자매이자 아들인 행세를 할 수 있었을까 하는 의문을 증폭시켰던 것이다.

스웨덴에 있었을 때 그는 자신이 뉴욕에서 가출한 미국 소년 마크라고 주장했고, 미국 영사관이 즉시 조사한 결과 거짓이라는 결론을 내리자 그는 곧바로 파리로 추방되어 아동 쉼터에 수용된다. 그러자 그는 다시 14세의 소년으로 가장하지만 이에 의문을 가진 재판부에서 자신의 진짜 신분을 밝히거나 지문을 찍거나 선택하라고 명령했다. 지문을 찍으면 교도소로 수감될 것이라고 믿었던 그는 그렇다고 진짜 신분을 밝힐 수도 없어서, 판사에게 사무실을 잠깐 이용하게 해달라고 요청했다. 사무실에서 그는 미국의 가족에게 전화를 걸어 그곳 쉼터에 미국소년이 있다고 전화를 받은 미국 어머니에게 말한다. 그는 어머니에게 니콜라스에 대한 자세한 사항들을 팩스로 보내라고 요구한 뒤, 그렇게 확보한 정보를 바탕으로 새로운 신분을 가장할 수 있게 된 것이다. 그는 그렇게 신분을 가장해 미국의 부모에게 다시 전화를 걸어, 좋은 소식이 있는데 자신의 바로 옆에 찾고 있던 아들 바클레이가 서 있다고 말한 것이다. 다음 날 실종 아동센터로부터 보내온 바클레이에 관한 완전한 정보가 다 들어 있는 소포를 낚아챈 뒤, 바클레이가 갈색머리, 파란 눈, 그리고 손에 십자가 문신이 있다는 사실을 알게 된다. 머리도 염색을 하고 비슷한 문신도 새겨 바클레이와 최대한 비슷한 외모로 꾸민 그는, 이제 그동안의 상황을 설명할 이야깃거리만 만들면 되었다. 그는 자신이 유럽으로 납치된 뒤 아동 성매매 조직에게 학대를 당하다 가까스로 탈출했으며, 그곳에서 강제로 눈에 약물을 투입해 안구 색깔이 변했고 영어를 금지시켜 프랑스 억양을 갖추게 되었노라고 주장했다. 그렇게 해서 그는 바클레이가 되었던 것이다.

양형지침(sentencing guidelines)이 권고하는 형량보다 2배 이상의 형을 선고받고 6년의 수형생활을 마치고 프랑스로 돌아간 2003년, 부르댕은 그레노블로 이주해 1996년 이후 실종 상태였던 14살 소년 레오 발리Leo Balley의 신분으로 위장했으나, 유전자 감식 결과 그가 발리가 아님이 확인되었다. 2004년엔 다시 스페인으로 가서는 자신이 마드리드의 폭탄 공격으로 어머니를 잃은 루벤 산체스 에스피노차Ruben Sanchez Espinoza라는 이름의 청년이라고 주장했다. 경찰이 진실을 알게 되어 그를 다시 프랑스로 추방했다. 이듬해 2005년, 부르댕은 자신이 15살의 스페인 고아인 프란시스코 헤르난데스 페르난데즈Francisco Hernandes Fernandez라고 속이고 수용소에서 한 달을 보낸다. 그는 그곳에서 자신의 부모님들이 자동차 사고로 사망했다고 주장했던 것이다. 그는 10대처럼 옷을 입고, 10대에 맞는 걸음걸이를 했으며, 헤어라인을 감추기 위해 모자를 쓰고 다니며 탈모용 크림을 사용했다고 한다. 어느 날 한 교사가 부르댕에 관한 TV 프로그램을 시청하고는 수상히 여겨 부르댕의 숨겨진 가면을 벗기게 된 뒤 그는 또다시 신분 위조와 위조 신분증 소지 혐의로 교도소에 수감되었다.

부르댕은 왜 그처럼 다른 사람의 신분으로 살아가려고 했을까? 다수의 인터뷰에서 그는 어린 시절 단 한 번도 받아보지 못했던 '사랑과 애정(love and affection)', 그리고 관심을 찾고 있었다고 한다. 이런 그의 주장이 어쩌면 사실일 수도 있는데, 실제로 그는 몇 번에 걸쳐 자신이 고아인 것처럼 행세했기 때문이다. 그는 말하기를, 자신의 일생에서 500개 이상의 허위 신분을 사칭했으나 자신이 그처럼 다른 사람의 신분을 사칭한 유일한 목표는 "내가 사랑을 받을 수 있는" 가정이나 적어도 입양 가정을 갖는 것이었을 뿐이었다. 실제로 그는 평생 단 한 번도 얼굴도 보지 못한 아버지와 프랑스 어머니 사이에서 태어났으며, 그러한 자신의 혼혈 유산이 그로 하여금 스스로를 부랑아이자 괴물로 내팽개치고, 결국 몇 군데 소년 수용시설을 전전하게 되었다는 것이다.

부르댕은 자신은 사회에서 버림받은 폐인(outcast)이었다고 회상했다. 어머니는 자신이 일하던 공장에서 만난 나이 많고 유부남이었던 알제리 출신 노동자를 만나 그를 낳았으며, 불행하게도 그는 평생 친아버지를 얼굴 한 번 보지 못했다. 그가 5살 때 조부모와 함께 살게 되었지만 외할아버지는 인종차별 주의자였고 아랍인을 무시했다. 그런 아랍인을 만난 딸에 대한 모든 분노를 아이들과 아내에게 쏟았다고 한다. 그의 어머니는 외할아버지의 영향으로 장애를 받고 자신도 폭력적으로 되었다고 한다. 그가 알제리 혼혈이기 때문에 동네 다른 부모들이 자신의 아이들이 부르댕과 같이 놀지 못하게 했고, 8살 때부터 그는 자신을 학대하고 추행하는 이웃들의 공포 속에서 살았다고 한다. 그가 말하기를 '자신을 사랑해야 마땅한 사람들이 자신이 누구인가 자신의 존재를 부끄러워하게 된다면, 즉 만약 그들이 나를 개차반이라고 이해한다면, 나는 당연히 그들이 사랑하고 자랑스러워할 무언가가 되고 싶어 하기 마련이다. 당연히 나와 다른 그 누군가가 되는 꿈을 꾸게 된다'고 심경을 토로한 바 있다.

부르댕은 자신의 꿈을 이루는 자기만의 방식을 찾았다. 바로 14세 소년으로 가장하는 것이었다. 이를 위해 그는 스스로 더 어리게 보이도록 하고, 목소리를 더 부드럽게 하며, 자세를 교정하고, 심지어 외모를 위장하기 위해 탈모제를 사용하는 방법 등까지 깨우쳤다. 때로는 벙어리인 척 가장하기도 했다. 매일, 매주, 매월, 자신의 전 생애에 걸쳐 바랐던 유일한 일은 사람들이 자신을 돌보게 하려는 것뿐이었기에 그는 훔치는 것은 좋아하지 않았다. 돈을 위해 누군가를 속이지도 않았으며, 유일한 동기는 오로지 가족과 사랑이라는 쉼터를 찾는 것이었다고 주장한다. 유일한 방법이 14세의 소년으로 가장하는 것이었던 이유는, 만일 14세의 소년으로서 좋은 사람을 만나면 사람들이 자신을 도와줄 것이라고 믿었기 때문이라고 한다. 사랑이 없으면 아무것도 남지 않으며, 사랑이 바로 내가 꿈꾸는 것이고, 사람들은 그런 나를 이해할 것이며, 그래서 자신은 결코 악마도 아니라는 것이다. 그는 또한 사랑은 진실에 기초해야 하지만 자신은 어릴 적엔 진실한 사랑을 받지 못했고 사람들은 오히려 증오만을 주었을 뿐이었다고 주장했다. 자신은 가족과 사랑을 갈구하던 외로운 소년이었다는 것이다.

자신에 대한 악명과 평판을 자랑스러워한 그는 '낭트에서 온 카멜레온' 이라는 문신을 자신의 팔에 새겼다. 그러한 자긍심과 더불어 점차 커가는 대담함과 뻔뻔스러움으로 인해, 자신은 어린 시절 전혀 알지 못했던 사랑과 수용을 갈구하는 상실되고 외로운 영혼일 뿐이라는 자기주장을 더 수월하게 펼쳐나갔다. 그가 단지 아첨꾼이나 어릿광대가 아니라, 자신을 데려가 옷을 입히고 먹을 것을 주며 동정하는 마음 약한 사람들을 표적으로 삼아 사냥하는 약탈자라는 사실이 세월이 흐르며 점점 더 분명해졌다. 그는 그들과의 볼일이 끝나면 뒤도 돌아보지 않고 또 다른 사람, 또 다른 곳으로 발길을 옮겼다. 그는 병리적 거짓말쟁이요 재주를 부릴 줄 아는 천재로 기술되었으며, 피해자들을 소름끼치게도 하고 그들로부터 호감을 사기도 했다. 미국무부에서도 그를 동정심에 호소하기 위해 절망적인, 그래서 도움이 절실한 어린이로 가장하는 '대단히 영리한 사람'이라 지칭했다. 그렇다고 그가 어린이로만 위장한 것은 아니다. 부유한 영국 관광객, 강사, 신학 대학생, 그리고 호랑이 사육사까지 그의 변신에 포함되어 있다. 이런 다양성에서 그를 '카멜레온'이라고 했을 것이다.

받아야 할 사랑을 제때 받지 못한 결과가 어떤 부작용으로 이어질 수 있는지, 카멜레온 프레드릭 부르댕의 실화가 여실히 보여주고 있다.

Chapter 3

한번쯤은 들어봤을
유명한 이름들까지

유명인과 얽히고설킨 사기꾼들

캐시 채드윅
Cassie Chadwick

/ 철강 왕 카네기의 숨겨진 혼외 딸이라고 속인 캐나다 여성

세계에서 최고의 부자 중 한 사람인 철강 왕 앤드류 카네기Andrew Carnegie에게는 단 한 명의 자녀만이 있었다. 1897년에 태어나 부모와 같이 뉴욕에서 생활하는 외동딸 마가렛Margaret이었다. 그러나 1900년대 초부터 한동안 캐시 채드윅Cassie Chadwick이라는 한 여성이 오하이오의 클리브랜드에서 자신이 카네기의 오랜 외도로 태어난 혼외자식이라고 주장했다. 그녀의 거짓말은 중요 인물들까지 그 허위 사실을 믿게 만들었고, 소위 그녀의 "친아버지"의 가장 친한 친구들 일부도 그녀에게 많은 돈을 빌려주었다. 물론 그녀의 주장은 모두 허위였고, 그녀를 믿고 거액을 대출해준 은행과 금융기관들은 물론 개인들도 막대한 손실을 보게 되었으며, 그중 한 시중은행은 급기야

도산까지 하게 된다.

캐시 채드윅Cassie L. Chadwick은 자신이 미국 철강왕 카네기의 숨겨진 혼외자요 상속녀라고 주장해 몇몇 미국 은행을 대상으로 수백, 수천만 달러를 사기 친 캐나다 여성이 사용한 수치스러운 이름이다. 그녀는 1857년 10월 10일 캐나다의 온타리오 주 이스트우드에서 작은 농장을 소유했던 부모에게서 태어났으며, 세 명의 자매와 한 명의 남동생이 있었다고 한다. 그녀의 아버지는 그랜드 트렁크Grand Trunk 철도회사에서 부서장으로 일했다. 가족들에게는 '베시Betsy'라는 애칭으로 더 많이 불린 그녀는, 어린 시절 공상과 악의 없는 작은 거짓말을 자주 했던 것으로 알려지고 있다.

그녀의 범죄 인생은 비교적 이른 나이 때부터 시작되었다고 한다. 겨우 14살의 나이에 그녀는 캐나다 온타리오 주 우드스톡으로 가서, 영국에 사는 먼 친척 아저씨의 수상한 상속 편지와 아주 작은 돈으로 은행에 계좌를 개설하고는 다양한 물품을 구매한 뒤 아무 가치가 없는 수표를 다수 발행한다. 1870년 그녀는 부정수표를 발행해 위조한 혐의로 체포되지만, 나이가 어리고 더구나 정신이상이라는 이유로 석방된다. 3년 동안의 공백기를 거쳐 고향으로 돌아간 그녀는 여동생이 목수와 결혼해 미국 오하이오 주의 클리브랜드에 살고 있다는 사실을 알게 되자, 곧장 그곳으로 이주해 여동생 가족과 동거를 시작한다.

잠시 동안의 동거 후, 그녀는 세를 얻어 이사를 나가면서 자신이 과부라고 주장하며 그때부터 '마담 리디아 드베르Madam Lydia DeVere'라는 신비스러운 이름을 쓰기 시작한다. 제부의 가구를 담보로 한 은행 대출금으로 일종의 점집을 차리기도 했다. 1882년, 그녀는 리디아 드베르Lydia Devere로서 의사인 스프링스틴Springsteen 박사와 결혼한 뒤 그의 성을 따 이름을 리디아 스프링스틴Mrs. Lydia Springsteen으로 개명하고 그의 집에서 함께 살게 된다. 문제는 그들의 결혼사진이 지역신문인 'The Plain dealer'에 실리게 되고, 이를 본 여동생을 비롯한 그녀와 각종 거래를 했던 사람들이 스프링스틴 박사의 집으로 몰려가 그의 아내가 진 빚을 갚을 것을 요구한다. 남편이 그녀의 과거사를 알고 난 후, 그는 그녀를 집 밖으로 내몰고는 이혼 소송을 벌여 그녀와 이혼하게 된다. 그러나 그녀는 또다시 클리브랜드에서 이번에는 '마담 마리 라로즈Madame Marie LaRose'라는 이름을 사용해 점집을 차리고, 그곳에서 오하이오 주에서 온 농부 스캇Scott을 만나 또다시 결혼하지만, 자신의 외도를 자백하며 4년여 동안의 결혼을 마감하고 또다시 이혼하기에 이른다.

1893년 그녀는 다시 클리브랜드로 돌아와 캐시 후버Mrs. Cassie Hoover라는 이름을 사용한다. 그녀는 일종의 매음굴(매춘업소)을 열고, 그곳에서 최근 상처한 부유한 의사 채드윅Chadwick 박사를 만나, 여성들을 위한 존경받는 숙박시설을 운영하는 과부 '후버 여사Mrs. Hoover'로 위장해 접근했다. 채드윅 박사가 그곳이 유명한 매음굴이라는 사실을 알게 되자 그녀는 속임수를 써서 다시는 그러한 업소를 운영하지 않겠다고 약속하며, 자신을 그곳으로부터 꺼내달라고 간청했다. 1897년, 결국 그녀는 채드윅 박사와의 결혼에 성공한다. 결혼 기간 동안, 그녀의 씀씀이는 그녀가 살던 '백만장자들의 동네' 주민들의 씀씀이 규모를 훨씬 상회했으며, 그런 그녀를 지역신문에서는 "오하이오의 여왕(Queen of Ohio)"이라고 부르기도 했다. 그럼에도 불구하고 그녀는 록펠러Rockefeller, 한나Hanna, 헤이Hay 등 미국 최고 부자들의 기호품들을 사재기하는 데 혈안이 된 이상한 여성으로 치부되었다. 어쩌다 사교 행사에 초대되더라도 단지 채드윅 박사에 대한 예의와 의무 때문이었을 뿐이었다.

　채드윅 박사와의 결혼을 유지하는 동안, 그녀는 자신을 미국의 철강 왕 앤드류 카네기의 딸이라고 속이며 가장 성공적이고 규모가 큰 사기극을 벌이기 시작한다. 뉴욕을 방문하는 동안, 남편의 지인 중 한 사람인 변호사 딜런Dillon에게 자신을 앤드류 카네기의 집으로 데려가달라고 부탁한다. 실제로 그녀는 막 카네기의 집 가정부를 방문해 자신에 대한 외관상 신뢰도를 쌓을 수 있었다. 가정부를 만나고 돌아왔을 때 그녀는 의도적으로 종이 한 장을 떨어뜨렸고, 딜런 변호사는 그것을 주워들었다가 그 종이가 카네기의 서명이 완료된 2백만 달러짜리 약속어음이라는 사실을 알아차렸다. 딜런 변호사가 비밀을 지키겠노라고 서약한 뒤 그녀는 자신이 카네기의 혼외 딸이라고 밝혔다. 카네기는 필경 자신이 죄의식으로 무너질까 너무나 두려워한 나머지 입막음하려고 자신에게 엄청난 양의 돈을 뿌렸다고 했다. 또한 7백만 달러짜리 약속어음도 자신의 클리블랜드 집에 감춰두었으며, 카네기가 사망하게 되면 4억 달러의 유산을 상속받게 되어 있다고 주장했다. 이런 그녀의 주장에 따라 딜런 변호사는 그녀의 서류를 넣어 둘 은행금고를 만들어주었다.

　그날 뉴욕의 카네기 저택에서 일어난 일을 좀 더 구체적으로 그리면 이러하다. 1902년 봄, 그녀는 오하이오의 클리블랜드에서 기차로 뉴욕으로 가서 택시를 타고 당시 최고급 호텔이었던 홀랜드 하우스Holland House로 간다. 호텔 로비에서 그녀는 한 남자를 기다린다. 바로 남편의 친구인 딜런 변호사였다. 그가 나타나자 그녀는 그에게로 다가가서 고의로 그의 팔을 스치고 지나가고는 그가 자신에게 양해를 구하기를 기다린다. 그가 양해의 말을 건네자 그녀는 기다렸다는 듯, 먼 외지에서 만나다니 우연치고는 너무나 기분 좋은 우연이 아니냐고 하며, 자신은 개인적 용무로, 실은 아버지를 만나기 위해 왔노라고 하며 자신을 아버지에게 데려다달라고 요청한다. 그는 흔쾌히 그녀를 차에 태우고는 "실례지만 아버지가 누구신지요?"라고 조심스럽게 묻자, 그녀는 자신의 손가락으로 입술을 닫으며 아무에게도 자신의 비밀을 말해서는 안 된다고 다짐을 받고는 자신이 카네기의 혼외자라고 주장한다. 그러나 진실은, 그녀는 결코 카네기의 혼외 딸도 아니고 그를 만난 적도 단 한 번도 없으며, 채드윅이라는 이름도 그녀가 사용해온 다른 많은 이름 중 하나에 불과했다.

이런 정보가 오하이오 북쪽 지방의 재정 금융시장으로 새어 나가게 되고, 은행마다 자기들의 금융 서비스를 제공하기 시작한다. 그로부터 8년여 동안, 그녀는 자신의 허위 배경을 이용해 궁극적으로 1천만 달러에서 2천만 달러에 이르는 거액의 융자를 받는다. 그녀가 정확히 추측한 대로, 누구도 카네기를 당황스럽게 할까 봐 두려워 그의 혼외자식에 관해 전혀 묻지 않았다고 한다. 그녀는 추가 증거로서 카네기의 이름으로 주식을 위조하기도 했다. 은행가들은 카네기가 어떤 채무라도 보증하고, 뿐만 아니라 카네기가 사망하게 되면 완전하게 되찾을 수 있으리라 가정했던 것이다. 이렇게 만든 돈으로 그녀는 값비싼 보석과 패물, 그리고 의복 등을 대량으로 구입하는 등 대단히 화려한 삶을 즐겼고, '오하이오의 여왕'으로 유명해졌다. 그러나 1904년, 매사추세츠의 은행가 뉴튼Newton도 그녀에게 거액을 대출해 주었다가 그녀가 다수의 은행으로부터 너무나 많은 대출을 받았다는 사실을 알게 되자 그녀에게 대출을 갚을 것을 요구한다. 그녀가 되갚지 못해 소송을 제기하자 그녀는 뉴욕으로 도주했으나 곧장 체포되어 클리블랜드로 이송된다. 그녀의 사기대출로 다수의 은행들이 고통받게 되고 결국 그중 한 은행은 파산에 이르게 된다.

채드윅은 본명이 엘리자베스 베티 빅리Elizabeth 'Betty' Bigley였으며, 캐나다의 온타리오 주 작은 농장에서 8자녀 중 다섯째로 태어나고 자랐다. 소녀 베티는 한쪽 귀의 청각을 잃고 언어장애도 가지게 되어 몇 단어만 조심스럽게 선택하고 말할 수 있을 뿐이었다. 어린 시절 학교친구들은 그녀가 '특이'하다는 것을 알았으며, 그녀는 점점 내성적이 되어 몇 시간씩 침묵 속에 혼자 앉아 있곤 했다. 그녀의 자매 중 한 사람은 그녀가 마치 스스로에게 최면을 거는 것처럼 몽환에 빠져, 자신의 마음속 밖에 존재하는 어떤 것도 보거나 듣지 못하는 것 같았다고 진술했다. 이런 상황에서 빠져나오면 그녀는 혼란스럽고 당황해하는 것 같았으나 그녀의 생각을 의논하기를 거부했다. 그리고 그녀는 가족들의 서명을 반복해서 연습하는 것이 목격되기도 했다. 그녀의 사기 성향은 아마도 이렇게 어린 시절 가정에서부터 시작되었을지도 모른다. 불우한 어린 시절이 얼마나 비극적인 어른을 낳을 수 있는지 우리는 끝없이 확인하고 있다.

크리스찬 게르하르츠라이터
Christian Gerhartsreiter

/ 아내마저 속인 채 록펠러의 후손으로 위장한 독일 출신 사기꾼

1961년 2월 21일 독일에서 태어난 크리스찬 카를 게르하르츠라이터Christian Karl Gerhartsreiter는 유죄가 확정된 살인범이자 신분을 위장한 사기꾼이다. "FBI 역사상 가장 오랫동안 사기 행각을 벌인 사기꾼"이라고 한다. 그는 10대 때 미국으로 이주해 록펠러 가문의 상속자뿐만 아니라 미 국방부 자문관에 이르기까지, 스스로를 배우, 영화감독, 미술품 수집가, 물리학자, 선장, 국제 부채 합의 중재자, 심지어 영국 귀족이라고까지 여러 행세를 하면서 너무나 많은 사람으로 위장한 천부적인 신분 세탁 사기꾼이다. 과거 다양한 신분세탁이 성공한 데 자신감을 얻은 그는 클라크 록펠러로서 더 빨리, 더 유명해지는 바람에 보스턴 지역의 상류층에서 매우 존경을 받게 된다. 1995년,

자신이 그 유명한 록펠러 가문의 상속자라며 "클라크 록펠러Clark Rockefeller" 라고 신분을 위장해 잘나가는 여성 사업가와 결혼하고 둘 사이에서 딸까지 두게 된다. 그는 순전히 아내의 소득에 의존해 호사스러운 삶을 영위하지만, 아내는 남편의 비밀스럽고 자신을 통제하는 행동에 점점 불만을 품게 되어 결국 이혼을 요구한다. 그녀는 이혼 신청 서류에 그가 이름은 물론 가족 배경까지 위조하고 가공했다고 기재했다. 그렇게 둘 사이에 금이 가 이혼하게 된 뒤 그가 자신의 딸을 납치하자, 아내가 딸을 찾는 과정에서 그의 평생에 걸친 사기 행각이 세상에 완전히 노출된다. 이를 계기로 그의 사기 행각은 주목을 끌기 시작했고, 관계 당국의 적극적인 조사와 수사가 시작되었다. 그동안 그는 크리스 크로우Chris C. Crowe, 크리스 치체스터Chris Chichester, 찰스 스미스Charles Smith, 칩 스미스Chip Smith 등을 비롯해 여러 가명을 사용했고, 자신의 딸을 유괴, 납치한 혐의로 체포된 뒤에야 독일 태생 사기꾼 크리스찬 카를 게르하르츠라이터라는 진짜 신분과 실체가 밝혀진 것이다.

1978년, 게르하르츠라이터는 독일 전역을 여행하던 미국인 부부를 우연히 만난다. 그는 후에 그들 부부가 미국 캘리포니아에서 함께 생활하자며 자신을 초청했다고 거짓 주장을 했고, 미국에 입국하기 위해 그들의 이름을 이용했다. 그는 처음에는 코네티컷으로 입국해, 1979년 외국인 교환학생으로 그 지역 고등학교에 입학한다. 함께 생활해도 좋다고 받아준 가족에게 그는 독일의 부유한 가정에서 왔다고 주장했으나 결국엔 그들과 관계가 소원해지자 집을 떠나라는 통보를 받는다. 사실 그는 미국에 입국할 당시 배우가 되고 싶어 했고 따라서 헐리우드가 있는 캘리포니아로 향하게 되지만, 곧 위스콘신 주의 밀워키 시로 옮기고 이번에는 이름을 '크리스 게르하르트Chris Gerhart'로 바꾼다. 그곳에서 위스콘신 대학교 강좌에 등록을 한다. 그러고는 미국 시민이 되기로 결심하고 1981년, 순전히 영주권을 목적으로 22살의 미국 여성과 결혼하게 된다. 결혼할 때도 그는 만약 독일로 되돌아가게 되면 강제 입대하게 되고 냉전 시대 소련과 접경한 최전방으로 보내질 것이라고 거짓 주장을 했다. 결혼을 하자마자 다음 날 그는 아내를 떠나 캘리포니아로 떠났고 아내는 곧바로 이혼을 청구했다. 이제 20세가 된 그는 캘리포니아에서 자신이 컴퓨터 전문가, 영화 제작자, 증권 브로커, 그리고 영국 여왕 엘리자베스 2세의 남편인 마운트배튼Mountbatten 경의 조카라고 주장했다.

뉴욕시 5번가에는 뉴욕의 내로라하는 유명 인사들이 주로 다니는 유명한 성 토머스St. Thomas 교회가 있다. 1992년 초 게르하르츠라이터는 이 고딕 스타일의 교회에 들어서며 크리스토퍼 크로우라는 옛 이름을 버리고, 교회를 찾은 교인들에게 '클라크 록펠러'라는 새로운 이름을 달고 인사했다. 그는 자신이 존 록펠러John D. Rockefeller는 아니지만 그 가문의 퍼시 록펠러Percey Rockefeller의 후손이며, 엄청난 갑부는 아니어도 나름대로 큰 부자라고 넌지시 암시했다. 14살쯤 테일Tale대학에 입학했다고 주장하며, 파란 줄이 그어진 예일Yale을 상징하는 스카프도 갖고 있고, 1920년대와 30년대 유행하던 고가의 유명 요트인 J-보트도 한 척 보유하고 있다고 떠벌렸다. 그렇게 그는 클라크 록펠러가 되어갔던 것이다.

1995년, 게르하르츠라이터는 "클라크 록펠러"라는 이름을 사용해 스탠퍼드Stanford대학교와 하버드Harvard 경영대학원을 졸업한, 연봉이 높기로 유명한 맥킨지의 임원 산드라 보스Sandra Boss와 결혼하게 된다. 보스는 게르하르츠라이터가 매력적이었으며, 두 사람의 관계 초기에는 그가 한 이야기들을 믿었다고 나중에 있었던 재판에서 밝혔다. 그러나 결혼 후 그는 감정을 제어하지 못하며 가족을 학대하는 사람이 되어갔고, 집 안에는 늘 분노와 큰소리가 난무했다고 한다. 보스는 가정의 소득은 거의 모두 자신이 벌었지만, 게르하르츠라이터가 가족의 재정은 물론 자신의 일상 모두를 전적으로 통제했다고 증언했다. 게르하르츠라이터는 진짜 신분과 신원을 아내에게 숨기기 위해 많은 시간과 공을 들였다. 그 한 예로 그는 아내에게 연말 세금정산을 할 때 아내만 독신으로 신고할 것을 요구했고, 결혼 몇 년 뒤 아내의 회사에서 그녀의 세금정산 신청을 공인회계사에게 맡기라고 요구하자 자신이 직접 회계사를 알선해 아내에게 소개했다. 이혼한 뒤에야 보스는, 게르하르츠라이터가 회계사에게 자신이 보스의 오빠라고 주장해 여전히 아내 혼자 독신으로 신고하도록 했음을 알게 되었다고 한다.

뿐만 아니라 그는 이웃주민들에게 평판을 높이기 위해 그가 주장하는 가족관계를 이용했다. 그는 자신이 캐나다에 사업체를 둔 예일대학교 출신의 부유한 기업가라고 말하고 다녔고, 클라크 록펠러라는 이름으로 보스턴 명문 사교클럽 회원으로도 활발히 활동했다고 한다. 그러던 2006년, 그의 아내 보스는 민간 조사원을 고용해 그의 뒤를 밟았다. 비록 당시에는 그의 진짜 신원과 신분을 알지 못했지만 게르하르츠라이터가 주장과는 다른 인물임을 알게 되고 이혼 소송을 하게 된 것이다. 재판 과정에서 게르하르츠라이터가 록펠러 가문의 후손이라고 거짓말했다고 비난했으며, 록펠러 가문의 그 어떤 구성원들도 그와 아무런 관계가 없음을 확인했다. 그의 진짜 신분에 대한 확인은 여기서 끝나지 않았다. 2008년 8월 15일, FBI, 매사추세츠 주

경찰, 보스턴 시 경찰, 그리고 서퍽Suffolk 지방 검찰에서도 클라크 록펠러가 바로 크리스찬 카를 게르하르츠라이터라고 확인했다. 그의 진짜 신분은 버지니아의 FBI 실험실에서 실시된 법의학 검사를 통해 최종 확인되었다.

　게르하르츠라이터가 클라크 록펠러라는 이름으로 체포되었을 때 볼티모어의 FBI 요원이, 그리고 그가 매사추세츠로 되돌아왔을 때 보스턴의 경찰관이 지문을 채취했다. 이 지문들이 다양한 여러 지문과 대조되었는데, 보스턴에서 "록펠러"와 그의 딸을 찾는 과정에서 와인 잔에서 채취된 지문과 일치했다. 또한 이 지문들은 1980년대 초기 그의 이민 신청 서류에서 채취된 게르하르츠라이터의 지문과도 일치했다. 이러한 지문조회를 통해 FBI는 그의 신원을 확인했던 것이다. 여기에 더해 그의 친형도 자신과 동생은 시몬 게르하르츠라이터Simon Gerhartsreiter와 이름가르트 게르하르츠라이터Irmgard Gerhartsreiter의 아들이라고 확인했다.

　2008년 9월 3일 게르하르츠라이터는 체포되었고, 경찰관에게 허위 신분을 제시한 혐의로 기소되었다. 후에 변호인은 게르하르츠라이터가 부정한 목적으로 신원을 속이지는 않았다고 주장했다. 재판 과정 중 그의 변호인단은 배심원단에게, 전문가 증언에 따르면 그가 망상장애(delusional disorder), 과장형, 그리고 자기애적 인성장애(narcissistic personality disorder)를 진단받았다고 주장했다. 전문가 중 한 명은 게르하르츠라이터의 아동기에 아버지가 학대를 일삼았고 폭력적이었다는 진술을 했다고 증언했다. 그러나 검찰 측 정신의학 전문가는 그가 자기애적이고 반사회적 기질을 지녔으며, 혼합 인성장애(mixed personality disorder)라고 진단했다. 따라서 게르하르츠라이터가 자신의 정신 질환 증상을 과장했고, 특히 딸을 납치할 때 치밀하게 사전 계획을 하는 등

이성과 판단에 있어 아무런 문제가 없다고 증언했다. 언론에서도 게르하르츠라이터는 록펠러의 후손이 아니고 당연히 백만장자도 아니며, 따라서 사교계의 명사도 아니고 단지 반사회성 인성장애자, 소시오패스Sociopath였을 따름이라고 썼다. 재판 과정에서 그는 자신이 심각한 기억상실로 고통받고 있다고 주장했으나, 검찰은 그가 자신이 직접 날조해온 배경에 대해 의도적으로 혼란을 일으킴으로써 검찰의 기소를 교묘히 피하려는 사기꾼일 뿐이라고 반박했다.

게르하르츠라이터의 어린 시절 친구들에 따르면, 그는 속임수나 가짜에 대한 조기경향을 보였다고 한다. 어릴 때부터 그는 남을 속이거나 거짓을 하는 성향과 경향을 보였다는 것이다. 한때 그와 절친이었던 한 친구는 게르하르츠라이터가 자기와 다른 정체성이나 신분을 채용하는 게임을 즐겼다고도 했다. 그가 13살 때 이미 자동차 등록 정부 기관에 전화를 걸어 목소리를 변조해 자신이 홀란드에서 온 백만장자인데 자기 소유의 롤스로이스 두 대를 등록하고 싶다고 말했다는 것이다. 물론 담당자가 회의적이었지만, 게르하르츠라이터는 담당자를 설득했고 그는 이 역할을 완벽하게 해냈다는 것이다.

그를 알거나 접해 본 사람들에 따르면, 그는 매우 영리했고 보안에 관해 편집증이 있다며 스스로를 적당한 괴짜로 연출했다고 한다. 그는 어디까지나 그의 말에 따르면, 보안요원과 직접 연결되었다는 무선기기를 지니고 주변을 돌아다녔고, 간간이 자신이 현재 누구와 어디에 있는지를 전송했다고 한다. 그것은 최고 수준의 보안 서비스로, 그에게는 항상 보고해야 하는 의무가 있었다고 주장했다는 것이다. 이렇듯 그는 자신의 아이디어, 야망,

공상, 신분과 정체성, 그리고 그가 접촉하는 모든 사람들의 성격과 개성을 다 빨아들이는, 가면을 쓴 일종의 인간 스펀지와도 같았다. 세계에서 가장 배타적인 최고급 클럽에 가입하는 데 성공한 것만으로도 증명되는 사실이다. 보통과는 다른 억양, 가족의 부에 대해 기대를 부추기는 암시, 그리고 물리학에서부터 예술과 증권시장에 이르는 놀라운 지식과 상식을 지닌 인물. 실제로는 독일에서 나고 자라 10대 때 교환학생으로 미국으로 건너온 뒤 결코 미국을 떠나지 않고, 심지어 지난 20년 동안 고향의 가족 누구와도 접촉하지 않은 크리스찬 카를 게르하르츠라이터였다.

대체 어떠한 배경과 특성으로 인해 그는 귀족적인 가명과 신분을 조작하고 위장할 수 있었던 것일까. 어떻게 하버드대학교 MBA 출신에 맥킨지 사에서 일했던 엘리트 여성마저도 13년 동안이나 그를 게르하르츠라이터가 아니라 클라크 록펠러고 알고 함께 살 수 있었을까? 게다가 그와 만나고 접촉한 수많은 사람들에게 어떻게 그런 확신을 줄 수 있었을까? 한 갤러리 대표는 그가 몬드리안Mondrian이나 로스코Rothko와 같은 유명 화가들의, 교과서에까지 실릴 법한 대표적인 현대미술품들을 상당수 소유하고 있었다고 증언했다. 훈련된 전문가인 자신의 눈으로 보아도 그의 소장품들은 절대적인 진품이었다고 했다. 그런 그를 주위 사람들은 절대로 의심하지 않았다고 한다.

사실 사기꾼이 되려면 반사회적 인성장애, 소시오패스적인 면모뿐만 아니라 속임수를 뒷받침할 탄탄한 지식이 필요하다. 이런 점에서 그의 미술품 수집 등도 중요한 역할을 했을 것이다. 그는 누구와 대화하든 상대방을 속이기에 충분할 정도로, 거의 모든 분야에 일반적인 수준 이상의 상식을 갖추었을 정도였다고 한다. 한 정신의학자는 사람들이 진짜 뛰어난 반사회적 인성장애자, 소시오패스는 누구라도 속일 수 있다고 주장하지만, 실은 정반대로 아무리 뛰어난 소시오패스도 세상 사람 모두를 속일 수는 없다고 했다. 사기란 일종의 확률 사업이다. 만약 에펠탑을 팔려면 비록 많은 사람이 속아 넘어가면 더 좋겠지만, 단 한 사람만 사기꾼의 속임수를 믿어도 그 순간 사기꾼은 세상 모든 것을 속일 수 있겠다는 자신감이 발동하게 된다.

인간이 내면에 품었던 심리 기제와 망상이 얼마나 무시무시한 힘을 발휘할 수 있는지, 얼마나 오랫동안 많은 이들에게 악영향일 미칠 수 있는지 확인할 수 있는 사례라 하겠다.

루 펄먼
Lou Pearlman

/ 최고의 보이 그룹 '백스트리트 보이즈Backstreet Boys'를
키워낸 다단계 사기범

　　루이스 제이 루 펄먼Louis Jay Lou Pearlman은 미국의 음반 제작자이자 사기꾼이
다. 그는 1990년대를 풍미했던 보이 그룹 백스트리트 보이즈Backstreet Boys, 엔싱
크NSYNC와 같은 미국의 세계적인 보이 밴드Boy Band를 육성, 음반을 제작하고
관리를 맡았던 인물이다. 그런 그가 2006년에는 미국 역사에서 가장 오랜 기
간 동안 운영되고 가장 규모가 큰 다단계 사기를 벌여 1,700여 명의 투자자
들에게 무려 3억 달러의 손실을 입힌 혐의로 기소되어 세상을 놀라게 했다.
그는 체포되자 자신의 음모와 자금 세탁, 그리고 파산 절차를 거치는 동안
허위로 진술한 혐의에 대한 유죄를 시인했고, 2008년에 25년 형을 선고받고

복역하던 중 2016년 교도소에서 심장마비로 사망했다.

펄먼은 뉴욕 플러싱에서 아버지가 세탁소를 경영하고 어머니는 학교 급식 업무를 도왔던 유태인 가정에서 외동으로 태어나 자랐다. 특이사항으로는 그 유명한 팝 가수 아트 가펑클Art Garfunkel의 사촌이었다. 성인이 되어 그가 시도했던 사업 중 하나와도 관련되는데, 그의 집이 플러싱 공항 근처에 있어서 어린 시절 친구인 앨런 그로스Alan Gross와 함께 소형 비행선이 이륙하고 착륙하는 광경을 보고 자랐다는 것이다. 자서전에서 그는 학교신문사에서 활동한 공로로 얻은 기회를 이용해 소형 비행선을 처음 타보게 된 때도 바로 그 시기였다고 기술했다. 아마도 그의 이런 경험이 나중에 비행선이나 항공 사업에 손을 대게 된 계기가 되었으리라 추정할 수 있다. 또한 사촌인 유명 팝 가수 가펑클의 명성과 재력이 펄먼에게 음악 사업에 투자하도록 이끌었던 것 같다. 10대 때 이미 그는 밴드를 구성해 관리했으나, 음악계에서 성공하기가 매우 어렵다는 것을 알고는 관심을 항공 분야로 돌렸다고 한다. 실제로 그가 퀸스 컬리지Queen's College 1학년일 때 수업 과제의 하나로 뉴욕에서 헬리콥터 택시 서비스 사업이라는 아이디어에 기초한 사업계획을 작성했다. 1970년대 말, 그는 학창 시절 자신이 과제물로 작성했던 그 사업계획을 바탕 삼아 헬리콥터 한 대로 사업을 시작하게 된다. 독일 사업가에게 소형 비행선에 대해 가르쳐달라고 부탁한 뒤 결국 독일 현지의 사업장에서 비행선에 대해 배우고 익히며 얼마간 시간을 보내게 된다.

독일에서 비행선 사업을 배운 그는 미국으로 다시 돌아와 실제로 소형 비행선을 소유하기도 전 죠다쉬Jordache에 비행선을 임대한 에어십 엔터프라이즈Airship Enterprises라는 회사를 설립한다. 비행선이 없이도 임대계약을 맺을 수 있었던 건 죠다쉬로부터 비행선을 제작할 재정 지원을 받았기에 가능했으나 곧바로 사업이 기울자, 양측은 맞고소를 하게 되고 그는 7년 뒤 250만 달러에 달하는 손해배상 청구를 받는다. 친구의 제안으로 그는 에어십 인터내셔널Airship International이라는 새로운 회사를 설립하고, 기업을 공개해 비행선을 구매하는 데 필요한 자금 300만 달러를 모금하는 데 성공한다. 자신에게 비행선 사업을 가르쳤던 독일 기업인과 기업과 동업 관계를 맺었을 때처럼, 허위 주장을 통해 가능한 일이었다. 그는 그렇게 구입한 비행선을 광고용으로 맥도날드에 임대한다. 그러고는 1991년 회사를 플로리다의 올랜도로 옮기고, 그곳에서 메트라이프MetLife와 씨월드SeaWorld 두 기업과의 비행선 임대계약에 성공한다. 그러나 에어십 인터내셔널은 주 고객 중 한 기업이 비행선 임대계약을 중단하고, 설상가상으로 비행선 3대가 추락하는 고초를 겪는다. 그러자 한때 주당 6달러까지 치솟았던 회사의 주가가 주당 3센트까지 급락하고 결국 회사는 문을 닫게 되었다.

사실, 그가 1985년 기업을 공개할 때부터 한 주식거래 회사의 공동 대표였던 제롬 로젠Jerome Rosen과 개인적으로 그리고 직업적으로도 가까워지는데, 당시 증권당국과 자주 마찰을 빚었던 노르베이 보안Norbay Security이 펄먼의 에어십 주식을 적극적으로 거래해 회사 주가를 지속적으로 높였다. 그 결과 펄먼은 엄청나게 많은 주식을 고가에 매매할 수 있었던 것이다. 그러나 실상은 에어십이 거의 이윤을 내지 못했고 현금 흐름도 수입도 좋지 않았다고 한다. 그런 회사의 주식을 높은 가격으로 거래할 수 있게 해준 대가로 펄먼은 로젠에게 짭짤한 수수료를 제공했는데, 거래당 수만 달러에 달했을 정도였다고 지인들은 증언했다.

펄먼은 당시 음반 판매, 공연, 그리고 기타 제품 판매로 천문학적인 거금을 벌어들이던 '뉴 키즈 온 더 블록New Kids on the Block'이라는 그룹의 성공에 사로잡혀, 그들의 보이 밴드 사업모형을 흉내 낼 의도로 트랜스 컨티넨탈 레코드Trans Continental Records라는 음반회사를 시작한다. 회사의 첫 번째 밴드인 '백스트리트 보이즈'는 펄먼이 주최한 3백만 달러 규모의 프로그램에서 선발한 5명의 무명 예술가로 구성했다. 백 스트리트 보이즈는 엄청난 성공을 거두었고, 45개국에서 골드, 플래티넘, 그리고 다이아몬드 음반을 판매해 무려 1억 3천만 달러의 음반 판매고를 올렸다고 한다. 그는 여기서 그치지 않고 거의 동일한 방식으로 유명 가수인 저스틴 팀버레이크Justin Timberlake가 소속되었던 엔싱크NSYNC라는 또 다른 밴드를 구성해 세계적으로 5천 5백만 장의 음반을 판매하는 성공을 거둔다. 이들 두 밴드의 성공을 바탕으로 다수의 보이 밴드와 걸 그룹을 만들고 성공시켜, 펄먼은 음악계의 거물이 되었다. 뿐만 아니라 그는 녹음실과 무용실을 포함한 연예기획사를 플로리다의 올랜도에 설립해 운영했다.

그러나 USS라는 그룹을 제외한 회사 소속의 모든 그룹이 연방법원에 사기와 허위 진술 혐의로 펄먼을 제소했다. 그에게 제기되었던 모든 소송에서 그는 패소하거나 법정 밖에서 합의를 하게 되고, 더불어 모든 소송에서 비밀엄수 조항에 동의하게 된다. 이는 쌍방 누구도 펄먼의 영업 관행을 자세히 언급하지 못하도록 금지하는 것을 의미한다. 백 스트리트 보이즈가 처음 소송을 제기했는데, 펄먼이 계약상 자신들의 6번째 그룹 멤버로 간주되어 밴드 전체 수입의 1/6을 가져가는 것은 공정하지 못하다고 여겼기 때문이다. 이 소송은 엄청난 성공과 수입을 거두었는데, 펄먼과 회사는 수백만 달러의 소득을 올리면서 멤버들은 고작 30만 달러밖에 받지 못하는 이유를 그룹의 한 멤버가 변호사를 고용해 알아보도록 하면서 시작되었다.

펄먼이 세기의 사기꾼 반열에까지 오른 것은 비단 연예기획사와 관련된 소속 가수들과의 수익배분 문제 때문만이 아니었다. 2006년, 펄먼이 투자자들에게 오랫동안 3천만 달러 이상의 다단계 사기를 벌여왔다는 사실을 많은 투자자들이 알게 되고서부터다. 그는 20년 이상 실제로 존재하지도 않은 서류상의 회사인 트랜스 컨티넨탈 에어라인과 트랜스 컨티넨탈 에어라인 트래블 서비스라는 회사에 투자하도록 수많은 개인과 은행을 유인했던 것이다. 그는 이 과정에서 투자자들의 확신을 사기 위해 세계적인 보험기업인 AIG, 로이드Lloyd, 연방 예금 보험 회사Federal Deposit Insurance Corporation 등의 조작된 허위서류를 이용했고, 은행 융자를 따내기 위해 날조한 회계 법인이 만든 재무회계보고서도 이용했다. 이듬해 2007년, 그의 사업이 실제로 대규모 사기행위였음을 플로리다의 감독 당국이 공표한 뒤 주 정부가 그 소유권을 가져갔다고 한다. 그러나 그때는 이미 투자금액 중 적어도 9천 5백만 달러가 이미 사라진 후였다. 결국 인도네시아에서 도피 중이던 그는 체포되고 미국으로 송환되어 3건의 은행 사기, 한 건의 우편 사기, 그리고 한 건의 전자금융사기 혐의로 기소되었다. 재판 과정에서 선고 2주일 전 그는 법원에 자신의 밴드를 선전, 홍보하기 위해 일주일에 이틀만 인터넷과 전화를 사용하게 해달라고 요청했다. 그러나 판사는 그 요청을 거절하고 사기 음모, 자금세탁, 그리고 허위 진술서 작성 등의 혐의로 그에게 25년형을 선고했다.

이처럼 펄먼은 교도소에서 수형 생활을 하면서도 기자와의 인터뷰를 통해, 교도소 안에서라도 사업할 수 있게 기회만 준다면 보이 밴드의 마술을 살려 모든 사람에게 빚을 다 갚을 수 있다고 큰 소리쳤다고 한다. 그러면서 자신에게 그런 기회가 주어지지 않는 데 대해 매우 불쾌해하고 분노했다는 것이다. 그 정도로 그는 자신과 자신의 수완에 확신을 가졌던 사람이었다. 결국 그는 피해자들에게 전혀 빚을 갚지 않은 채 교도소에서 사망한다. 그러나 그는 스스로 자신이 다단계 사기의 대명사로까지 불리는 전설의 다단계 사기꾼 버니 매도프Bernie Madoff보다 더 훌륭하게 다단계를 운용했다고 자랑스럽게 큰 소리쳤다고 한다. 매도프는 실제로 돈을 벌어다준 바 없는 사기꾼이었을 뿐이지만, 자신은 돈을 벌 수 있는 방법을 잘 알았지만 전파할 기회가 주어지지 않았기 때문이라고 주장했다는 것이다. 그는 단순히 뒤에 투자하는 사람의 돈으로 앞서 투자한 사람에게 되돌려주는 단순한 재분배가 아니라, 비록 자신이 관리하던 모든 보이 밴드로부터 사취한 것이지만 투자할 실제 자본을 가지고 있었기 때문에 더 영리한 사기꾼이라는 주장이다.

세상 모든 일은 나름의 동기와 과정이 있고 사기꾼들에게도 마찬가지였던 것 같다. 그러나 분명 다른 사람의 권리와 돈을 부당하고 이기적으로 갈취했다는 점에서, 펄먼 또한 사기꾼이라는 목록에서 빠져나갈 수는 없을 듯하다.

피터 포스터
Peter Foster

/ 영국 총리 부인까지 농락한 호주의 연쇄 사기범

피터 포스터Peter Foster는 체중 감량과 관련된 사기는 물론 사법 망을 빠져나가는 다양한 혐의로 호주뿐만 아니라 영국, 미국, 그리고 바누아투 등 여러 나라에서 사기 행각을 벌이고 구금 생활을 했던 호주 출신의 다국적, 직업적 연쇄 사기범이다. 사기 행각도 중요한 사건이었지만 그를 더 유명하게 만든 사건은 바로 당시 영국 수상이었던 토니 블레어Tony Blair의 아내 체리 블레어Cherie Blair가 영국 브리스톨Bristol 소재의 토지를 헐값에 구입할 수 있도록 도움을 주는 데 큰 역할을 했다는 뉴스가 전해지고 나서부터다. 이런 연유로 그는 자신을 "세계적인 범죄자(International man of mischief)"라고 기술했다.

포스터는 겨우 19살의 나이에 물건을 팔고 판촉을 시작했다고 한다. "아기 거물(Kid Tycoon)", "밀크셰이크 거물(Milkshake Tycoon)"이란 별명을 가진 그는 법률적으로 나이트클럽 출입이 허용되기 2년 전부터 골드 코스트의 디스코텍에서 광고를 하고, 17살에 권투 프로모터가 되기도 했다. 그는 어린 시절부터 일찍이 사업수완을 배우고 뛰어난 능력을 보였던 것이다. 20살이 되자 그는 자신이 주선하던 권투시합이 무산되자 허위로 보험을 청구하려 한 혐의로 호주 법원으로부터 75,000유로의 벌금을 선고받는다. 그러자 이듬해 그는 텔레비전 프로듀서가 되어, 미국 로스앤젤레스에서 권투 영웅 무하마드 알리의 집에서 그와 함께 생활하면서 알리에 관한 다큐멘터리를 찍었다. 그러나 포스터는 성사되지 않은 알리의 권투시합을 주선하고 금연 방법을 판촉하다가 결국 부도를 내게 된다.

알리의 다큐멘터리를 찍으며 함께 생활하던 포스터에게 알리의 부인인 모델 베로니카 알리Veronica Ali가 바이 린Bai Lin이라는 일종의 홍차를 소개했고, 포스터는 그 차를 체중감량을 위한 '고대 중국 다이어트 비법'이라고 호주에서 판촉을 했다. 그 차를 호주로 수입, 판매했던 회사가 호주 경쟁소비자위원회(Competition and Consumer Commission)의 수사를 받던 중 도산하자 포스터는 다시 그 차를 영국으로 들여가고 유명 모델인 사만다 폭스를 고용해 선전, 홍보, 판촉을 하게 한다. 한 가지 더 그를 유명하게 만든 것은 자신의 체중감량 차를 선전하도록 고용한 사만다 폭스Samantha Fox라는 유명 모델과의 관계였다. 폭스는 후에 그와 멀어진 뒤 '지금이야 피터 포스터와 같은 부류의 사람들에 끌려서는 안 된다는 것을 알만큼 충분히 나이가 들었지만, 당시 나는 겨우 22살이었고 감수성이 예민할 때였다. 부모님은 헤어졌고, 여기 내 앞엔 영악하고 교묘히 사람을 다루고 권력을 휘두르는 남자가 있었다. 나는 너무나 취약했기 때문에 그와 거의 결혼할 뻔했다'고 고백했다.

포스터의 그 차는 검사 결과 특별할 것 없는 일반적인 중국의 홍차로 밝혀졌다. 그의 회사는 영국의 무역기술법(Trade Description Act)을 위반한 혐의로 1988년 5천 파운드의 벌금을 물게 된다. 그러자 포스터는 영국을 떠나 미국으로 건너가서는 같은 차를 초우 로우Chow Low 차로 다시 판촉하기 시작했다. 〈뉴욕 타임스〉와 〈워싱턴 포스트〉 신문에 광고를 실어, 차를 마시는 사람이 무엇을 먹든 상관 없이 콜레스테롤 수준을 낮추었다고 주장했다. 바로 이 기만적, 허위적, 사기성 주장 때문에 그는 유죄가 확정되어 로스앤젤레스 교도소에서 4개월간 수형생활을 하게 된 것이다.

1994년, 포스터가 영국으로 돌아가자 그가 판매한 바이 린 홍차와 관련해 다시 벌금형을 선고받는다, 1996년에는 체중감량을 위한 감식 과립의 판매와 관련해 허위 기능 설명서를 첨부한 제품을 팔도록 교사한 혐의로 구금된다. 그러나 9개월이 지나 그는 개방 교도소로부터 주간 석방(day release)을 이용해 사법 망을 빠져나가 가짜 여권으로 호주로 돌아간다. 호주 경쟁소비위원회(ACC)는 '허벅지 곡선미 가꾸기(thigh contour treatment)'라는 크림을 허위 판촉한 혐의로 그를 기소한다. 그는 벌금형을 선고받으며 동시에 제품의 치유 효과에 대한 언급을 더는 하지 않겠다고 서명하도록 강요당한다. 그는 호주 증권투자위원회로부터 정확한 정보를 알리지 않은 혐의로 5개월간 구금되기도 한다. 2000년에도 그는 허벅지-줄이기 크림을 판매하는 자기 회사의 신용을 확보하기 위해 가짜 서류를 이용한 혐의로 33개월간 구치 생활을 한다. 포스터는 2002년 영국의 무역산업부로부터 2000년 5년 동안 회사의 임원이 될 수 없도록 한 법원의 금지명령에도 불구하고, 체중감량 제품 사업의 영업 담당자로 직접 활동한 혐의로 수사를 받는다. 그의 과거 동업자들도 그가 자신들을 속여 투자하게 했다고 그를 제소했다. 당시 그는 또 다른 체중감량 사기와 관련된 혐의로 호주로 추방될 위기에 처해 있었다.

더불어 이즈음 그를 더 유명해지게 한 사건인 소위 '체리 게이트Cheriegate', 즉 영국 수상 토니 블레어의 아내인 체리 블레어와 관련된 논란으로, 포스터가 체리 블레어로 하여금 브리스톨의 대지를 싼값에 사도록 도와주었다는 사실이 알려지기 시작했다. 사건의 발단은 그의 동업자 중 한 사람인 전축구선수 폴 월시Paul Walsh가 자신이 투자한 돈을 되돌려주지 않으면 체리 블레어와의 연계를 폭로하겠다고 위협하면서부터이다. 이 사실이 알려지자 체리 블레어는 포스터와 거리를 두려고 했고, 포스터는 자신이 토지 매입과는 관련 없다고 주장하는 공문을 발표하기도 했다. 그러나 언론에서는 그들이 잘 아는 사이이며, 토지 매입에도 그가 관계했다는 전자메일을 공개한다. 그러자 블레어는 공개사과를 하기에 이르렀고, 그녀의 '불운'을 가정을 꾸리고 어머니가 되어야 하는 압박감 때문이라고 설명했다. 실제로 포스터는 태어나지도 않은 자기 자녀에 대해 블레어 부부가 양부모가 되어주기로도 했고, 한때는 수상저택인 다우닝가 10번지에도 초대받았을 정도로 가까웠다고 언론에 공개했다.

포스터의 사기 행각은 여기서 끝나지 않았다. 그가 아일랜드에서 호주로 돌아오자, 호주 정부의 소비자경쟁위원회(ACC)는 체스트 코퍼레이션Chaste Corporation과 회사의 허위 체중감량 제품 트리밋TRIMit의 판매에 대한 수사를 위해 그의 여권을 압류한 뒤 그의 자산을 동결하려고 했다. 회사에서는 포스터의 개입과 관련을 숨겼으며, 회사의 광고에서는 자사 제품이 경쟁사의 제품들보다 무려 700%나 더 효과가 있다고 주장했다는 것이다. 그의 회사 동료들은 포스터가 자기들 제품이 전혀 효과가 없다는 것을 알았다는 사실과 그의 사업 관련 및 참여에 대해 침묵을 지켰다. 그들의 기만적 책략으로 그 제품의 공급권을 각자 42000 달러씩이나 주고 산, 적어도 70명의 투자자들로부터 적어도 백만 달러를 챙겼다는 것이다. 결국 2005년, 회사와 포스터는 가격담합은 물론이고 기만 행위와 허위, 과장 혐의로 연방법원으로부터 벌금형을 선고받는다. 뿐만 아니라 포스터는 향후 5년 동안 화장품, 건강 관련이나 체중감량 산업에 직, 간접적으로 참여하지 못하도록 명령했다.

포스터는 다시 해외로 눈을 돌려, 자신의 전과 기록을 숨기기 위해 경찰의 신분 조회를 위조해 취업 허가를 얻어 피지Fiji로 입국했다. 그는 우선 해변가의 사무실을 임대하고 리조트 개발 투자자를 물색했다. 피지 경찰로부터 위조여권 등에 대한 수사를 받게 되자 도주하려고 바다에 뛰어들다 보트에 부딪혀 부상당하는 등 우여곡절 끝에 체포되지만, 자신의 무죄를 주장하고 경찰의 폭력 등을 비난한다. 경쟁 회사의 신용을 떨어뜨리기 위해 상대 회사 임원으로 위장을 하고, 가짜 웹사이트를 열어 경쟁회사의 리조트는 곧 아동 성애자들의 천국이 될 것이라고 주장했다. 보석 중 재판에 불참하고 보트를 이용해 피지를 떠나 바누아투로 잠입했으나 경찰에 불법 입국 혐의로 체포되자 그는 자신이 병에 걸렸다고 허위주장을 한다. 그러나 의료진이 받아들이지 않았고 6주의 실형을 선고받는다. 3주의 수감생활후 그는 바누아투 정부와 협상에 동의해 호주로 추방된다. 호주에 도착하자 은행으로부터 대출을 받기 위해 서류를 위조한 사기와 자금세탁 혐의에 대해 유죄를 인정한다. 그는 리조트 개발을 위해 대출을 받는다고 했으나 실은 대부분의 돈을 횡령해 여자 친구의 호화 아파트 비용, 신용카드 대금, 가족 기업운영자금 등에 유용했다. 2009년 그는 가석방되었으나 2011년 다시 센사슬림SensaSlim이라는 다이어트 스프레이 사업과 관련해 경찰에 체포된다.

호주 소비자경쟁위원회(ACC)의 수사에 의하면, 그의 회사는 자사 제품이 사람들로 하여금 운동이나 식습관에 어떤 변화를 시도하지 않고서도 체중 감량에 도움을 줄 수 있다는 자기들의 주장을 담보하기 위해 실제 존재하지도 않는 스위스의 연구소를 이용했다고 한다. 결국 2004년 연방법원은 청산 절차 중인 포스터의 회사가 포스터의 센사슬림 프랜차이즈 참여와 역할을 숨김으로써, 기만 행위나 현혹시키거나 오해하기 쉬운 행위에 적극 개입했음을 알았다. 직업적인 사기꾼 포스터의 역할을 철저히 숨겼던 것이다. 결국 회사는 가짜 체중감량 제품을 판매하는 프랜차이즈를 내주고 무려 6400만 달러 정도를 사취했다는 것이다. 그와 회사에 대한 재판 과정에서 담당판사는 포스터가 피해 금액을 전혀 상환할 수 없으며, 그가 사기를 치고 기만하기 위해 정직한 사람들을 희생시켰다고 그를 단죄했다.

포스터의 범죄 행각은 여기서 끝이 아니었다. 호주 역사상 가장 악의적인 사기꾼으로 알려진 그는 실패한 온라인 도박의 피해자들로부터 편취해 숨겼던 1100만 달러 이상의 자금을 찾아낸 민간 조사원 살해 음모 혐의로 호주 경찰에 체포되었다. 경찰은 그의 집을 습격해 포스터가 필리핀에 있는 한 호주인과 접촉한 녹음 기록을 찾아낸다. 녹음 기록에서 포스터는 그 민간 조사원을 살해하면 8만 달러를 주겠노라고 제안한 것이다. 그 민간 조사원은 지난 3년 동안 포스터의 실패한 온라인 게임 사업과 관련해 자금세탁과 사기혐의로 수사를 받던 스포츠 트레이딩 클럽Sports Trading Club의 160여 명의 투자자들을 대신해 악질적인 사기꾼을 추적하고 있었다.

범죄란 한번 맛보기 시작하면 손 뗄 수 없는 마약과도 같다는 것을, 포스터의 오랜 기간에 걸친 다양한 사기행각이 다시 한 번 증명하고 있다.

에두아르도 데 발피에르노
Eduardo de Valfierno

/ 모나리자Mona Lisa 분실을 둘러싼 미스터리들

레오나르도 다 빈치의 그림 '모나리자Mona Lisa'는 아마도 세계에서 가장 유명한 그림일 것이다. 그만큼 이 그림에 둘러싸인 미스터리도 많다. 초상화의 모델이 된 주인공은 누구인가부터 시작해서, 그림이 전시된 루브르 박물관에서 도난당한 사건과 그에 얽힌 각종 음모론 등이 대중적인 상상의 여지를 더욱 확대했을지도 모른다. 알려진 바로는 이 초상화는 1500년대 부유한 의류상이었던 프란체스코 델 지오콘도Francesco del Giocondo가 주문했고, 초상화의 미스터리한 여인은 바로 그의 부인인 리자 게라르디니Lisa Gherardini라고 한다. 그러나 무슨 이유에서인지 초상화를 주문했던 상인은 아내의 초상화를 받지 못했고, 프랑스 왕이 친히 다 빈치를 초청하자 그는 완성하지 못한 이 초상화를 들고서 프랑스로 가게 된다. 프란시스FRANCIS 1세는 초상화를 주문했던 상인이 제시했던 금액보다 더 많은 돈을 주고 그 초상화를 구입하기로 결정하고, 그 뒤부터 프랑스혁명 때까지는 프랑스 왕실의 소유물로 남아 있었다. 그러나 프랑스혁명 이후 지금의 루브르박물관으로 옮겨진 뒤, 도난당했던 2년을 제외하고는 현재까지 그곳에 전시, 보관되고 있다. 바로 이 2년의 공백 때문에 모나리자는 세간의 이목을 한층 더 끌었고, 유명세를 더했다.

그 2년은 바로 1911년, 루브르 박물관의 이탈리아 출신 직원 빈센초 페루지아Vincenzo Peruggia가 한밤중에 모나리자를 옷 속에 숨겨두었다가 다음 날 아침 유유히 박물관을 걸어 나가는 방식으로 훔쳐 간 기간이다. 그렇게도 유명한 예술품의 행방은 1913년, 페루지아가 이탈리아 정부가 보상해준다면 모나리자를 피렌체로 가져오겠다며, 이탈리아의 예술품 거래상 알프레도 게리Alfredo Geri에게 접촉했을 때까지 묘연한 상태였다. 분명한 점 하나는, 페루지아가 그 그림은 나폴레옹이 피렌체에서 훔쳐간 것이며, 따라서 진정한 고향인 이탈리아로 돌려주는 것이 애국자로서의 임무를 다하는 것이라고 믿었다는 것이다. 아이러니하게도, 그 2년 동안의 부재가 모나리자의 인기와 유명세에 일대 변화를 일으켰다. 도난당하자마자 세계 모든 신문에서 이미 유명한 이 초상화의 사진을 게재하고, 그림의 존재와 행방에 대한 갖가지 추측들을 쏟아냈기 때문이다. 심지어 도난당했던 그림이 되돌아온 뒤에도 페루지아가 그림을 어디에 숨겨두고 보관했는지, 왜 그렇게 오랜 기간 동안 그냥 가지고만 있다가 2년이 지난 뒤에야 겨우 50만 리라라는 비교적 낮은 가격으로 이탈리아에 되돌려주겠다고 제안했는지 등에 대한 온갖 추측이 계속되었다고 한다.

그러나 사실 페루지아는 천부적인 범죄자가 아니었으며, 수백만 달러짜리 예술품 사기도 아니었다. 그저 모나리자가 나폴레옹에 의해 이탈리아에서 프랑스로 강제로 옮겨진 것으로 오해한 나머지, 원래 고향인 이탈리아로 되돌려놓고 싶어 했던 애국주의자였을 뿐이다.

모나리자가 2년 동안이나 사라진 경위에 대해 우리가 알고 있는 또 다른 이야기는 대략 이렇다. 루브르 박물관이 관람객들에게 문을 열기 전 이른 아침에 모나리자가 없어졌다. 그림이 없어졌지만 경비원은 사진을 찍기 위해 잠시 옮겨졌다고 알고 있어서, 절도 사실은 이튿날이 되어서야 겨우 알려졌다. 절도가 세상에 알려지자 수많은 제보가 밀려들었으나, 그중에서도 한 미스터리한 남자가 4년 전 루브르에서 훔쳤다고 주장하는 여러 예술품 중 하나를 들고 절도 관련 제보에 대해 현상금을 내걸었던 신문사로 나타났다. 이 익명의 제보자는 바로 피카소의 애호가이자 시인이며 예술계 논객이었던 기욤 아폴리네르Guillaume Apollinaire의 비서 겸 집사 역할을 했던 조지프 게리 피에레Joseph Gery Pieret라는 이름의 사기꾼이었다. 경찰이 아폴리네르를 체포하자 그는 압박을 느껴서 피에레가 그림을 피카소에게 팔아먹었다고 시인했다. 그를 심문하자 피카소는, 이제 막 보헤미안에서 프랑스 상류사회의 부르주아로 정착한 자신이 어떠한 심각한 법률문제에라도 얽히면 바로 추방되기 때문에 그 사실에 경악했다. 사실 피카소는 4년 전 루브르에서 사라진 두 점의 조각품을 매입한 경력이 있었기 때문에, 피에레에게 다른 예술품도 훔쳐 오라고 했을 수도 있다는 가정은 있었으나 이는 입증되지 못하고 두 사람 모두 석방된다.

그러나 또한 많은 이들이 실은 모나리자가 결코 도난당하지 않았을 것이며, 관련해 일어난 모든 일들이 다 작품에 대한 관심과 흥미를 끌어올리기 위한 술책이었을지도 모른다는 의문을 제기했다.

또 다른 세번째 이야기는, 바로 모나리자가 루브르박물관에서 사라졌던 그 2년 동안 자신이 갖고 있었다고 했던 페루지아가 소장 목적으로 또는 부유한 개인 수집가들에게 판매할 목적으로 모나리자를 복사했다는 것이다. 이 주장은 유명한 위조 작가요 예술품 절도범인 에두아르도 데 발피에르노Eduardo de Valfierno가 그 그림의 절도를 뒤에서 조종한 주범이라고 시인했다는 점에서 더욱 힘을 얻었다. 그의 주장에 따르면, 모나리자를 훔친 목적은 유명 예술품의 위조품을 여러 개 만들어 전혀 의심하지 않는 예술품 수집가들에게 팔기 위해서였다고 한다. 그런데 페루지아가 작품을 이탈리아로 되돌려줌으로써 자신을 배신했다는 주장이었다. 물론 발피에르노의 해당 주장에 대한 논란은 지금도 계속되고 있다.

에두아르도 데 발피에르노(1850~1931)는 이렇듯, 1911년 모나리자의 절도를 배후 조종했다고 알려진 아르헨티나 출신 사기꾼이다. 1932년, 언론인 카를 데커Karl Decker가 그에 대해 신문에 기사를 쓰면서부터 그는 유명해졌다. 박물관 직원 빈센초 페루지아를 포함한 여러 사람에게 그가 돈을 주고 루브르박물관의 예술품을 훔치도록 했다고 주장하는 기사였다. 기사에 따르면, 「1911년 8월 21일 페루지아가 코트에 모나리자를 숨겨 가지고 나왔다. 절도를 행하기 전, 발피에르노는 프랑스의 미술품 복구 전문가요 위조 전문가인 이브 쇼드롱Yves Chaudron에게 모나리자를 6장 복제해달라고 부탁했다. 그렇게 만들어진 복제품은 그가 작성한 명부에 따라 수집가들에게 팔릴 수 있도록 세계 여러 곳으로 배송되었다. 미술품을 훔치기 전에 미리 복제품을 만들어 세계 곳곳으로 배송한 이유는, 예술품이 도난당할 경우 복제품도 세관 검색을 통과할 수 없다는 사실을 알았기 때문이다. 그렇게 배송된 복제품은 그것을 진품으로 알고 있는 수집가들에게 팔렸던 것이다. 발피에르노는 복제품을 팔기만을 원했기 때문에 진품이 없어지기만을 바랐을 뿐이어서, 범행 이후 페루지아와 결코 접촉하지도 않았다. 결국 페루지아는 진품을 팔려다가 붙잡히게 되고, 1913년 모나리자는 다시 루브르박물관으로 되돌아오게 된다.」 그러나 카를 데커가 작성한 이런 내용의 기사에는 정보상 오류가 많았고, 더구나 그 6개의 복제품은 아직까지 한 점도 발견되지 않고 있다. 이런 여러 정황들로 미루어 기사의 정확성에 심각한 의문이 제기되고 있으며, 심지어 기사의 주범인 에두아르도 데 발피에르노의 존재조차도 의문의 대상이 되고 있다.

데커가 주장하는 발피에르노의 모나리자 절도 기사는 다음과 같은 몇 가지 비판을 받고 있다. 우선, 그림을 훔치기 위해 화장실 청소도구함에 숨어서 밤을 지새웠다고 하지만 당시 박물관의 보안은 너무나 허술했기 때문에 굳이 밤을 지새울 필요조차도 없었고, 비교적 아무런 제재도 없이 출입할 수 있었다고 한다. 발피에르노는 220파운드나 나가는 모나리자를 들기 위해 세 명의 남자가 필요했다고 주장했으나, 루브르박물관의 자료에 의하면 모나리자는 그 무게가 단 20파운드에 지나지 않는다는 것이다. 결국 페루지아가 다른 사람의 도움이 없이 혼자서도 충분히 명품을 옮길 수 있었다는 것이다. 뿐만 아니라 그림을 외투에 숨겨서 나왔다고 하지만 20×30인치 크기인 모나리자는 너무 커서 외투 안에 숨길 수가 없다는 점이다. 또한 발피에르노의 수법, 즉 진품을 훔쳐서 모조품을 파는 것도 그가 처음 시도한 천재적인, 천부적인 수법이 아니다. 이미 뉴욕의 에디 게린Eddie Geurin이라는 절도범이 모나리자를 훔쳐 복제품을 부유한 수집가들에게 판매하려 했다고 뉴욕의 한 신문이 보도했기 때문이다. 만약 이처럼 이 이야기가 사실이 아니거나 사실과 다른 점이 있다면, 우리를 더욱 혼란스럽게 만드는 부분이 있다. 그렇다면 발피에르노가 자신의 이야기를 꾸민 것인지 아니면 데커가 발피에르노를 꾸며낸 것인지 의문이 들지 않을 수 없다. 그러나 한 가지 분명한 것은, 이 이야기가 사실이건 아니건 사람들은 그와 같은 배후 주동 범죄자가 있는 범죄 이야기를 듣고 싶어 한다는 사실이다. 데커의 발피에르노 이야기가 지금까지도 사실인 양 받아들여질 수 있었던 건 그런 이유 때문이 아닐까, 추론하는 사람들도 적지 않다.

진실은 어쩌면 모나리자의 그 신비스러운 미소 저 너머에 존재하는지도 모른다.

스탠리 클리포드 와이먼
Stanley Clifford Weyman

/ 대통령까지 속인, 다른 사람의 삶 자체를 즐긴 사기꾼

세상에는 돈이나 명예를 위해 다른 사람을 흉내 내거나 사칭하는 사람들이 많지만, 한편에는 돈이나 명예가 아니라 다른 사람들의 삶 자체를 동경해 사칭하는 사람도 있다. 바로 브루클린의 가장 유명한 사기꾼, 협잡꾼인 스탠리 클리포드 와이먼Stanley Clifford Weyman도 그런 유형이었다. 그는 미국 국무장관과 다양한 직위의 군인 신분을 포함한 여러 공직을 위조, 사칭했던 사기꾼이다. 1890년 11월 25일, 뉴욕 브루클린의 작은 2층 빨간 벽돌집에서 스테판 제이콥 와인버그Stephen Jacob Weinberg라는 이름의 한 소년이 태어난다. 소년은 자신의 이름은 물론 자기 자신에게도 전적으로 만족하지 못했다. 노동자 계층의 가정에서 태어난 와인버그는 어린 시절부터 의사가 되고 싶

어했지만, 부모에게는 그의 등록금을 부담할 능력이 없었다. 그래서 그는 일찍이 서류철을 정리하는 단조롭고 힘든 일을 하며 삶의 여정을 시작했다. 그런 삶에 그는 결코 만족하지 못했고, 20살을 전후해 다른 삶을 살기 시작했다고 한다. 21살이 되자마자 그는 자신이 아닌 다른 사람이 되고 자신의 이름을 바꾸려들기 시작했다. 그러나 그는 자기 이름의 핵심에서 크게 벗어나지 않고 실제 이름과 유사한 이름들을 혼용하다가, 생애 중반기부터 스탠리 클리포드 와이먼Stanley Clifford Weyman만을 사용했다.

1910년, 와이먼은 처음으로 누군가를 사칭한다. 자신이 뉴욕의 최고급 식당에서 식사를 즐겼던 모로코 주재 미국 영사라고 했던 것이다. 물론 그는 결국 사기 혐의로 체포되고 말았다. 그다음 시도했던 사기 행각은 세르비아 출신 무관과 미 해군 중위라는 두 가지 직위를 동시에 사칭한 것이었다. 그가 두 가지 역할을 동시에 사칭한 이유는 바로 각각의 역할을 다른 역할의 참조로 이용하기 위해서였다. 즉, 자신이 미 해군 중위임을 사칭하기 위해 세르비아 무관이라는 지위를 보증하는데 이용하고, 반대로 세르비아 무관임을 보증받기 위해 미 해군 중위의 위조 신분을 이용했던 것이다. 그럼에도 불구하고 그는 또다시 금방 체포되고 만다.

와이먼은 1915년에 다시 석방되자 그때는 루마니아 총영사인 해군 중령 이든 앨런 와인버그Ethan Allen Weinberg를 사칭했다. 그는 미 해군 함정인 USS 와이오밍Wyoming 호를 검열했고, 아스터Astor 호텔로 승무원 전원을 초청했다. 그러나 지나친 선전으로 수사국(Bureau of Investigation)의 경계를 받게 되고, 연방 수사관이 파티 현장에서 그를 체포해 그는 또다시 구치소에 수감되고 만다. 1917년, 그는 육군 항공대 중위 로열 생 시르Royal St. Cyr의 망토를 쓰고 나타났다. 이번에도 그가 군 병기고를 검열하던 중 그를 수상히 여긴 군 재봉사가 경찰에 신고해 또다시 체포된다. 1920년, 보호관찰을 조건으로 가석방되었지만 얼마 지나지 않아 그는 신임장을 위조해 페루 리마에서 한 회사 소속의 의사가 된다. 그곳에서 그는 자신의 신용이 바닥나 체포될 때까지 아낌없이 파티를 즐겼다.

그의 사기 행각은 여기서 끝나지 않고 계속되었다. 1921년, 그는 아프카니스탄의 파티마Fatima 공주가 미국에 방문 중이고, 공식적인 인정을 받고 싶어하지만 미국 국무부에서는 그녀의 방문과 그녀의 의사를 무시한다는 사실을 알아차리게 된다. 와이먼은 미국 국무부 해군 연락장교를 사칭해 파티마 공주를 찾아가서는, 미국 국무부의 무심함을 사과하는 한편 대통령과의 만남을 주선하겠노라고 약속했다. 그 와중에 미 국무부 관리에 대한 선물 비용으로 1만 달러를 받아내는 데 성공한다. 그는 그 돈으로 공주와 그 수행원들을 위해 수도 워싱턴까지 가는 전세 기차와 윌러드Willard 호텔 방값으로 사용했다. 이어서 국무부를 방문해 유명한 상원의원들의 이름을 남기고 접견을 성사시킨다. 먼저 1921년 7월 26일 찰스 에반스 휴즈Charles Evans Hughes 국무장관을 만나고 급기야는 워렌 하딩Warren G. Harding 대통령까지도 파티마 공주를 접견했던 것이다. 그러나 와이먼은 작은 실수 하나로 의심을 사게 되었다. 언론에서 그가 다른 유명인들과 함께 찍은 사진을 게재하자 모든 것이 끝장나고 말았다. 결국 그는 해군장교를 사칭한 혐의로 기소되었고 또다시 2년 형을 선고받고 수감되었다.

그 밖에도 그의 사기 행각은 매우 다양했다. 한 가지 사례는 〈이브닝 그래픽Evening Graphic〉이라는 신문에서 그에게 미국을 방문 중인 루마니아의 마리Marie 여왕을 인터뷰해 줄 것을 요청했다. 그는 국무장관을 사칭해 출입을 허가받고는 인터뷰에 성공했다고 한다. 1926년에는 와이먼이 이탈리아의 배우이자 팝 아이콘이었던 루돌프 발렌티노Rudolph Valentino의 장례식에 나타나 주치의이자 그녀의 죽음을 슬퍼하는 연인 폴라 네그리Pola Negri로 사칭했다. 그는 그녀의 상태에 대해 규칙적으로 언론 인터뷰도 하고 그녀의 집에서 종교적인 신앙 치료법까지 개설했다. 후에 그의 신상이 밝혀졌지만 진짜 폴라 네그리는 그를 비난하지 않았다고 한다. 세계 2차 대전 중에는 와이먼은 한 언론사의 UN 기자가 되기 위해 이력을 꾸며냈고, UN 대표였던 워렌 오스틴Warren Austin과 안드레이 그로미코Andrei Gromyko와 친분을 쌓게 되었다. 그러나 태국 대표단에서 외교특권을 갖는 대변인이 되어달라고 그를 초청함으로써, 사칭에 대한 대가를 톡톡히 치르게 된다. 그가 미국 국무부에 접촉해 태국 대표단의 대변인을 맡게 되면 자신의 미국 시민권에 어떤 영향을 미칠 수 있을지 여부를 묻자, 이미 그에 대해 너무나 잘 알고 있던 국무부에서 그의 신원을 공개했던 것이다. 마지막으로 그는 1954년에도, 실존하지도 않는 집을 고치겠노라고 주거 개선 자금 5000달러를 대출받으려다가 실패해 재판을 받는다. 재판정에서 판사에게 자신의 정신이상을 주장하지만 설득에 실패해 실형을 받게 된다.

그의 사기 행각은 얼굴이 알려지게 되면서 점점 힘들어지게 되었다. 그때 바로 2차 세계대전이 발발했고, 이때를 놓치지 않고 와이먼은 또 다른 희한한 사기 행각을 벌인다. 바로 군 징집을 면할 수 있게 해주는 학원을 연 것이다. 거기서 그는 징집을 면할 수 있도록 정신 장애가 있거나 청각 장애인처럼 행동하는 방법을 가르쳤다. 교육이 제대로 되지 않을 때는 그냥 중이에 구멍을 냄으로써 실제로 청각에 장애가 생기게까지 했다고 한다. 이런 사기극이 실패로 끝나고 그 후로도 몇 가지 사기 행각을 시도했지만 그의 전성기는 이미 끝나가고 있었다. 1960년 용커스Yonkers 호텔의 야간 매니저로 일하던 중 강도의 총에 맞아 사망함으로써, 그의 파란만장한 사기 행각은 완전히 끝나게 된다.

와이먼은 일생을 바쳐 남의 삶을 복제하고 끊임없는 아이디어를 실행한 사기꾼이다. 그는 브루클린에서 눈에 띄지도 않는 한 평범한 보통 시민으로 남고 싶지도, 남을 수도 없었던 사람이다. 긴 인생행로에서 진정한 자신이 아닌, 무수히 많은 타인으로 사는 사람이 되었다. 그가 흉내 내고 사칭한 사람들은 결코 평범하거나 눈에 띄지 않는 사람들이 아니었다. 그에게 사칭이란 중독과 같았다. 그에게는 막연히 영광스러운 꿈을 꾸다가 곧바로 꿈에서 깨어 일상으로 돌아가는 것으로는 충분하지 않았다. 그는 행동으로 옮겼던 것이다. 마치 화가들이 작업을 마친 작품에서 완벽히 떨어져 나오듯, 그는 오로지 자신의 꿈이 성취되어야만 그 꿈을 접었다. 한 가지 꿈이 이루어지고 나면 그는 수행할 또 다른 역할을 찾았고, 또 다른 조각에서 완벽한 사기를 수행했던 것이다. 실제로도 그는 그 영광을 맛보기도 했다.

그는 그저 견장과 금색 끈, 메달, 리본, 그리고 장식이 달린 품격 높은 해군 군복을 너무나 사랑했다. 뿐만 아니라 그는 높은 모자, 그리고 모닝코트로 대표되는 공식 외교관 복장도 너무나 사랑했다. 행사장을 누비는 눈에 띄는 인물이 되어 거만스럽게 행사의 책임을 맡았고, 늘 그랬듯 얼마 가지 않아 사람들이 대체 그가 누구인지 의아해할 때까지 술과 음식을 즐겼던 것이다. 그래서 그는 국무차관도 되고, 해군 중위도 되고, 무관도 되고, 총영사도 되고, 유명한 외과의사도 되고, 유명 배우의 비밀 연인이자 비서도 되었다. 그는 누구를 사칭하든 언제 어디서나 문지기들을 통과할 수 있었다. '강등되고 싶어?'라는 말 한마디면, 유명인을 경호하던 비밀요원의 뺨을 때리며 '넌 대체 누구야?'라고 소리 지르면 즉시 문이 열리기도 했다. 자신을 의심하는 의사에게는 도리어 '여보시오, 당신은 신문도 안 보시는 거요?'라고 말하고는 입장해 의학 강연을 하기도 했다. 백악관 잔디밭에서는 하딩 대통령과 악수하고 카메라가 터지는 순간 대통령의 등을 두드리기도 해서, 대통령은 참모들에게 '대체 저 친구는 누구인가?'라고 귓속말을 했다고도 한다.

와이먼은 결코 특정인을 사칭하거나 흉내 내지 않았으며, 오히려 다양한 이름으로 인물을 고안해냈다고 한다. 또한 그는 스파이 영화에 나오듯 고도의 변장 기술자도 아니었다. 변장이나 가장에 의존하기보다는 오히려 권력을 과시하는 가정과 허세에 의존했다. 그는 자신이 속이고자 하는 사람들의 소득 수준을 훨씬 능가하는 공직인 듯 들리는 이름과 지위를 고안해냈고, 그에 대해 누구도 의문을 제기하지 않았다. 또한 그의 사칭은 실제로 대부분 일정 기간 성공했는데도 사기 행각에서 금전적인 동기는 아주 일부분이었다고 한다. 물질적 보상을 위해 사람들을 속이려고 하지는 않았다는 것이다. 그는 단지 기발한 경험들을 추구했던 것이다.

'한 사람의 삶이란 따분한 것이다. 나는 많은 인생을 살았고 그래서 결코 지루하지 않다'라는 그의 말에서 그가 평생 사기를 친 의도를 고스란히 엿볼 수 있다. 물론 그렇다 해서 사기와 기만을 결코 합리화할 수는 없겠지만 말이다.

배리 민코우
Barry Minkow

/ 어릴 때부터 싹수가 보인, 미국의 국가대표 10대 사기꾼

놀랄 만한 10대 사기꾼, 배리 제이 민코우_{Barry Jay Minkow}에 대한 이야기는 마치 나쁜 사람 눈에는 보이지 않는다고 속인 옛 동화 〈임금님의 새 옷〉과 유사하다. 언론에서는 그를, 지급 불능 상태로 파산한 카펫 세탁 사업을 서류 상 평가액 2조 원이 넘는 상장회사로 전환시킨 기업인으로 추켜세웠다. 심지어 유명한 오프라 윈프리 쇼에도 출연하고, 월가에서도 영웅으로 환영받았지만 실상은 그의 기업이 거의 존재하지도 않는다는 사실을 아는 사람은 거의 없었다. 사업에 성공한 이 시대의 비도덕적인 총아는 아직도 10대에 불과할 때 회사의 "홀로그램"을 월가에 팔 수 있었던 것이다.

배리 제이 민코우는는 1966년 3월 22일 미국 캘리포니아에서 태어난 기업

인이자 목사요 동시에 자신의 카펫 세탁 회사를 미끼로 대대적인 다단계 판매사기와 투자사기 혐의로 유죄가 확정된 중범죄자이다. 물론 사기수법이나 사기 금액, 그 피해자의 수도 만만치 않지만, 그가 국가 대표 사기꾼으로 이름을 날리게 된 가장 중요한 특징은 어린 나이이다. 민코우는 아직도 고등학교 재학 중이던 16살의 나이에 'ZZZZ Best'라는, 겉보기에는 엄청나게 성공적인 카펫 세탁 및 보험복원 회사를 설립했다. 그러나 그의 회사는 실제로는 거대한 다단계 판매사기를 위해 투자자와 투자금을 끌어들이기 위한 미끼 또는 전진기지였다. 1987년 회사가 망하고 투자자와 돈을 빌려준 사람들에게 무려 1조 달러 상당의 피해를 입게 해, 역사상 가장 큰 회계사기 가운데 한 사례일 뿐 아니라 한 사람이 단독으로 행한 가장 큰 투자사기로 기록되었다. 종종 회계 사기의 사례 연구로 활용될 정도이다.

민코우가 국가대표 급 사기꾼이 된 또 다른 이유는, 구치소로부터 석방된 이후 그의 행적이다. 그는 석방 후 목사가 되었고, 얼마 뒤 사기 수사관으로도 동시에 활동하면서 경영대학원 등의 학교에서 윤리 일반과 기업경영 윤리 등에 대한 강연을 했다. 이것으로 출소 후 행적이 끝났으면 좋았으련만, 2011년 그는 당시 미국 3대 주택 건설회사였던 레나Lennar의 주가를 의도적으로 끌어내리는 주가조작에 일조했음을 시인하고 5년형을 받으며 유명세를 더했다. 사기꾼에서 사기 방지 전사가 되었다가 다시 연쇄 사기꾼이 된 놀라운 삶의 소유자인 것이다.

민코우는 평생 세 번에 걸쳐 법의 심판을 받는데, 첫 번째인 1988년에는 불법 밀매, 주식 사기, 횡령, 자금 세탁, 우편사기, 세금포탈, 그리고 신용카드 사기 등의 혐의로 25년 형과 2600만 달러의 배상 명령을 받았다. 두 번째인 2011년에는 주식사기 교사 혐의로 5년 형과 무려 5조 8천 3백 5십만 달러에 달하는 배상 명령을 받았으며, 2014년 세 번째이자 마지막으로는 금융사기 교사, 전자거래 사기, 우편사기 등으로 5년 형과 340만 달러 배상 명령을 받는다. 금전적 배상액만 보아도 그가 가히 미국을 대표하는 국가대표 급 사기범 반열에 오르기에 충분해 보인다.

그를 이해하려면 ZZZZ Best부터 시작해야 한다. 그는 잉글우드의 유대인 가정에서 태어나 로스엔젤레스에서 자랐으며, 9살일 때 어머니가 자신이 일하던 카펫 청소업체의 전화 판매원 일자리를 주었다고 한다. 아마도 이 경험을 바탕으로 그는 불과 15살이던 고교 2학년 때 직원 3명과 전화 4대로 부모님의 차고에서 ZZZZ Best를 창업했다고 한다. 그러나 초창기에는 기본적인 비용 조달에도 어려움을 겪었다고 한다. 실제로 당시 캘리포니아 법은 수표를 포함해 미성년자에게는 계약서에 서명을 할 수 없게 했기 때문에, 두 군데 은행에서 그의 회사 계좌를 해지했다. 뿐만 아니라 고객 불만 때문에도 골머리를 앓았고, 납품업자들의 지급 요구도 그를 힘들게 했다고 한다. 심한 경우 때론 임금조차 마련하기 힘들 정도였다. 이런 자금 조달의 난관에 직면한 그는 할머니의 패물을 훔쳐서 팔고, 허위로 사무실 침입 절도를 꾸미고, 신용카드 부정 청구 등의 방법으로 자금을 조달했다. 얼마 뒤 민코우는 '보험 복원' 사업에 뛰어든다. 한 보험 사정인으로부터 도움을 받아 다수의 서류를 위조해, ZZZZ Best가 다수의 피해 복구와 손해보상에 관련된 양 주장했던 것이다. 그들은 실제 가짜 회사를 설립해 민코우의 은행에 구체적인 손해 복원과 보상을 증명해주었다. 이런 식으로 확보한 자금으로 그는 캘리포니아 서부 지역으로 ZZZZ Best를 확장했다.

대부분의 다단계 판매사기가 실제로는 존재하지 않는 기업이나 사업에 기초하지만, 민코우의 ZZZZ Best 카펫 세탁은 실제로 존재하고 영업을 하고 있었을 뿐만 아니라 양질의 서비스로 좋은 평판을 샀다고 한다. 그러나 회사 수익의 거의 86%를 차지했던 그의 보험 사업은 실제로는 존재하지 않았다. 고등학교를 졸업하자 모든 시간을 회사에 할애할 수 있었으나 그래도 자금이 부족해 조직범죄와 연계된 자금을 대출받고, 후에 자금을 대출해 준 전주는 이익금을 분배하지 않는다고 그에게 소를 제기했다. 그러나 그는 그들이 오히려 고리대금업자라고 항변했다. 나중에는 다른 조직범죄와 관련된 주식사기로 유죄가 확정된 사람과, 보석 절도범과 대출사기범 등이 그의 자문으로 합류하게 된다.

민코우는 친구의 제안으로 1986년 미국의 증권시장인 나스닥에 회사를 상장한다. 회사를 공개하기 전 회계감사를 담당했던 회계사는 직접 보험 복원 현장을 방문하지 않았다고 한다. 현장을 방문했더라면 그 현장들이 위조, 위장된 것임을 분명 알아챘을 것이다. 어쨌거나 회사를 공개함으로써 민코우는 53%의 지분을 갖게 되고, 사기 행각도 숨길 수 있는 길이 열렸다. 당시 증권 법에 따르면 그는 자신의 주식을 2년 동안은 소유해야만 했기에, 1988년 주식 판매대금으로 모든 사람들에게 분담금을 지급하고 완전히 합법화하는 데 충분한 돈을 마련할 수 있다고 믿고 수백만 주를 시중에 팔 계획을 세웠다. 추가로 자금을 확보하기 위해 주식 공모를 통해 1500만 달러를 조성하려고 했으나, 회계사가 회사 운영 상태를 확인하려고 하자 가짜 사무실을 빌리고, 가짜 복원작업을 보여주기 위해 공사 중인 건물을 이용했다. 민코우의 자문 회계사는 담당 회계사를 속이기 위해 엄청나게 많은 가짜 서류를 보내 필요 이상으로 많은 시간과 노력을 들이도록 했다. 결국 그는 공모에 성공해 미국 재무 역사상 가장 젊은 공개기업의 대표가 될 수 있었다. 그는 이를 기반으로 자신의 ZZZZ가 세탁 업계 최고의 기업이라고 대대적으로 텔레비전 광고를 하고, 값비싼 승용차들을 구입하고, 최고의 부자 동네에 대저택을 구입해 생활했다. 1987년, 거래가로 회사가치가 2조 6천백만 달러에 달했으며, 민코우의 지분도 1조 달러에 달했다.

민코우는 기업공개 보고서를 내기 전 주식을 단기매매했다고 한다. 단기매매는 불법은 아니지만 적어도 비윤리적인 관행이라고 전문가들은 비판한다. 어느 비판가는 민코우가 주식사기 수법인 왜곡과 단기매매(Short and Distort)에 개입했다고 그를 비난했다. 뿐만 아니라 그는 내부거래 혐의로 유죄 협상을 벌이기도 했다. 그의 사기 행각은 여기서 그치지 않고 금융사기, 전신사기, 우편사기, 그리고 연방정부를 속이려 한 사기 교사 혐의로 유죄 협상을 벌였다. 뿐만 아니라 자신이 담임목사로 있던 교회의 공금을 3백만 달러나 횡령했다. 교회를 대신해 의도적으로 허가되지 않은 은행계좌를 열고 교회 수표에 서명을 위조해, 합법적인 교회 계좌로부터 개인적 용도로 전용하고, 교회 신용카드를 허가되지 않은 사적 용도로 결재했다. 여기에 더해 그는 세금을 탈루하고, 기부금을 횡령하기도 했다.

민코우는 미국 국가대표 사기꾼으로 전혀 손색이 없다. 재판을 기다리는 동안 그는 복음주의 기독교로 전향, 결국 자신이 인생의 새로운 장을 시작했노라고 교정 당국, 재판관, 심지어 담당 검사까지 설득하기에 이른다. 결국 그는 1995년 가석방되고, 1977년에는 샌디에고 공동체 성경교회의 목사가 되며, 2001년에는 영리를 목적으로 하는 사기 방지와 조사 회사를 설립하고,

2005년엔 자신의 변모에 관한 베스트셀러 책, 『Cleaning Up』을 출판하기에 이른다. 그의 기행은 여기서 끝나지 않았다. 고객에게 배당금을 지급하기 위한 자금을 만들고자 단타 증권 사기극을 벌여, 마이애미에 기반을 둔 건설회사 레나에 5조 8천 3백 6십만 달러의 주가 손실을 초래한 혐의로 마이애미 연방법원에서 유죄 협상을 벌이던 2011년에는 자신의 명예회복에 관한 영화에 직접 주연으로 출연했다. 게다가 2012년에는 수년간 목회를 하던 교회의 공금을 사적인 용도로 유용했다는 사실도 분명해졌다. 이처럼 다양한 사기 행각을 벌였는데도 그가 여타의 직업적 사기꾼이나 연쇄 사기꾼들과 다른 점은, 연방 교도소 수감 중에도 모범적인 수형생활을 했을 뿐 아니라, 더 놀랍게도 방송통신 신학대에서 박사학위까지 취득하고, 나아가 사기 탐지에 관한 회계강의를 하던 위스콘신대학교 교수를 돕기도 했다는 것이다.

민코우의 가장 큰 재능이자 선물은 다른 사람들을 자극하고, 감동과 영감을 줄 수 있는 능력이었고, 가장 큰 실패 요인은 그 커다란 재능을 책임 있게 행사하지 못한 무능력이다. 그의 사업 이력과 경력은 치유할 수 없는 한 인간의 실패작이다. 사람을 부추기고 흥을 돋우고 가려운 부분을 긁어주는 어떤 욕망을 활용한, 실로 놀라운 도덕적인 허풍이라 하겠다. 그는 아마도 많은 에너지를 가지고 태어난 것 같다. 이로 인해 아동기에 집중력 결여와 과잉행동 장애를 진단받기도 했다.

이런 요소들에도 불구하고 왜 그토록 많은 사람들이 그의 속임수에 속아서 희생되었을까? 그에 관한 전기를 쓴 어느 작가는 탐욕, 레이건주의, 카리스마, 유혹에 대한 나약함, 심지어 괴팍스러운 남 캘리포니아의 삶의 방식 등을 포함한 몇 가지를 그 이유로 나열하고 있다. 그러나 이러한 원인 분석으로는 민코우의 성공에 대해 단지 일부만 설명할 수 있을 뿐이다. 나머지는 기업이라는 것이 '계약은 진짜이고 약속은 지켜질 것'이라는 몇 가지 실용적 윤리적 가정에 의존한다는 사실과 관련이 있다. 민코우는 단순한 도둑이나 사기꾼이 아니라, 기업의 바로 그 이상적인 전제를 조롱했던 것이다. 민코우와 같은 인격 특성은 법률을 어기는 것 그 이상을 하기 마련이다. 그의 인격 특성은 기업 관행의 심장에 놓인 신뢰와 선의를 난파시킴으로써 도덕적 무정부 상태를 초래한다. 사기꾼들의 놀라운 사기 행각은 스스로의 인격적 결함뿐만 아니라 사회나 시스템의 허술한 체계와의 결합을 통해 가능했던 것인지도 모른다.

니콜라스 리벤
Nicholas Levene

/ 절친한 유명기업인들을 속인 영국의 금융사기범

니콜라스 리벤Nicholas Levene은 한때 잘나가던 공직자였지만, 절친한 지인들에게 무려 3천 2백만 유로라는 엄청난 액수의 금융사기를 저지른 뒤 13년형을 선고받고 수감 중인 영국의 금융 사기범이다. 그가 금융 사기범으로 철창신세를 지기 전까지는 가족과 친지들로부터 사랑받고 소위 '자수성가'해, 성공한 사람들이 모인 상류사회에서도 부러움을 샀던 인물이다. 그는 프랑스의 리츠나 미국 라스베이거스의 도박장에서 상상을 초월할 정도로 큰 규모로 도박을 즐기는 등 파티와 여행과 도박으로 가득한 초호화 삶을 영위했다. 그러나 문제는 그가 그런 식의 삶을 영위하는 데 필요했던 자금이 바로 선량한 투자자, 게다가 대부분 자신과 가까운 유명 기업인들을 사

취해 얻어낸 것이라는 것이다. 그는 부유층 고객들에게 HSBC, 로이드Lloyds
TBS, 그리고 알루미늄 업계의 거물인 리오 틴토Rio Tinto와 엑스트라타Xstrata의
주식을 일반인들이 살 수 없는 아주 유리한 조건으로 투자할 수 있도록 해
주겠다고 약속해 수천 만 유로를 챙겼다.

　친구들이 비노Beano라고 친근하게 부르는 니콜라스 리벤은 실은 이렇게
엄청난 사기꾼이었다. 그의 사기 행각은 이뿐이 아니라는 게 가까운 사람
들의 주장이다. 그들은 리벤에게, 밝혀지지 않은 적게는 3천만 유로에서 많
게는 1억 5천만 유로에 달하는 또 다른 사기 사건이 있다고 주장한다. 리벤
의 사기 범행은 2005년 4월 그가 태드코 리미티드Tadco Limited라는 회사를 설
득, 임페리얼 에너지Imperial Energy Plc의 주식 14만 주를 매입하자는 핑계로 57만
1,261유로를 내주게 만든 그 순간부터 시작되었다. 그로부터 1년 뒤 다시 티
모시 허친스Timothy Hutchins와 파르비즈 하킴스Parviz Hakims를 속여, 임페리얼 에
너지 사의 주식을 매입하는 데 필요한 돈 100만유로 이상을 제공하도록 했
다. 더 나아가 필립 브라운Philip Brown과 티모시 클링크Timothy Clink를 속여 엑스
트라타와 리오 틴토Rio Tinto의 주식 매입 자금 50만 유로 이상을 받아냈고, 사
이먼 홀든Simon Holden, 마빈 머멜스타인Marvin Mermelstein, 아키바 클레인Akiva Klein,
제이콥 소퍼Jacob Sofer 같은 투자자들을 속여 1천 6백만 유로 정도를 받아내기
도 했다.

　다행스럽게도 그의 사기 행각은 끝이 나고, 2009년 4월에서 9월 사이에 그
는 글렌 콜먼Glenn Coleman으로부터 100만 유로, 러셀 버틀렛Bartlett으로부터 130
만 유로를 ENEL과 리오 틴토 사의 주식 대금으로 챙긴 혐의에 대해 유죄를
인정했다. 법원에 따르면, 그의 사기 범행의 가장 큰 피해자는 버스와 철도

등 운수 재벌인 스테이지코치Stagecoach Group의 공동 창업자인 브라이언 사우터Brian Souter와 앤 글록Ann Gloag 자매였는데, 그들은 리벤에게 무려 1천만 유로나 사취를 당했다고 한다. 리벤은 결국 12건의 사기, 사기에 의한 송금 갈취한 건, 그리고 허위 회계부정 한 건에 대한 유죄를 인정한다.

사실 리벤은 부유층 기업인들의 투자금을 약속대로 주식에 투자하는 대신 휴가와 자동차, 그리고 개인 재산 증식뿐만 아니라 심각해진 도박 중독에 빠져 탕진했다. 만화에 빠졌던 그의 어린 시절부터 친지들에게는 '비노Beano'라고 불리던 증권맨 리벤은 '철수의 투자금으로 영희에게 지불'하는, 신규 투자자들의 투자금으로 불만스러운 이전 투자자들에게 돌려주는 전형적인 다단계 사기를 벌였다. 그렇게 챙긴 돈으로 그와 그의 가족들은 호화스러운 생활을 누렸고, 투자자들이 투자금을 돌려달라고 요구하면 부정직하게 서류를 만들고 거짓 약속을 해 그들을 속이거나 무시했다. 그러나 그의 다단계 사기는 런던의 유명 식당인 카프리스Le Caprice와 아이비The Ivy의 소유주인 리처드 캐어링Richard Caring과 R3 투자 그룹과 전 축구팀 구단주였던 러셀 버틀렛, 건설회사인 랭 오록Laing O'Rourke의 설립자인 레이 오록Ray O'Rourke를 포함한 최고 상류층 피해자들에게 약속을 지키지 못하게 되면서 붕괴되기 시작했다.

재판에서 판사는, 리벤 자신은 엄청난 이익을 챙겼지만 그를 믿었던 투자자들의 신뢰를 완전히 무너뜨리고 다수에게 엄청난 피해를 안긴 그의 행각이 사전에 치밀하게 계획되고 전문적으로 실행된, 전례 없는 다단계 사기라고 판시했다. 오랜 기간에 걸쳐 은폐되고, 사기로 얻은 이익을 더 깊숙이 은폐하기 위해 또 다른 사기를 벌였다는 것이다. 재판을 맡았던 마틴 베도우Martin Beddoe 판사는 무수한 거짓말이 난무했던 그의 행위가 처음부터 사기였으며, 야비하고 부정한 배반의 연속이었다고 판시했다.

리벤에게 속아 금전적 손실을 본 피해자 중 다수는 요트를 비롯해 많은 재산을 소유한 부유층이었다. 더 쉽게 더 빨리 더 큰돈을 갖길 바라는 이들 부자들은 만족을 모르는 너무나 탐욕스러운 이들이어서, 황당할 만큼 더 쉽게 비노 리벤의 다단계 사기의 표적이 되었던 것이다.

리벤의 이야기는 어쩌면 한 사람의 성공과 좌절의 고통이 뒤섞인 우리 시대의 고전적 이야기라고도 할 수 있다. 그는 소위 '카지노 자본주의(Casino capitalism)'를 의인화했다. 카지노가 열리는 방 안에서 가장 '똑똑한 사람'이라고 불리는 자신만을 믿었던 사람들과 더불어 자본의 거대한 전성기를 누렸지만, 오늘날 리벤은 범죄자 신세가 되었을 뿐이다. 그들의 전화기에서 이미 리벤의 연락처는 지워졌겠지만, 금융과 부동산 분야의 큰손들 중 일부는 한때나마 그의 회사와 더불어 풍요와 부를 굶주린 사람처럼 즐겼을 것이다.

리벤은 사실 '친구 만들기와 사람들에게 영향 미치기'라는 주제로 책을 저술해도 될 정도로 뛰어난 동물적인 감각이 있었다. 우리가 사는 이 정글에서 가장 살찐 고양이가 누구이며 어디 있는지를 찾아낼 수 있는, 고성능 렌즈가 내장된 금융 경기의 사냥꾼과 같았다고 한다. 그는 골드만삭스Goldman Sach's 유럽 총책의 40번째 생일 파티 초대장을 구할 수도 있었고, 너무나 유명한 '수퍼우먼'인 니콜라 홀릭Nicola Horlick과도 동업자가 될 수 있었다. 뿐만 아니라 그는 사람들의 허점과 약점도 잘 파악하고 있어서, 구하기 어려운 공연 티켓을 구해주거나 고급 매춘부를 알선해주기도 했다. 또한 기업인들의 자선모임에도 늘 정기적으로 참석해 자선 경매에 큰돈을 걸었다. 그러한 행동으로 그는 박애주의자가 되는 데 성공했고, 모임에서 영향력 있는 중요한 사람들에게 감명을 주고 그로 인해 다른 금융계 인사들과도 친분을 쌓을 수 있었다. 그리고 선물을 이용해 자신에게 훨씬 더 큰 보상을 가져다 줄 유용한 접촉을 성사시켰다. 이 얼마나 영리한 투자인가?

스테이지코치의 공동 창업자인 브라이언 사우터와 앤 글록 남매에게 천만 유로를 갚지 못하자 결국 다단계사기가 들통이 나고, 리벤은 잠시 사라져 종적을 감춘다. 그러나 얼마 지나지 않아 그는 프라이어리 클리닉^{Priory Clinic}에 다시 출현해 도박중독을 치료받는다. 하지만 많은 사람들은 리벤이 자신에게 가해질 형량을 줄이기 위한 술책을 부린 것이 아닐까 의심했다. 그가 카지노 계의 고래라고 할 만큼 거대한 도박꾼이었다는 분명한 증거도 있긴 하다. 그는 한때 한 번에 3천 6백만 유로를 잃기도 하고, 축구 경기에서 7백만 유로를 잃기도 했다. 검찰의 수사 결과에 의하면, 그는 2005년에서 2009년 사이에만 무려 5천 8백만 유로를 도박에 탕진한 것으로 알려지고 있다. 뿐만 아니라 호화로운 생활을 위해서도 엄청난 가격과 규모의 호화 대저택, 빌라, 별장, 호텔의 특실, 자가용 제트기 임대, 파티와 화려한 자선행사 등 호화로운 삶을 영위하는 데 1천 8백만 유로 이상 사기로 축재한 돈을 퍼부었다고 한다.

과연 무엇이 리벤과 같은 사람을 잘못된 길로 이끌었을까? 무엇이 그가 이처럼 부정된 짓을 저지르게 만들고, 아내를 반 미치게 만드는 행동을 하도록 했으며, 사랑하는 사람들과 아이들에게 상처를 주게 한 것일까? 그는 토끼 같은 치아와 평발을 가졌지만 눈치가 빠르고 재치 있는 사람이었다.

그러나 그러한 이면에 그는 모종의 비밀을 숨기고 있었다. 어머니는 정신분열을 일으켜 그에게 늘 불안과 긴장을 안겼다. 그는 살아남기 위해 거짓말을 했고, 평생 비밀스럽고 공상에 빠진 삶을 살아갔다. 그의 어린 마음에 상처를 남긴 두 번째 심리적 충격은 아버지의 사업 실패였다고 한다. 투철한 기업가 정신이 남자의 척도였던 당시 런던에서 사업 실패는 거대한 충격이자 타격이었고 그때부터 그는 아버지의 실패를 보상하려고 노력했다고 한다. 얼마 뒤 한창 10대의 반항기에 접어든 그가 14살이던 해에 가족은 이스라엘로 이민을 가게 되고, 때문에 그는 더욱 고립되고 불안감을 느끼고 외로워했다. 그에게는 너무나도 크고 심리적으로도 매우 힘겨운 변화였다. 이를 보상받기 위해 그는 공격적이고 영리한 이스라엘식 자본주의 문화를 흡수하게 되었다. 그가 다시 런던으로 되돌아온 1980년대 중반에는 그의 그러한 기질이 금융자본주의 혁명에 이상적인 후보자였다. 그는 모든 면에서 탁월한 장사꾼이자 상인이었다.

1986년 그는 이미 런던 증권거래소에서 논란의 여지가 없을 만큼 가장 우수한 거래인이었다. 증권거래소는 매우 위협적이고 공격적일 수밖에 없었으며, 마치 포커 게임을 하는 것 같았고, 속임수를 쓰고 교활해야 했으며, 그런 특성에 자신이 아주 잘 맞았다고 그는 밝혔다. 그처럼 용감하고 새로운 금융 세계는 도박에 대한 그의 욕망을 더욱 키웠을 뿐이었다. 하물며 그의 상사들도 그에게 회사의 계좌를 이용해 사적인 거래를 하도록 부추겼다. 리벤은 1988년 노무라증권에서 스카우트 제의도 받았으나 작은 욕심이 빚은 실수로 성사되지 못한다. 소규모 증권회사에서 착실히 경력을 쌓아 결국은 연 100만 유로 이상의 소득을 올리는 성공적인 증권인으로서 증권 회사의 전무 자리에까지 오르게 된다. 이런 성공을 토대로 그는 금융과 투자 분야의 주요 인물들과의 개인적이고 사업적인 관계와 친분을 자랑하게 되었다.

그러나 그에게는 이런 성공으로는 충분하지 않았는데, 도박에 중독된 악마가 통제되지 않았던 것이다. 그는 도박 중독자가 되었다. 판은 점점 더 커지고 그에게 얼마나 많은 돈을 잃고 따느냐의 여부는 중요하지 않았다. 오직 자신이 얼마나 내기를 걸 수 있는지가 문제였다. 두려움도 없고 조심성도 사라진 그는 필요한 조사도 하지 않은 채 운동경기나 기타 이벤트에 엄청난 규모의 금액을 베팅하기 시작했다. 급기야 2001년에는 그의 고용주가 리벤에 대해 한 카지노 회사가 파산 신청을 했음을 알게 되고, 그는 명예와 직장을 송두리째 잃게 된다. 그러나 그는 포기하거나 주저앉지 않았다. 또 다른 기회를 헤지펀드 같은 곳에서 찾았고, 예리하고 명석한 그는 여기서도 대성공을 거두어 2005년에는 소득이 2천만 유로에 달했다고 한다. 그러나 이런 성공조차 욕심 많은 리벤에게는 그저 작은 감자에 지나지 않았다. 그에게는 2천 5백만 유로의 연봉을 받는 친구들도 많았다. 끝없는 탐욕과 도박은 그를 완전히 중독된 사기꾼으로 만들어갔다. 결핍과 욕망은 한 인간의 인생을 뒤흔드는 마약과도 같은 상처를 남긴다.

페르디난드 왈도 데마라 주니어
Ferdinand Waldo Demara Jr.

/ 돈이 아니라 존경을 얻기 위해 신분을 사칭한 위대한 협잡꾼

영화〈위대한 사칭꾼(The Great Impostor)〉의 모델이자 영감을 주었던 페르디난드 왈도 데마라 주니어Ferdinand Waldo Demara Jr.는 60 평생 대부분을 자신이 아닌 다른 누군가의 신분으로 살았다. 그는 한국전쟁 당시 1년 이상, 캐나다 해군의 독학한 외상외과 의사 행세를 포함해 적어도 10여 가지 이상의 신분을 도용했다고 한다.〈뉴욕 타임스〉는 그의 행적을 다루면서, 그가 때로는 가톨릭 트라피스트회 신부로, 심리학 박사로, 소규모 대학의 철학 과장으로, 법학 전공학생으로, 동물학 대학원생으로, 직업 연구원으로, 전문대학 강사로, 캐나다 해군 외과의사로, 교도소 부소장으로, 그리고 교사로서 살았다고 소개했다. 흥미로운 지점은, 그가 종종 생존해 있는 사람들의 이름과 신

용을 빌렸다는 것이다. 이러한 행적으로 인해 그는 사기, 절도, 위조, 그리고 횡령 혐의를 받았다. 그가 어떻게 그 많은 다양한 직업과 신분으로 위장하고 사칭할 수 있었을까, 흥미롭지 않을 수 없다. 많은 사람들이 그의 높은 지능지수와 탁월한 기억력을 언급한다. 그 좋은 두뇌와 기억력이라면 어디서 무엇을 하건 성공할 수 있었을 텐데도 그가 왜 합법적인 직업이나 경력에 활용하지 않았을까 의문이다. 그의 행적을 바탕으로 쓰인 책『위대한 사칭꾼』에서는, 그가 자신의 행동들을 '순수한 악당의 소행'이라고 주장했다고 기록했다.

데마라는 목표에 쉽고 빠르게 도달하기 위해 다른 사람들의 신분을 이용했던, 다채롭고 매우 지능적인 사람이었다. 오랜 시간에 걸쳐 그가 사칭한 신분이나 직업은 앞서 언급했던 대로 캐나다 해군 군의관이자 외과의사, 교각을 설계하는 토목기사, 부 보안관, 교도소 부소장, 응용심리학 박사, 변호사, 아동보호 전문가, 신부, 편집자, 암 연구가, 교사, 그리고 생애 마지막에는 병동의 목사로도 활동했다. 그의 이런 화려하고 다채로운 경력은 유명한 〈라이프〉와 〈타임스 매거진〉을 비롯한 다수 신문사와 출판사들의 관심을 받고 기사화되기에 충분했다. 그의 이야기는 세 권의 책으로 출간되었고 심지어 영화로 제작되기도 했다. 특히 한 번은 실제로 언론에서 중요한 뉴스거리로 다루어 졌다. 그가 한국 전쟁에 참전한 캐나다 해군 군의관으로서 부상당한 한국군 장병 16명을 수술하는 데 성공했고, 물론 이로 인해 뒤에 신분 도용과 사칭이 들통 나기도 했고, 심지어 대학을 설립한 적도 있다는 그의 인생사는 세간의 이목을 끌기 충분했다.

그런데 그가 더 유명해진 이유는 따로 있다. 그처럼 다양한 직업과 사람을 사칭했지만 그가 사칭한 직업들에 대해 사전 경험이 전혀 없었는데도 그 모두를 성공적으로 수행했다는 점, 더불어 누군가를 사칭해 금전적 이익을 얻거나 추구하지 않았으며 오로지 '일시적인 존경(temporary respectability)'만을 추구했다는 점이다. 뿐만 아니라 그를 고용한 대부분의 고용주들도 그를 전혀 의심하지 않았을 뿐 아니라, 피고용인으로서 데마라에게 만족했다고 한다. 그는 정말로 정확하고 상세한 기억력과 비상한 지능을 가졌다고 한다. 각종 교재로부터 필요한 기술과 수법들을 정확히 기억할 수 있었고, '입증의 책임이 원고(상대방에게 죄고 있다고 주장하는 자) 측에 있으며, 위험해지면 공격하라'는 두 가지 기본 규칙을 잘 알고 활동했다고 한다. 심지어 스스로도 자신의 동기를 그냥 '그저 진정한 악행'이었을 뿐이라고 기술했을 정도이다.

데마라는 1921년 매사추세츠 주 로렌스 시에서 태어났다. 아버지는 극장의 영사기 기사였으며, 할아버지는 부유했다. 집안이 다수의 극장을 소유하고 있었던 상류계층으로서 가족들이 도시의 상류계층 주거 지역에서 살았다고 한다. 그러나 미국의 대공황 초기에 아버지가 재정적인 곤란을 겪게 되자 그의 가족은 빈곤 지역으로 이주해야 했다. 바로 이 시기 1937년, 16세인 그는 집을 나와 시토 수도원에 가고 그 후 1941년 미 육군에 자원 입대한다. 군에 입대하고 1년 두 무단 탈영하고부터 그는 다른 사람의 이름과 직위와 신분을 사칭하기 시작한다. 그의 어린 시절에 대해서는 알려진 내용이 거의 없지만 전 생애에 걸쳐 기독교에 대한 관심을 유지했고, 바로 그 기독교에 대한 관심과 흥미를 사기 행각에 활용하기도 했다.

그는 탈영 후에는 앤서니 이그놀리아Anthony Ignolia라는 이름으로 또 다른 수도원에서 살다가 다시 해군에 입대한다. 해군에서도 그는 허위로 자살한 뒤, 로버트 링컨 프렌치Robert Lincoln French라는 이름으로 종교 심리학자의 역할을 수행하기 시작했다. 이 경험으로 얼마 후 대학 심리학과에 자리를 구해 강의를 하게 된다. 그러나 가르치는 일에 실증과 지루함을 느낀 그는 로스앤젤레스의 요양소 잡역부로 일하다가 다시 워싱턴 주로 옮겨, 그곳의 한 대학에서 다시 강의를 한다. 그러나 FBI에서 탈영 혐의로 그를 체포해 18개월 형을 받게 함으로써 그의 사칭 행각은 멈추게 된다. 연방교도소에서 출소한 뒤 그는 한 기독교 형제원에 합류해 한 젊은 의사와 친해지고, 그 계기로 한국전쟁 동안 파병된 캐나다 해군의 함상 응급 외과의사로 행세하게 된다. 그는 실제로 전투에서 부상 당한 16명의 한국군 장병들에게 수술을 집도했는데, 수술하기 전 방으로 급히 들어가 그 짧은 시간 동안 수술 교본을 보고 수술 방법을 외워 수술을 집도했다고 한다. 물론 그에게서 수술받은 모든 환자가 생존했다고 한다. 이 일이 언론에 소개되고 그가 사칭했던 실제 의사가 나타남으로써 그의 사칭 행각이 발각되었지만, 해군에서는 처음에 그가 외과의사가 아니라는 사실을 믿지 않으려 했다. 그 후에도 그에게 아무런 혐의를 두지 않고 그냥 퇴역만 시켰다고 한다.

그런 뒤 그는 대학을 설립하고 교도소 부소장으로도 일했으며 구호소의 상담원으로도 일하고, 46세에 성경을 공부해 대학원 수료증을 받기도 하고, 병원의 원목으로도 일했다.

데마라가 이처럼 다양한 사람과 직업, 그리고 직위를 사칭하는 데 성공하거나 흉내를 낸 데는 그만한 철학이 숨겨져 있다고도 한다. 그는 자신의 전기 작가에게, 자신이 성공적으로 사칭할 수 있었던 이유는 과거 그 누구도 차지하지 않았던 지위나 직업에 잘 어우러졌기 때문이라고 밝혔다. 자신은 두 가지 신념을 갖게 되었는데, 하나는 어느 조직에서나 누구도 소외시키지 않고도 건질 만한, 활용되지 않고 느슨한 권력과 권한이 아주 많이 놓여 있다는 믿음이다. 다른 하나는 자신이 권력을 원하고 확대시키고자 한다면 다른 사람의 권한이나 권력을 침해하거나 악용하지 말고 새로운 것을 열라는 신념이었다. 그렇게 함으로써 기득권자나 다른 구성원들과 경쟁하지 않아도 되고, 과거의 표준으로 자신을 저울질하지도 않을 수 있다는 것이다.

세상을 속인 천하의 사기꾼들, 예를 들어 6조 5천억 달러의 다단계 사기를 벌인 폰지에게 있어 범행의 동기는 분명 돈이었지만, 데마라에게는 그의 사기 행각의 근본 동기가 결코 돈이 아니었다고 한다.

돈이 목적이 아니라면 이러한 사기꾼들로 하여금 주변 사람들을 사칭하고 사취하게 만드는 근원은 무엇일까. 학자들은 아마도 사기로 얻을 수 있는 '힘과 흥분감(power and thrill)'일 것이라고 주장한다. 정부 모든 기관에서 많은 인력과 자금을 동원해 당신이 누구인지 찾아 나서고 당신은 세상의 중심에 선다. 물론 그래도 대부분의 사기는 금전적 이득이 그 주된 동기이다. 그러나 그들로 하여금 사기를 지속하게 하는 다른 핵심 동기들도 자리하고 있을 것이라고 한다. 인성특질의 "어두운 삼각편대"라고 할 수 있는 '권모술수주의(Machiavellianism)', '자기중심주의(Narcissism)', 그리고 '반사회적 인성(Psychopathy)' 등 말이다. 대부분의 사기꾼들에게서 나타나고 있는 이들 기질들은 의아하게도 변호사, 기업인, 정치인들에게서도 발견되고 있다.

데마라가 아무리 지능이 뛰어나고 기억력이 비상했다고 하지만 그토록 오랫동안 그렇게 많은 직업과 지위를 성공적으로 사칭하고 또 사람들은 쉽게 속을 수 있었을까? 사기술에 관한 연구를 한 어느 심리학자는 저서, 〈신용사기: 왜 우리는 매번 속을까(Confidence Game: Why We Fall for It...Every Time)〉에서 그 이유를 다음과 같이 설명하고 있다. "우선 사기꾼들은 진짜 뛰어나며, 실제로 카리스마가 있다. 심지어 여러분이 사기꾼들이 나쁘다는 걸 알고 있다 해도 여러분은 결국 무의식 중 그들이 매력적이고 좋은 사람이라고 생각하게 된다"는 것이다. 인간의 복잡한 심리가 사기꾼을 만들어내고, 또 그 알 수 없는 인간 심리가 그들에 대한 신화를 강화하는 것인지도 모르겠다.

산트 킴즈와 케네스 킴즈
Sante and Kenneth Kimes

/ 모정인가 비정인가? 사기꾼 모자의 사기와 살인 행각

킴즈Kimes 모자는 살인, 강도, 위조, 보험사기, 심지어는 반노예법 위반(Anti-Slavery Laws)을 비롯한 100여 건이 넘는 각종 범죄 혐의로 100년 이상의 장기형을 선고받은 미국의 사기꾼 모자이다. 어머니와 아들이라는 조합은 공범 관계에서 찾아보기 쉽지 않다. 법원의 기록에 따르면, 어머니 산트 킴즈Sante Kimes의 본명은 샌드라 루이 Sandra Louis Singhrs로, 동인도 출신의 아버지와 네덜란드계 어머니 사이에서 1934년 7월 24일 미국 오클라호마에서 태어났다. 그러나 그녀의 출생에 관해서는 스스로도 전혀 다른 여러 이야기를 했고, 정확한 사실 관계를 확인할 길이 없었다고 한다. 아마도 그런 이유에서 아들인 켄트 워커Kent Walker마저도 그녀의 출생증명서가 조작되거나 위조되었을

수도 있으며, 또한 그녀의 조상이 라틴 계통에서 동인도계, 심지어 아메리칸 인디언에서 백인까지도 될 수 있다고 말한 바 있다.

켄트 워커는 자신의 책 『야바위꾼의 아들(Son of a Grifter)』에서, 산트 킴즈가 어린 딸의 거칠고 기괴한 행동을 채 다스릴 수 없었던 점잖은 가정의 딸이었다는 어머니 지인들의 주장을 기록하고 있다. 반면 산트 자신은 아버지가 노동자였고, 어머니는 오클라호마 시에서 로스앤젤레스로 이주해 온 매춘부였다고 주장했다. 어린 킴즈는 그 로스앤젤레스 길거리를 활보하고 다녔다. 산트 킴즈는 1952년 고등학교를 졸업하자마자 동창생 남자친구와 결혼했으나 몇 달 만에 이혼한 뒤 또 다른 고교동창생 에드 워커Ed Walker와 재혼해 아들 켄트 워커를 낳았으나 다시 이혼, 곧이어 부동산업자인 케니 킴즈Kenny Kimes와 재혼하고 나중에 동업자가 되는 아들 케네스 킴즈Kenneth Kimes를 낳았다.

산트 킴즈는 평생을 세세한 사기 수법이나 방화, 위조 또는 절도행각을 벌여 사람들로부터 부동산, 금전, 그리고 값비싼 장비나 기계 등을 탈취하며 보냈다고 한다. 아들이 쓴 책, "야바위꾼의 아들"에 따르면 그녀는 여러 번 보험사기를 저질렀는데, 그중 대부분이 방화를 하고 재산손실에 대한 보상금을 수령한 케이스였다는 것이다. 그녀는 남편을 대사로 소개하기를 즐겼다. 그런 책략으로 심지어 부부가 포드Ford 대통령 시절 백악관 환영 만찬에도 갈 수 있었다고 하며, 가끔은 심지어 그녀와 약간 닮은 외모였던 유명 여배우 엘리자베스 테일러Elizabeth Taylor인 양 행세하기도 했다는 것이다. 워커는 또한 어머니 산트가 어렵지 않게 임금을 줄 수 있었는데도 가정부들에게 임금을 체불하고 노예처럼 부리거나, 쉽게 팔 수 있는 집을 태워버리는 짓을 하는 등, 재정적으로 그리 도움 되지도 않을 법한 다수의 기행과 사기 행각까지도 일삼았다고 주장했다. 그녀는 종종 젊고 오갈 데 없는 무주택 이민자들에게 주거와 일자리를 주겠다고 제안해 데려와 일꾼처럼 부렸으며 말을 듣지 않고 지시를 따르지 않으면 이민국에 신고하겠다고 협박해 인질로 삼기도 했다는 것이다.

대중적으로 잘 알려진 산트의 첫 번째 사기는, 아들이지 동료인 케네스를 즐겁게 하고, 위로하고, 칭찬하며, 인정받을 수 있도록 해주려고 고안된 우스운 사건인 듯하다. 1971년 말, 그녀와 케네스는 미국혁명 200주년 기념 포스터와 범퍼 스티커를 팔아 돈을 벌자는 계략을 꾸몄다. 보도에 의하면, 200주년 기념사업위원회로부터 공식적인 허가도 받지 않고 1972년, 케네스를 미국 200주년 명예 대사(Honorary Bicentennial Ambassador)로 극찬하는 언론 보도문에 위원회의 표식을 사용했던 것이다. 그 문건에서 그녀는 케네스가 국무부장관과 UN으로부터 세계 학생들에게 기여한 공로로 인정을 받았다고 밝히고 있다. 믿겨지지 않겠지만, 실제로 그녀는 케네스가 200주년 기념위원회로부터 공식적으로 인정받도록 만들었으며, 이듬해에는 로즈 볼 페스티벌Rose Bowl Festival에서 애국주의에 관한 연설을 할 수 있도록 했다. 의도적으로 필요한 서류를 조작, 위조해 당시 영부인 팻 닉슨Pat Nixon을 만나게도 했다. 1974년에는 포드Ford 부부가 주최한 파티에도 참석하게 되고, 바로 거기서 대통령과 산트Sante 부부가 함께 사진도 찍는다. 놀라운 것은 킴즈 부부가 어떻게 대통령 경호실(Secret Service)의 검문을 통과했는지 여부인데, 이에 대해 FBI 연방수사국이 수사를 하게 된다.

그들은 정부가 200주년을 맞이해 기념행사를 다양하게 펼칠 것이고, 그중에서도 200주년 기념 포스터를 전국의 공공기관에 부칠 것이라고 확신했다. 그 포스터를 정부에 공급할 수 있다면 큰돈을 벌 수 있으리라 짐작한 것이다. 이를 위해 그들에게 필요했던 신용과 신임을 쌓기 위해 시민단체를 대상으로 애국주의를 설파하고 다녔다. 그 일환으로 스스로를 미국 200주년 기념사업 명예대사로 자칭했으며, 공식적인 재가가 필요해지자 계략을 꾸며 팻 닉슨을 백악관에서 만날 수 있게 되었던 것이다. 그들은 백악관 고위관료가 닉슨 부부에게 대단한 공화당 기부자요, 조국에 되돌려주고 싶어하는 독지가인 이들 부부와 면담해줄 것을 요청하는 양 백악관 문서를 위조해 경호실을 통과할 수 있었고, 포드 부부도 면담하고 함께 기념사진까지 촬영할 수 있었던 것이다.

그러나 1978년, 산트의 사기극 하나가 중대한 계기를 맞이한다. 당시 산트가 호놀룰루Honolulu의 집에서 도둑을 맞은 비단 벽걸이에 대한 피해보상금 10만 달러를 지불하지 않고 있는 보험회사를 상대로 한 소송에 변호사 찰스 캐털린Charles Catterlin을 고용하면서부터다. 캐털린은 보험은 사실이지만 비단 벽걸이는 존재한 적도 없었다는 결론에 도달하게 된다. 변호사에 의하면 산트는 사기와 관련된 법률에 대해 누구보다도 더 많이 알고 있었다고 한다. 그 뒤에도 캐털린은 산트가 남편에게 사준 롤렉스 시계에 대한 허위 보험도 청구했으며, 캐딜락 승용차도 시험 운전을 빌미로 사취했다고도 진술했다. 그는 물론 변호사 수임료조차도 받지 못했다. 산트는 보험료를 받기 위해 자신의 집에 직접 방화를 하고 호눌룰루를 떠났다고 한다. 그녀를 찾기 위해 전과 기록을 확인한 결과, 단순절도, 자동차 절도, 신용카드 위조는 물론이고 20건의 신분위조까지 있었다고 한다.

1994년 케네스가 사망하지만 그는 산트에게 재산을 전혀 남기지 않았다. 부귀영화를 잃게 될 상황에 직면한 그녀는 재산을 훔치기 시작했고, 또 다른 케네스 킴즈라는 동명이인의 사회보장(Social Security) 번호로 사망 증명서와 기타 서류를 위조해, 남편이 사망한 사실을 그의 상속자들에게 2년간이나 숨길 수 있었다고 한다. 그렇게 그의 부동산을 다 빼먹은 뒤 상속자들에게는 돌아갈 것이 전혀 없게 만들었다는 것이다.

아마도 킴즈 모자가 저지른 마지막 범죄는 살해인 것 같다. 뉴욕의 어느 부유한 미망인이 살해되자 그녀의 고급 아파트에 가장 마지막 세입자였던 그들 모자가 가장 유력한 용의자로 지목된 것이다. 이들 모자에 대한 전모가 밝혀질수록 사람들이 상상했던 이상의 이야기들이 쏟아져 나왔다. 미소가 아름답고 잘생기고 스타일도 좋은 케니가 어느 날 그 미망인 실버맨Silverman의 아파트를 찾아간다. 자기는 캘리포니아의 팜비치에서 온 사업가 매니 게린Manny Guerrin인데, 오랫동안 실버맨의 단골 정육업자였던 루디 배커리Rudy Vaccari의 아들이자 플로리다에서 보험 중개인으로 일하는 폴 배커리Paul Vaccari로부터 소개받아 왔노라며 임대계약을 요청한다. 입주 후 일주일이 지나도 신분을 증명하지 않자 실버맨은 퇴거해달라고 요청했으나 아파트를 비워주지 않자, 관리인에게 퇴거 절차를 밟으라고 지시한다. 여느 날과 같이 파티에 참석했던 손님들이 돌아간 뒤, 마침 연휴를 맞아 직원 모두가 휴가를 떠나고 혼자 있던 가정부가 애완견 산책을 시키고 돌아온다. 그런데 실버맨이 흔적도 없이 사라졌다는 것이다. 경찰의 집중적인 수사로, 용의자로 지목되었던 그들 모자가 검거된다.

그들이 검거되자 그들 모자에 대한 다양한 증언들이 쏟아졌다. 우선 모자가 공범으로서 다수의 범행을 저질렀다는 게 가장 특이한 점으로 회자되었다. 경찰은 그들 모자가 전문가이고, 폭력적이며, 냉혈한 범죄자라고 기술했다. 뿐만 아니라 그들은 법집행 기관에 대해서도 가장 비정상적인 용의자였다고 한다. 실버맨 살인사건은 이들 킴즈 모자를 둘러싼 여러 미스터리 중 하나에 지나지 않는다. 케니는 보모를 여럿 둔 부유한 가정에서 가정교사를 두고 자랐으며, 세계적인 휴양지를 돌며 생활하고, 어머니의 강요로 중퇴할 때까지는 캘리포니아대학교 산타 바바라 캠퍼스에 다녔던 청년이다. 당시 산트는 빈곤가에 사는 야바위꾼이자 사기꾼이 아니라, 워싱턴의 매력적인 여성 로비스트였다. 그럼에도 불구하고 방화에서부터 치밀한 재정적 사기, 그리고 살인에 이르기까지, 산트만큼 다양한 범행을 꾸미고 실행한 여성은 범죄 연대기 어디서에서도 찾아보기 어려울 것이다.

킴즈 모자는 사기는 물론이고 살인 또한 재정적, 경제적인 이유로 저지른 범죄다. 그들의 재정적 동기는 화려한 생활을 지속적으로 영위하기 위해, 그리고 흔적을 숨기기 위한 것으로 알려지고 있다. 그들 범죄의 피해자들은 자기들의 사기에 이런 저런 형태로 관련되거나 관여한 이들이었다. 더불어 피해자들 가운데 다수가 부와 명예를 누리는 상류층 사람들이었다는 것도 그들 범죄의 또 다른 특징이다.

모자에 대한 선고공판 과정에서 산트는 자신의 변호사를 포함한 사법당국에 대해 자기들을 함정에 빠뜨렸다고 비난하는 장문의 진술을 하고, 자신을 기소한 검사들이 사실은 '헌법'을 말살한 죄를 저질렀다는 주장을 판사가 조용히 하라고 명령할 때까지 떠들어댔다고 한다. 그녀의 진술이 끝나자, 판사는 산트 킴즈는 소시오패스(Sociopath)이자 낙오자이며, 아들 케니는 얼간이에 '봉'이며 '죄의식 없는' 약탈자라고 판시하며 모자에게 최고형을 선고했다. 이 모자의 사건은 세간의 흥미와 관심도 많이 끌었다. '그 어머니에 그 아들: 산트 킴즈와 케니 킴즈의 이상한 이야기'와 '살인이라 불리는 작은 것'이라는 제목의 텔레비전 드라마로 제작, 방송되었고, 〈타락한 무관심〉이라는 소설로도 발표되었다고 한다.

아들마저 사기꾼의 세계로 이끈 어머니의 동기는 과연 모정이었을까, 비정이었을까?

the lady that I live with

Chapter 4

세상에 이런 걸로도
사기를 치다니!

독특하고 창의적인 요지경 사기꾼들

벤저민 로고비
Benjamin Rogovy

/ 하느님과 기도까지 팔아먹은 유료 온라인 기도 대행 사기범

2011년부터 2015년까지 무려 4년 동안이나 무려 1천 3백만 명에 가까운 페이스북 친구를 거느린 웹사이트 CFC(Christian Prayer Center)는 기도를 원하는 사람들에게 미화 9달러에서 35달러를 받고 대신 기도해주는 온라인 사업을 했다. 사이트에 접속한 방문객들은 기도 요금을 내고 나자 하나님이 건강한 자녀를 주었고, 1등에 당첨된 복권을 주었으며, 전세금 낼 돈을 주었고, 뿐만 아니라 후천성 면역결핍증 (HIV/AIDS) 검사도 음성으로 판정받도록 해주었고, 심지어 암 검사도 통과하게 해주었다고 주장하는 종교 지도자와 일반 신도들의 간증을 보고 들을 수 있었다. 그 결과, 무려 12만 5천명이 자신을 대신해 기도해 달라며 비용을 지불했고, 2011년부터 2015년 사이에 그들

이 40만 번 이상 돈을 전송했다. 이 사이트를 만든 벤저민 로고비Benjamin Rogovy 는 손에 7백만 달러 이상의 돈을 거머쥘 수 있었다. 당시 가장 유명한 종교 사이트였던 IHP(International House of Prayer)보다도 팔로워 수가 더 많을 정도로 승 승장구했지만, 문제는 사실상 사기였다는 점이다.

웹사이트에 게시된 간증들은 너무나 찬란한 것들이었다. "칼슨Carlson 목 사"가 그들을 위해 기도해주었더니 하나님께서 그 기도에 응답해 건강한 아이도 생기고, AIDS도 치료되고, 복권도 당첨되게 해주었다고 간증한 것이 다. 목사가 압류된 주택도 구해주었고, 암도 진정시켰다는 간증도 있었다. 물론 그는 아무것도 하지 않았다. 즉, 온라인 기도 서비스는 사기였다. 검찰 의 발표에 따르면, 로고비는 '불공정하고 기만적인 영업 관행'을 저질렀으 며, 무언가에 의지하고 기도하고 싶은 사람들의 간절함과 절박함을 악용해 피해자들을 사취했다.

먼저 사이트에 등장하는 간증들부터 가짜였다. 행복해하는 고객들의 사 진들도 어딘가에서 무단으로 가져온 영상(stock footage)들이었다. 매주 정기적 으로 전자우편을 보내고 링크드인LinkedIn 페이지를 갖고 있던 "존 칼슨John Carlson"이라는 목사도 가공의 인물이었다. 모든 서신과 통신문은 실제 존재 하지도 않는 '에릭 존스턴Eric Johnston'이라는 목사의 서명으로 이루어졌다. 결 국 로고비가 고객을 대신해 기도를 해주고 상응한 서비스 요금을 받는 것 자체는 문제되지 않을지 모르나, 돈을 받기 위해 그가 한 행위, 가짜 간증, 가짜 목사 등은 당연히 사기 행위에 해당된다. 사법당국에서도 이점을 놓 치지 않고 수사했던 것이다.

로고비는 이러한 기만적인 전략을 악용해 사람들을 유인하고 그들이 힘들게 번 돈을 갈취한 셈이다. 그는 기도가 간절한 사람들에게 기도를 해주고 원하는 바를 이루게 해주겠노라고 유인해, 환불 불가인 신용카드 결제를 반복 요구했다. 로고비의 그런 방식에 자신의 승인도 없이 자신의 이름을 도용했다고 주장하는 실제 칼슨 목사는 로고비의 그러한 기만적인 방식에 분개했다. 로고비는 이렇게 가공의 목사뿐만 아니라 실존하는 유명 목사의 이름을 도용하고, 가짜 간증과 떠돌아다니는 영상이나 사진들을 악용해 12만 5천명으로부터 7백만 달러 이상을 갈취했다.

그를 수사했던 워싱턴 주의 검찰총장 밥 퍼거슨Bob Ferguson은 정해진 기간까지 신청한다면 사기당한 고객들이 기도 비용을 전액 환불받을 수 있다고 했다. 자신도 기도의 힘은 백번 믿긴 하지만, 종교에 대한 믿음이나 도움이 필요한 사람들을 이용해 사람들을 착취해 금전적인 욕구를 충족시키는 불법적인 영업은 결코 믿을 수 없고 절대 용납하지도 않을 것이라고 강조했다.

로고비는 한 술 더 떠서 고객들이 기도를 위해 비용을 지불하겠다고 서명하고 나면, '지속적 축복(continued blessing)'을 받기 위해 월정액을 지불하도록 유혹하는 혼란스러운 화면으로 안내하는 웹페이지를 설계했다. 화면에 보이는 정보는 헷갈리기 쉬운 형태와 내용이 게재되어 있고, 고객이 직접 취소하기 전까지는 계속해서 정액이 청구된다는 사실을 모호하게 안내하는 것이었다. 그의 욕심은 여기서 끝나지 않았다. 그의 웹사이트는 센터 소속 목사들이 어떤 종교의식이라도 도와줄 수 있는 서비스를 제공한다고 공지해, 마치 자신의 CPC(Christian Prayer Center)에 종교 문제에 대해 정기적으로 상담과 자문을 해주는 목사가 다수 소속된 양 보이게끔 했다. 그러나 실은 소속

된 목사는 단 한 명도 없었다. 오히려 그 사이트는 다수의 직원과 개별 계약자들을 둔 영리 목적의 기업이었다. 로고비의 또 다른 사기인 크리스찬 내셔널 처치Christian national Church도 역시 영리 목적의 조직으로, 가짜 목사인 "파커 로빈슨Parker Robinson"이 운영했다. 아직도 그들은 유일신을 믿고 예수를 자신의 구세주로 받아들이며 자신의 원죄에 대한 용서를 바라는 사람들에게 139달러를 받고 안수 증명서를 발급하고 있다고 한다.

종교의식이나 기도뿐만 아니라 여기서는 또 다른 사기도 벌였는데, 소위 '소비자고충기관(Consumer Complaint Agency, CCA)'이다. 25달러의 비용을 수수료로 송금하면 소비자의 손실이나 손상 등을 기업에 책임 지우겠다고 약속했으나 실제로는 서류 접수 외에는 거의 아무런 조치도 취하지 않았다. 그야말로 고객을 사취한 것이었다. 나중에 검찰의 수사로 알려졌지만 로고비는 웹사이트를 일부러 '소비자고충기관'이라고 명명해, 민원인 고객들에게 마치 국가기관, 법무법인 또는 공공기관처럼 보이게끔 현혹했다. 마치 소청을 정식으로 정리해주는 양 꾸몄던 것이다. 물론 실제로는 결코 그런 업무를 하지 않았고 따라서 또 하나의 사기혐의가 그에게 더해졌다. 그는 그 웹사이트를 마치 공공기관인 것처럼 속이기 위해 정부 인지처럼 보이는 씰seal을 사용하고, 소비자들이 '공식적으로 제소'를 해야 하며, '기업에 책임을 묻겠다'라는 등의 표현을 사용했다. 또한 '사건번호'와 같은 법률 용어를 사용하고, '소비자를 대신해 조치를 취하겠다'는 등의 기술로 소비자에게 마치 전문적인 법률 지원을 하는 듯한 인상을 심었다. 그러나 해당 사이트는 당연히 정부기관도 아니고 변호사도 고용하거나 자문을 받지도 않았으며, 단순히 민원을 기업에 전달하며 15일 내 회신해달라는 요청만 했을 뿐이다.

로고비가 종교를 빙자해 이런 사기 행각을 벌일 수 있었던 이유는 그가 웹사이트에서 안내한 내용에도 이미 잘 드러나 있다. 매주 직접 교회에 나가 기도하는 전통적 방식의 교회 중심의 신앙생활을 유지하는 것이 점점 어려워지는 현 시대에 교인들이 신앙생활을 더 쉽고 편리하게 할 수 있도록, 전 세계 청중들에게 기도를 제공하기 위해 첨단 기술을 활용하는 것이 목표라고 밝히고 있다. 다시 말해, 특정한 주소지에 위치한 교회의 신도가 되는 불편과 소요 비용 또는 교회에 전념해야 하는 노력과 부담 없이도 기도 응원과 지원을 받기를 갈구하는 사람들에게 또 다른 하나의 새로운 선택지를 제공한다는 명목이다.

이렇게 과학기술이 발전했는데도 불구하고 사람들은 여전히 불확실한 힘과 종교에 크게 의존한다. 하나님에게도 재원이 필요하다는 계시를 따르고, 만약 우리가 헌금을 더 많이 내면 하나님이 우리의 불쌍하고 가련한 삶을 어떻게든 구제하고 축복해주리라고 믿는다. 지구상 어디에나 그릇된 목회자나 종교인들이 즐비하다는 것을 직, 간접적으로 목격해왔는데도 불구하고, 사람들은 전지전능하지만 가난한 하나님에게 헌금이 필요하다고 믿는다. 로고비는 사람들의 이런 심리를 이용해, 하느님께 축복을 내려달라고 직접 기도도 못할 정도로 게으르거나 바쁜, 그 많은 사람들을 사취할 수 있었던 것이다.

종교는 가장 신성한 영역인 동시에, 사기꾼들이 가장 활개칠 수 있는 텃밭이기도 한 이유가 여기 있다.

리드 슬랫킨
Reed Slatkin

/ 사이언톨로지Scientology 목사이자 어스링크EarthLink
총수였던 다단계 사기꾼

리드 엘리엇 슬랫킨Reed Eliot Slatkin은 미국 캘리포니아 주 산타 바바라 시
의 다단계 사기 왕(Ponzi King)으로 불리는 사기꾼이다. 그는 사이언톨로지
Scientology(미국의 정신과 의사였던 론 허바드Ron Hubbard가 1954년에 창시, 인간은 영적 존재
이며 과학기술을 통한 정신치료와 윤회를 주장하는, 자아와 행복의 실현을 주창하는 신
흥 종교)라는 종교의 목사이며, 동시에 등록되지 않은 투자 관리자로서 IT 기
업 어스링크EarthLink(미국의 선도적인 인터넷 서비스 제공 회사로 안전하고 믿을 수 있
는 검색 기능 등을 자랑하는 IT 기업)의 공동 창업자요 초기 투자자이다. 그러나
다단계 사기의 시조인 찰스 폰지 이후 미국에서 가장 큰 규모의 다단계 사

기를 일으킨 주범으로 더 잘 알려진 인물이다. 그는 1975년부터 사이언톨로지 교의 정식 목사로 활동해왔다. 그러나 보다 화려한 범죄의 길로 들어서기 위해 교단을 떠난다. 1984년 무렵, 전일제 목사에서 자영업자로 변신해 IT 기업인 어스링크를 창업한 뒤 큰 성공을 거두지만, 여기에 만족하지 못하고 한 발 더 나아가 자신이 목사였던 종교 집단의 교인이거나 할리우드와 관계가 있는 유명인사 투자자들로부터 무려 2억 5천 5백만 달러에 달하는 다단계 사기를 저질렀다. 그런데 그의 종교인 사이언톨로지는 이번이 처음이 아니라, 꽤나 오랫동안 금전과 관련된 사기에 얽혀 있다고 한다.

그는 종교 지도자로서나 벤처 기업가로서보다는 오히려 폰지 이래 미국에서 가장 큰 규모의 다단계 사기범으로서 한층 더 유명하다. 그는 1986년부터 2001년 사이에 약 800명의 부유층 투자자들로부터 대략 5억 9천 3백만 달러 상당의 자금을 조성했다. 전형적인 다단계 사기 수법대로, 후발 투자자들로부터 투자받은 자금을 활용해 그 이전 투자자들에게 이익금 명목으로 원금보다 더 많은 금액을 지급했다. 이런 방식을 통해 조기 투자자들로부터는 1억 2천 8백만 달러만 투자를 받고는 그 두 배가 넘는 2억 7천 9백만 달러의 원금과 수익을 되돌려주었다. 그러나 실제로는 거의 실행도 하지 않은 투자를 두고 성공적인 투자였다고 부연 설명하며 홍보했다는 것이다. 뿐만 아니라 '자문역'이란 명목으로 관계자, 지인, 동료들에게도 수백만 달러의 수당도 지급했다고 한다. 그는 2001년 미국 증권거래위원회의 수사로 정지되기까지 자신의 사기극을 지속했다. 증권거래위원회가 거래를 중단시킨 같은 날, 미 연방수사국(FBI)에서도 슬랫킨과 관련한 수색영장을 집행하게 된다.

그러나 연방수사국과 연방 증권거래위원회의 수사와 조사가 시작되자 그는 자신이 저지른 죄에 대해 자백하는 대신, 작고한 공상과학소설 작가이자 사이언톨로지 교의 창시자인 론 허바드의 가르침에 대해 열변을 토하기 시작했다. 그의 가르침이 곧 자기 인생에 있어서 거의 모든 것이자 인생에서 자신이 행한 거의 모든 것은 종교와 그의 가르침에 기초한 것이며, 따라서 그와 종교의 가르침은 자신에게 절대적으로 중요하다는 것이었다. 그는 창시자인 허바드의 저술에서 "사이언톨로지의 목표는 유능한 사람이 번영하고 정직한 존재가 권리를 향유하며 사람들이 자유롭게 더 높은 곳으로 올라갈 수 있는 문명, 정신이상자나 범죄자 그리고 전쟁이 없는 문명화(civilization)"라는 구절을 암송했다고 한다. 그가 읽은 책의 한 구절처럼, 그는 호프 랜치Hope Ranch의 대저택에 자가용 제트기와 다수의 자동차를 두고, 여기저기 부동산을 보유해 한때는 자산이 2억 달러에 이를 정도로 아주 높은 부유층으로 올라갔다.

호프 랜치 거주자인 슬랫킨은 벤처 자산가이자 인터넷 거대기업인 어스링크의 공동 창업자였지만 1억 달러가 넘는 빚이 있다며 법원에 파산보호 신청을 하게 된다. 그러나 투자자들은 법원에 제출한 서류에서 슬랫킨이 많게는 연 60%에 달하는 큰 이익을 약속받은 친지, 동료, 교인들로부터 받은 자금으로 투자를 운용한다고 속이고는 수억 달러를 사기 쳤다고 주장했다. 또한 슬랫킨의 투자회사인 팡파레FanFare LLC도 골레타Goleta 사무실을 제외하면 존재하지도 않았다고, 피해자 변호인단 측에서 지적하기도 했다. 그러나 슬랫킨은 호프 랜치에 인접한 부동산이 두 곳 있었고 또한 솔뱅Solvang과 뉴포트 랜치Newport Ranch에도 각각 하나씩 부동산을 가지고 있었다. 당연히 미국 증권거래위원회는 물론이고 연방수사국으로부터도 자금 운용과 거래 전반에 걸친 수사를 받게 된다. 그러자 그는 어스링크의 이사장 자리에서 물러나면서 법원에 파산보호 신청을 냈던 것이다.

소송 서류에 의하면, 은퇴한 투자전문가에게 연 60%에 달하는 수익을 낼 수 있게 해주는 전산화된 일일 주식거래 프로그램이 있다고 유인, 대부분의 은퇴 자금 전부인 천오백만 달러나 사취했다는 것이다. 피해자 측 변호사 중 한 사람은 아직도 슬랫킨이 피해자들의 자금으로 무엇을 어떻게 했는지조차 알 수도 없다고 하소연했다. 그러나 사람들은 아마도 슬랫킨이 앞서 먼저 투자한 사람들에게 수익을 되돌려주기 위해 현 투자자들의 투자금을 횡령하는, 전형적인 다단계 투자사기를 했다고 믿고 있다. 아마도 위에 예를 든 은퇴 투자 전문가가 슬랫킨의 마지막 투자자였을 것이다. 슬랫킨이 더는 이전 투자자들에게 수익금을 배분하는 데 필요한 자금 투자자를 찾지 못하자 파산하게 된 것이다. 투자자가 계속 있다면 폰지 사기도 계속될 수 있지만 투자자가 없으면 들통 나고 마는 사기 수법이다.

슬랫킨이 다단계사기에 크게 성공할 수 있었던 이유는 우선 사이언톨로지의 목사라는 직위 덕이 컸다. 그러나 고작 7만 5천 달러의 종잣돈으로 주식 총액이 무려 2억 달러에 달하는 인터넷 서비스 제공 업체 어스링크를 일궈낸 성공한 IT 기업인으로서의 명성과 부가 더 큰 몫을 했다. 주식시장의 등락에도 불구하고 그가 투자자들에게 보낸 분기별 실적표에는 단 한 번도 원금 손해가 없다. 그는 또한 투자자들에게 안전을 위해 모든 계좌를 스위스에 두고 있다고도 했다. 그러나 실은 그가 투자받은 돈은 전혀 투자되지 않았으며, 대부분은 금융 블랙홀에서 사라진 것이었다. 그의 유죄 협상 서류에도 그가 주장한 스위스 계좌는 실제 존재하지 않았으며, 놀라울 정도로 높은 수익률도 전부 꾸며낸 것이라고 밝히고 있다.

슬랫킨은 마치 자신이 스위스에 어마어마하게 큰 규모의 투자를 한 것처럼 보이게 하려고 착발신전환 전화기를 설치했다. 전화를 건 투자자들에게 유럽식 전화 소리인 양 들리게 했으나 실은 골레타 사무실에 있는 슬랫킨의 목소리였고, 그와의 통화였을 뿐이다. 전형적인 다단계 사기꾼으로서 그는 투자자들을 유치하고 불안감을 막고 유혹하기 위해 환상적인 수익을 보장했지만, 사기극을 숨기기 위해 실제로 존재하지도 않는 "투자"로부터 막대한 수익을 냈다는 인상적인 보고서도 작성해 투자자들에게 배포했다. 물론 실제로도 그는 위험성이 매우 높은 투자도 했지만 거의 모두 큰 손실만 보았다고 한다.

더욱 흥미로운 것은 슬랫킨의 다단계사기 피해자에 유명인사가 다수 포함되었다는 사실이다. 배우인 조 판토리아노Joe Pantoliano, 앤 아처Anne Archer, 죠반니 리비시Giovanni Ribisi, 프로듀서인 아트 린슨Art Linson과 아미언 번스타인Armyan Bernstein, 그리고 두 명의 사이언톨로지 교인, 영화 구성작가 마크 아이샴Mark Isham, 평론가 그레타 반 서스터렌Greta Van Susteren을 비롯한 영화 관계자들은 물론이고 어스링크의 핵심 인사들도 끼어 있었다고 한다. 그는 이들의 투자금 수억 달러를 사이언톨로지와 관련된 단체 등으로 흘러 들어가도록 만들었던 것이다. 결국 그는 우편사기, 전송 사기, 자금세탁, 그리고 사법 방해 혐의에 대해 유죄 확정되어 14년형을 선고받게 된다. 이들 유명 피해자 외에도 다수의 피해자들이 사이언톨로지 교인들이었다. 이 점에 착안해 그의 변호사들은 슬랫킨의 범행이 종교에 기인한 것이라고 사이언톨로지를 비난했으나, 사이언톨로지 측 변호인단에서는 슬랫킨 측의 해명을 '부끄러운 짓'인 데다가 정신의학자들을 매수한 것이라고 역공했다.

그에 대한 재판에서 흥미로웠던 부분은 검찰의 구형보다 법원의 선고 형량이 더 높았다는 사실이다. 판사는 형을 선고하면서 슬랫킨이 엄청난 해악과 손상을 끼쳤다고 설파했다. 동시에 자신들이 수익을 계속 얻을 수 있도록 사기극을 계속하라고 강요했던 사이언톨로지 교도들의 위협 때문에 그가 강박 관념을 갖게 되었고, 능력 밖으로 행동할 수밖에 없었다는 자금 관리자의 주장을 받아들이지 않았다. 또한 슬랫킨의 변호사는 슬랫킨이 유죄협상에서 했던, 당국에 적극 협조하겠다는 약속을 지킨 데 대해서도 고려해달라고 요구했다. 그러나 슬랫킨이 제때 적절히 협조했는지, 그의 협조가 얼마나 도움이 되었는지에 대해 의문이 제기되었다. 반면 투자자들은 검찰의 구형에 대해 신랄한 비판을 가했다. 슬랫킨이 피해자들로부터 사취한 거금으로 산타 바바라의 엄청나게 넓은 부지의 대저택에 생활하면서 값비싼 예술품들을 수집했고, 자동차와 항공기에 수많은 돈을 쏟아부으며 살았기 때문이다. 그나마 검찰의 구형보다 올라가긴 했으나 14년이라는 선고 형량도 피해자들의 연금, 퇴직금, 대학 학자금 등을 사취한 데 비하면 턱없이 부족하다는 것이다. 그 정도 형량이라면 가해자에게는 그냥 손목 한번 치는 것에 불과할 뿐이며, 반면 피해자들에 대해서는 큰 모욕이라는 주장이었다.

슬랫킨은 1949년 1월 22일 미시건 주의 디트로이트 시에서 태어나서 자랐다고 한다. 지금은 헤어졌지만 그와 27년 동안이나 결혼생활을 했던 메리 조 앨버거Mary-Jo Alburger에 따르면, 그는 14살이던 해 아버지가 자살하는 등 평탄하지 못한 청년 시절을 보냈다고 한다. 아버지가 자살한 당시 디트로이트 지역의 사이언톨로지 교도였던 작은아버지가 그를 찾아와 구제를 했다는 것이다. 주변 사람들에 따르면, 이유야 어찌되었든 슬랫킨은 모든 면에서 아주 치밀한 사기꾼이었다고 한다. 그가 사이언톨로지 목사였고 피해자 대다수가 같은 종교 교인들이었다는 점에서 그의 사기 사건에 사이언톨로지 교가 관련된 것은 아닌지, 그 여부에 대해 의문이 줄곧 제기되었다고 한다. 그러나 기록에 따르면 결국은 슬랫킨도 어쩌면 종교의 피해자요 그 자신 스스로 신봉자였을 뿐이라는 주장도 제기되었다.

종교의 이름으로도 인간은 참으로 욕심을 내려놓지 못하고 오히려 그 종교마저 돈벌이 수단으로 악용하는 경우가 많다. 참된 종교의 역할은 무엇인지, 그리고 인간의 본성과 돈에 대한 욕망은 과연 종교로 치유할 수 있을지 오늘날에도 고민은 끝나지 않고 있다.

그레거 맥그레거
Gregor MacGregor

/ 환상과 욕망을 이용해 가상의 나라를 분양한 사기꾼

그레거 맥그레거Gregor MacGregor의 아동기는 비교적 평범했다고 한다. 그는 스코틀랜드의 수도 에든버러Edinburgh에서 태어났다. 아버지는 동인도주식회사 소속 선박의 선장이었는데, 그가 겨우 8살 때 세상을 떠난 뒤 홀어머니에게서 자랐다고 한다. 그는 에든버러 대학을 다녔으나 1년 만에, 그가 16살이던 해에 학교를 그만둔다. 그는 1803년에 입대하는데, 어머니와 가족들은 뒷돈을 써서 그가 소위로 임관되도록 했다. 중위로 승진하려면 최소한 3년이지나야 했으나 그는 채 1년도 안 되어 중위가 된다. 아마도 그가 루이자 보워터Louisa Bowater라는 해군제독의 딸을 만나 결혼까지 하게 되니, 그의 초특급 승진은 그녀의 아버지로부터 도움을 받았을 것이라고 짐작되고 있다. 대위로 승진한 그는 포르투갈과 스페인 전쟁에 참전하게 되고, 후에 자신의 삶에 큰 도움이 된 포르투갈어와 스페인어를 이때 배워 익힌다. 에든버러로 돌아간 부부는 그의 군 경력과 업적을 과장하고 상류층으로 진입하려고 했다. 그 시도가 실패하자 그은 런던으로 이주해 스스로 '경(Sir)'이라는 작위를 부여하고, 더불어 아내의 막강한 가족 배경을 이용해 런던에서 일정 지위를 얻는다. 전적으로 아내의 수입에 의존했던 그는 아내가 죽은 뒤 런던을 떠나 어딘가 새로운 곳에서 다시 행운을 찾아야만 했다.

어떻게 하면 누군가를 당신의 의지에 굴복하도록 할 수 있을까? 1822년 10월, 스코틀랜드 출신인 그레거 맥그레거는 어느 날 놀랄 만한 발표를 한다. 자신이 그 지역 은행가의 아들일 뿐만 아니라 온두라스의 검은 강(Black River)에 접한 '포야이스(Poyais)'라는 나라의 왕자라고 했다. 영국의 웨일즈(Wales)보다 약간 더 큰 이 나라는 너무나 비옥해 1년에 세 번이나 곡물을 수확할 수 있으며, 물은 너무나 깨끗하고 신선해 어떤 갈증도 풀 수 있고, 그에 더해 강둑을 따라 금덩어리들이 줄 서 있다는 것이다. 나무에는 과일들이, 숲에는 사냥감이 넘친다고도 했다. 이국적인 해외 생활, 더럽혀지지 않은 에덴의 동화 같은 미래 설계로 그려진 그의 제안은 황량한 스코틀랜드의 자갈밭과 늘 비에 젖은 어두움과는 사뭇 대조적이었다. 포야이스에 유일하게 부족한 것이 있다면, 오로지 자원을 개발하고 그 효용성을 최대한으로 끌어올릴 의욕적인 투자자와 정착민이라는 말이었다. 당시 중앙아메리카와 남아메리카에 대한 투자가 인기를 얻고 있었기 때문에 포야이스는 특별히 더 호소력 높은 대상이었다.

맥그레거는 그 어떤 사기꾼보다 더 이기적인 사기꾼이었다. 사기 피해자, 즉 자신에게 투자한 투자자들에게 아무것도 되돌려주지 않았다. 다단계 판매사기로 유명한 폰지나 매도프는 적어도 다른 투자자들의 돈으로 앞선 투자자들에게 되돌려 주는, 한마디로 돌려막기라도 했지만 맥그레거는 모든 돈을 샅샅이 자신이 다 챙겼다. 뿐만 아니라 그는 자신에게 '경(Sir)'이라는 칭호와 '포야이스 왕자'라는 직위를 스스로 부여한 것처럼, 극단적인 자기 확신과 자기중심주의를 보여주었다. 존재하지 않는 회사에 투자하도록 유인하기도 쉽지는 않지만, 존재하지도 않은 국가에 투자하도록 투자자들을 유인하기란 더욱 어려운 일이다. 과연 맥그레거는 어떻게 이 말도 안되는 사기로 대성공을 거둘 수 있었을까.

우선 1820년대 초기의 재정적 분위기가 사기꾼들에게는 이상적이었다고 한다. 나폴레옹이 전쟁에서 패배하고 영국 경제가 제조업에 기반을 두고 점진적으로 확대되고 있었으나, 생활비는 떨어지고 근로자들의 임금은 상승하는 반면 이율은 낮아지고 있어서 여유자금을 투자할 투자처가 필요하던 때이다. 그중 하나가 외국 정부에 돈을 빌려주는 방법이었고, 다른 하나가 광산회사에 투자하는 방법이었다. 또한 스페인과 포르투갈 식민지배가 끝나고 대부분의 남미국가가 독립과 동시에 자금난에 허덕이자, 이들 국가에 대한 투자가 더욱 매력적으로 다가온 것이다. 맥그레거는 바로 이런 시대 분위기를 악용했던 것이다.

과연 맥그레거는 어떻게 그 많은 사람들을 속일 수 있었을까. 무엇보다도 당시 스코틀랜드는 그들의 식민지가 없었기에 그의 제안이 솔깃할 수도 있었을 것이다. 더구나 맥그레거는 영업과 판매의 달인이자 장인이었다. 사기수법의 저변에 숨어 있는 심리적인 바탕을 고려한다면, 많은 사람들이 그에게 속아 넘어갔다는 게 그리 놀라운 일은 아니다. 사기꾼들은 누군가를 설득하려면, 무언가를 하고 싶도록 이끄는 욕구와 그것을 하고 싶지 않게 하는 반작용이라는, 매우 독특한 두 가지 인간의 동기에 호소해야만 한다는 사실을 잘 인식하고 있다. 이 두 가지 형태의 설득 수법을 사회심리학자들은 '알파(alpha)와 오메가(omega)'로 이름 붙여 공식화했다. 알파는 훨씬 빈번하게 일어나는 작용이다. 무언가에 대한 호소력, 매력, 관심을 끄는 힘을 끌어올리는 것이며, 오메가는 그 무언가를 에워싸고 있는 저항을 줄이는 작용이다.

먼저 첫 번째 수법으로 자신의 제안을 보다 매력적으로 만들 수 있는 것이라면 무엇이든 한다. 그 제안이 왜 그토록 좋은 기회인지, 왜 상대방이 그 기회에 가장 적임자인지, 얼마나 큰 이익을 얻을 수 있을지 등 뒷이야기들을 활발히 개진한다. 두 번째 수법으로 자신의 제안을 받아들이지 않을 이유가 없도록, 잃을 것이 아무것도 없는 듯 고민할 여지가 전혀 없는 것처럼 아주 쉽게 만들어야 한다. 맥그레거는 바로 이런 두 가지 전형적인 사기수법을 교묘히 절충해 적절히 활용했던 것이다.

실제로 19세기 초, 모든 남미국가들이 포르투갈이나 스페인으로부터 독립한 뒤 많은 돈이 필요했지만 세금을 징수할 수 있는 소득원은 많지 않았다. 그러나 그들 대부분이 금과 은을 채굴하는 광산을 가지고 있었기에 정부가 보증하는 국채를 발행했으며, 지역 광산에서는 투자자들에게 높은 수익을 약속하며 주식을 발행했다. 맥그레거는 바로 이때를 놓치지 않고 분위기에 편승했다.

맥그레거는 해군에 입대해, 1817년 플로리다에서 전투를 했던 사이먼 볼

리바Simon Bolivar 장군 휘하 베네수엘라 독립전쟁에 참전한다. 1820년 런던으로 돌아온 그는, 12,500평방 마일의 면적에, 모든 것이 풍요롭고 정착민만 필요한 미지의 나라인 모스키토Mosquito 해안국의 프레드릭 아우구스투스Frederic Augustus I세 왕으로부터 왕자로 임명되었노라고 발표했다. 자신의 사기극을 위해 그는 포야이스 영역을 포함한 『모스키토 해안 구상Sketch of Mosquito Shore』 이라는 책을 출간했다. 그는 영국 정착민들이 1730년대에 성 조셉St. Joseph이라는 수도를 세웠으며, 그 나라에는 정착민들이 이익을 취할 수 있는 금은 광산, 풍요로운 유전 등 기타 자원이 풍부하고, 민원봉사실, 은행, 군대, 민주정부 그리고 영국 지배자들에게 기꺼이 봉사할 원주민들이 있다고 기술했다. 그러나 현실의 아우구스투스Augustus 왕은 1820년 4월 위스키와 럼을 잔뜩 받고는, 쓰러져가는 건물 4채에, 맥그레거가 책에서 서술했던 풍요로운 유전이나 금은 광산도 아무런 자원도 없는 쓸모없는 땅을 공여한다는 서류에 서명했을 뿐이다. 그런데도 그 책을 접한 런던 부유층들은 앞다투어 맥그레거라는 불행의 씨앗을 만나려고 했다. 그는 땅만 판 것이 아니라 존재하지도 않는 정부의 각종 지위와 권리는 물론, 심지어 그곳에서 통용할 현금까지 팔았다고 한다.

이처럼 맥그레거의 약속에는 매우 불확실하고 의뭉스러운 구석이 많았는데도 숱한 은행원, 의사, 군인들까지 그의 비상식적인 허풍에 속아 넘어갔다. 과연 그 까닭은 대체 무엇일까? 재정 사기를 연구하는 학자들은 바로 피해자들의 속성, 기질을 그 이유로 들고 있다. 피해자들은 지나치게 사람을 잘 믿고, 위험이나 모험을 기꺼이 인정하고 받아들이는 경향이 높으며, 특히 교육을 많이 받은 피해자들일수록 자기들만이 배타적이고 특별한 집단의 일부라는 소속감을 강렬히 필요로 한다는 것이다. 더불어 피해자들은 자신들의 현재 경제 상태나 위치나 지위에 만족하지 못하고, 최신 유행이나 경향에 뒤처지길 꺼려하며, 일부는 주변 사람들의 재정 상태를 시기하는 경향이 있다. 바로 이런 속성들이 그들을 탐욕스럽고 위험한 투자로 이끈다는 것이다. 맥그레거의 피해자들은 아마도 이러한 속성이나 기질들을 다수 가지고 있었을 것이라는 분석이다.

이러한 유형의 범죄를 흔히 '친근성 범죄(affinity crime)'라고 하는 이유가 여기에 있다. 이런 시각으로 볼 때, 맥그레거의 제안은 일부 스코틀랜드 사람들에게는 영광스러운 보물사냥과도 같았던 것이다. 그들은 단지 누구든 할 수 있는 투자만 하도록 요청받은 게 아니라, 국가의 잘못을 바로잡는 동시에 자신들의 행운까지 만들어내는 기술과 용기를 보이는 위업에 특별히 선택되었다고 느꼈기 때문이다. 그것이 물론 낙관주의였든 아니면 탐욕이었든 또는 둘 다였든 간에, 맥그레거는 선박 7척이 필요할 정도로 많은 투자 이민자들을 모을 수 있었다.

맥그레거의 수법은 정확히 그가 예견했던 대로 작동해 그야말로 대성공 그 이상이었다. 그는 현재 가치로 무려 3조 6천억 유로에 달하는 천문학적인 액수의 금액을 직접 조성했을 뿐 아니라, 자그마치 7척의 배에 실어 날라야 할 정도로 많은 열성적인 투자자와 정착민에게 대서양을 건너도록 확신을 준 것이다. 실제로 그는 1822년 9월과 1823년 1월 두 번에 걸쳐 250명의 이민 투자자들을 태운 채 신비의 땅으로 항해했다.

그러나 채 두 달도 안 되는 항해 끝에 도착해 마주한 현실은 맥그레거의 유인물과는 너무도 달랐다. 항구도, 그 어떤 번영의 가능성도, 아니 그 무엇도 없었다. 그야말로 버려진 황무지에 불과했던 것이다. 포야이스는 애초부터 결코 존재하지도 않았던 것이다. 단지 맥그레거의 풍부한 상상이 낳은 땅이었을 뿐이다. 그는 투자자들과 식민 개척자들을 현혹해 온두라스의 황폐한 땅으로 유인했던 것이다. 그들은 대부분 목숨을 잃었고 3분의 1 정도 남은 생존자들은 지나가던 선박에 구조되어 중남미의 벨리즈(Belize)로 귀환할 수 있었다.

맥그레거는 프랑스로 도주했다. 프랑스에서도 그는 같은 수법으로 포야이스 사기를 시도했고, 그곳에서도 불과 몇 달도 지나지 않아 수많은 투자자와 식민지 개척자들을 모집했다. 그러나 당시 프랑스는 영국보다 까다로운 여권 규정을 둔 덕분에, 전혀 들어보지도 못했던 나라로 수많은 사람들이 이주 신청을 하자 이를 이상하게 여긴 당국에서 위원회를 구성해 그 문제를 조사하기 시작했다. 결국 맥그레거는 수갑을 차게 되었다.

가장 이성적이라 자부하는 존재인 인간이 얼마나 자기 환상과 망상에 사로잡힐 수 있는지 여실히 드러내는, 참으로 씁쓸한 사기극이라 하겠다.

돈 라프레
Don Lapre

/ 인간의 욕망을 파고든 정보 광고(Informercial)의 제왕

도널드 돈 라프레Donald D. Don Lapre는 미국의 다단계 판촉과 정보 광고 (informercial) 판매원이다. 그가 한 일은 '세계 최고의 비타민(The Greatest Vitamin in the World)'이나 '돈 버는 비밀(Money Making Secret)'과 같은 패키지 상품 판매였다. 그가 비난받는 이유는 고객들에게 종종 의심스러운 사업 구상을 판매했기 때문이다. 2011년 6월, 라프레는 무려 41건의 교사, 우편사기, 전송사기, 그리고 자신의 인터넷 기업과 연관된 자금세탁 등의 혐의로 기소되었다. 그러나 그는 재판이 열리기 이틀 전 구치소에서 스스로 목을 매어 목숨을 끊었다.

라프레는 텔레비전과 인터넷을 활용한 가장 악질적인 그리고 유명한 사기꾼 중 하나다. 그는 화려한 1990년대 텔레비전 심야방송에서 작은 노력으

로 놀랄 만한 금액의 돈을 벌 수 있다는 혼란스러운 논리를 펼치며 일약 유명세를 탔다. 그가 이처럼 쉽게 유명세를 타고 뛰어난 사기극을 벌일 수 있었던 이유는, 아마도 자신의 마지막 광고 정보에서 그가 말한 것처럼 '비디오는 지구상에서 가장 강력한 형태의 언론'이었기 때문이었을 것이다.

라프레는 로드 아일랜드Rhode Island에서 태어났으나 6살 때 가족과 함께 애리조나Arizona의 피닉스Phoenix로 이주했다. 고등학교를 중퇴한 그는 24살에 결혼한 부인과 함께 1990년, 'Unkown Concepts'라는 신용회복 사업을 시작했다. 그해 그와 그의 아내는 고객으로 하여금 신용카드 발급이나 기타 신용 관련 이익을 얻을 수 있으리라 믿게 했으나, 사실은 소비자들에게 제공되는 회사에 관한 접촉 정보에 지나지 않았던 사업이었다. 애리조나 주 검찰은 이들 부부를 신용사기법 위반 혐의로 기소했으며, 그들에게 영구히 신용 서비스 사업에 협조하거나 가담하지 못하고 신용회복과 관련된 어떠한 사기, 속임수, 가짜 약속 등에 가담하지 않는다는 동의를 받고 피해자들에 대한 배상명령을 내린다. 그 뒤 그는 주택담보 대출을 다 갚은 다음 연방 주택청의 보험정산을 받는 방법을 설명하는 36페이지짜리 책자를 팔기 시작했다. 1992년, 그는 '라프레와 함께 돈 벌기(The Making Money with Don Lapre)'라는 방송을 시작해 시청자들도 자신처럼 쉽게 돈을 벌 수 있다고 제안했다. 그의 방송은 지난 수년 동안 케이블방송에서 가장 많이 방송된 정보 광고였다. 주 상품은 자신의 〈돈 버는 비밀(Money making Secret)〉이라는 신문에 광고를 내고 900번 수신자부담 무료전화 사업을 운영하는, 테이프와 책자로 꾸며진 패키지였다. 그는 텔레비전에 정보 광고(informercial)를 통해 신문에 '작은 광고'를 게재해 작은 방 하나짜리 아파트에서 주당 5만 달러를 벌 수 있었다고 주장했다. 그는 광고에서 누구나 경험이 없이도 크게 노력을 들이지 않고도 자신의 지시만 따르면 월 5만 달러나 그 이상도 쉽게 벌 수 있다고 안내했다. 다수 고객들이 그 패키지에 관한 글들을 게재했으나 누구도 이익을 남겼다는 글을 올린 사람이 없었으며, 오히려 대부분은 수 백, 수 천 달러의 손실을 보았고, 심지어 단 한 통의 전화도 받지 못하고 단 한 건의 물품도 판매하지 못한 사람이 대다수였다고 한다.

결국 이 사업도 어려움에 봉착하게 되자 라프레는 다시 '세계 최고의 비타민'이라는 허위, 과장 정보 광고를 시작하게 된다. 인쇄된 광고전단은 '세계최고의 비타민'이라는 자신의 제품이 스트레스, 당뇨, 좌상, 관절염, 비만, 수면장애, 암, 심장병, 소화불량, 심근경색, 면역력 약화, 기억력 손상, 시력상실, 우울증, 조로, 그리고 기타 질병의 예방과 치료에 도움이 된다고 부적절하게 제시했다. 이 광고지는 또 대부분의 우리 식습관이 우리가 섭취하는 모든 쓰레기들을 다 소화할 수 없게 만든다는 엉터리 주장을 담은 편지도 동봉되어 있었다. '최고의 비타민'이라는 그의 웹사이트를 방문하는 사람은 누구나 그와 같은 주장을 접할 수 있었고, 매월 열리는 텔레컨퍼런스도 들을 수 있었다.

그러나 2005년 식품의약청(FDA)은 그의 비타민이 당뇨, 심장마비, 암, 불면증, 관절염과 같은 질병의 치료약이라는 주장에 대해 라프레에게 주의 경고를 했다. FDA는 그의 제품이 상기 질병이나 조건에 안전하고 효과적이라고 일반적으로 인정되지 않았다고 경고한 것이다. 그러자 라프레는 자신의 제품에 대한 설명을 표면적으로는 바꾸었지만, FDA는 그의 웹사이트에 올라 있는 소비자 증언이나 기타 진술들은 아직도 당뇨, 암, 관절염, 기타 질병들을 완화시키고 치료하고 예방하기 위한 것이라는 허위 정보성을 지니고 있다고 다시 한 번 경고했다.

결국 라프레는 2011년 6월 15일, 연방 대배심원에 의해 아무런 쓸모없는 인터넷 사업을 판매한 전국 규모 사기 혐의로 기소되어 유죄가 확정되었다. 그의 사기로 인해 22만 명 이상의 피해자가 5천 1백만 달러 이상의 피해를 입은 것으로 알려지고 있다.

정보 광고의 제왕, 돈 라프레의 인생은 마치 자신이 돈 버는 도구라고 소리 높여 광고하는 것만큼이나 낙관적이고 유쾌한 것처럼 보였다. 두 딸을 둔 기혼자요 카리스마 있는 수완가였던 그의 웹사이트에는 23년 된 자신의 아내와 두 딸을 '가장 가까운 친구 세 사람'으로 칭송했으며, 사업 또한 호황을 누리는 것 같았다. 이를 증명하듯 그의 정보 광고는 너무나 유명해져서 미국의 유명 심야 토크쇼인 데이비드 레터맨David Letterman의 쇼와 새터데이 나이트 라이브Saturday Night Live에서 패러디되었을 정도였다. 그러나 그 모든 것이 그가 41가지 범죄 혐의로 체포되고 유죄가 확정됨으로써 끝나고 말았다.

라프레는 수년 동안이나 '부자가 되는' 기회를 팔았던 달변가였다. 그의 정보 광고는 아주 작은 방 한 칸짜리 아파트에 살면서 신문에 '아주 작은 광고를 수백 번 실음으로써 백만장자가 되는 방법'을 설파했던 것이다. 그의 공범자 더그 그랜트Doug Grant는 사람들에게 건강과 체형에 관해 상담해주는 상당한 경험을 가진 '영양사'로 알려진 사람이다. 그들은 하나의 팀이 되어, 그랜트가 개발하고 라프레가 수년 동안 웹사이트와 정보 광고를 통해 가판매를 맡아 '세계 최고의 비타민'을 선전하고 홍보했다. 그러나 2009년, 그랜트가 아내의 죽음과 관련된 살인 혐의로 자유형을 선고받고, 2011년 '세계최고 비타민' 판매와 관련해 라프레도 공모, 사기, 자금세탁 등 여러 혐의로 기소되고 급기야 자살을 선택함으로써 사건은 끝이 난다.

라프레의 계략은 심지어 하원에서까지 관심을 가졌을 정도로 정교했다고 한다. 당시 경제부흥기에 접어든 미국에서 라프레의 "돈 벌기" 체계를 도입하면 천문학적인 연방정부의 빚을 다 갚을 수 있다고 할 정도였다는 것이다. 오하이오 출신의 어느 공화당 하원의원도 전날 밤 새벽 텔레비전에서 이 '돈 버는 시스템'에 대한 30분짜리 광고정보를 시청하고는, '너무나 속아 넘어가기 쉬운 그럴 듯한 제안'이라고 생각했다. 그러나 쇼에 등장하는 모든 사람들이 자신들에게 얼마나 그 방법이 좋았는지 입을 모으자, 의회에서도 무언가 할 수 있다고 생각하게 된다. 그러다 급기야 관련된 법안을 제출하기까지 했던 것이다. 심지어 처음엔 라프레의 계략과 하원에 제출된 법안에 대해 가장 비판적이었던 상원의원까지도 칭찬일색으로 바뀌었을 정도였다고 한다.

대부분의 정보 광고 사기와 마찬가지로, 부자가 되는 유일한 사람은 광고 상품을 판매하는 사람일 뿐이다. 최악의 경우는 그의 정보 광고가 분명히 사기조차 아니라는 것이다. 그 이유는 따라야 할 지시 등 많은 다리품을 팔아야 했으며, 판매 키트에는 실제 상품이 들어 있었기에 마치 지불한 만큼 가치가 있는 것 같았고, 자신이 게으르거나 제대로 하지 못하기 때문에, 또는 충분히 간절하게 성공하고자 원하지 않았기 때문에 실패한 것이라 느끼게 만들었기 때문이다. 끝까지 매달렸다면 라프레가 광고하는 만큼 돈을 벌 수 있었을 것처럼 느끼게 했기 때문이다. 어쩌면 이런 면에서 보면 그의 사기는 최고의 사기극이었을 수 있다. 즉, 모든 사람들로 하여금 성공하지 못한 것은 자신의 잘못이라고 생각하게 만드는 사기 말이다.

지금 보고 있는 정보 광고가 너무 좋은 것이라고 느껴진다면 이렇게 생각해보는 건 어떨까. 그렇게 좋은 거라면, 애당초 그 비싼 광고를 텔레비전에 올릴 필요조차 없지 않았을까. 라프레의 사기 행각에서 우선은 믿기 어려운 광고방송을 수락한 방송이나 감독기관의 역할과 책임이 지적되어야 한다. 어쩌면 광고방송을 본 모든 시청자가 피해를 당하지 않았다는 점에서, 스스로 입은 피해에 대한 일차적 책임에서 자유로울 수 없다고 피해자에게 일차적 책임을 묻는 것이 가장 쉬운 일일지도 모르겠다. 조금만 냉철하게 생각해보면 누구나 파악할 수 있을 허점을 파고든 사기꾼들은 이런 식으로 거액의 돈을 벌어들이는 것이다. 물론 그 사기의 끝이 몰락이나 파산이라 해도 일단 피해자들은 사기꾼에 대한 단죄가 이뤄진 후에도 제대로 구제받기 어렵다는 게 더 큰 비극이다.

알리 디아
Ali Dia

/ 가장 짧은 시간 동안 경기를 뛴, 영국 축구 역사상 가장 유명한 가짜 선수

알리 디아_{Ali Dia}는 아프리카 세네갈 출신의 프로 축구선수였다. 그는 자신의 전 축구 경력에서 한 시간도 채 못 되는 짧은 시간을 뛰었을 따름인데도 그의 이름은 영국 전역에서 모르는 사람이 없을 정도로 유명하다. 그가 이처럼 또 한 사람의 세계적 사기꾼으로 이름을 올리게 된 이유는, 바로 영국 명문 축구 구단인 사우스햄튼_{Southampton}과 1개월의 단기 계약을 하고 데뷔전까지 치렀기 때문이다. 20여 년이 지난 오늘날에도 그는 영국 축구역사에서 가장 유명한 가짜 선수로 남아 있다. 표면적으로만 보면 여기까지는 아무런 문제가 될 것이 없다. 기량만 우수하다면 누구나 영국의 프리미어리그 명문 구단에 비싼 몸값까지 받으며 입단 계약을 하고 경기에서 뛸 수 있기

때문이다.

그가 사기꾼으로 지목되어 세간의 이야깃거리가 된 것은 그를 둘러싼 풀리지 않은 의문 때문이다. 그의 전설은 바로 명문 축구 구단인 사우스햄튼에서 만들어진다. 1996년 11월, 디아가 자신이 지난해 세계축구연맹(FIFA)의 '올해의 선수(Player of the Year)'상과 '발롱 도르(Ballon d'Or)상'을 수상한 조지 웨아George Weah의 사촌이라며 당시 사우스햄튼의 매니저였던 그램 수네즈Graem Souness를 설득해, 결국 며칠 뒤 사우스햄튼과 한 달짜리 단기 계약을 체결한다. 사우스햄튼이 기회를 주었으나 그는 쓰레기였다고 구단 관계자들은 기억한다. 그리고 클럽 소속으로 선발이 아닌 교체선수로 리즈 유나이티드Leeds United와의 리그전에 출전했다가, 스스로 교체해달라고 해 단 한 경기만 출전한 뒤 14일이라는 아주 짧은 기간 구단소속 선수로였다가 방출된 것이다. 알리 디아는 영국 프리미어 리그 역사상 가장 큰 사기극의 하나와 동의어로 불린다. 아마도 축구 역사상 잘못된 신원 확인으로 인해 유발된 가장 황당하고 우스꽝스러운 이야기의 주인공이 되었다.

디아에 관한 위와 같은 모든 이야기와, 그가 지금 어디서 무엇을 하고 있는지는 여전히 하나의 불가사의로 남아 있다. 우선 경력을 보자. 알려진 바로는 그는 프랑스와 독일의 하부 리그에서 경기 경력을 쌓은 다음, 이미 빅리그의 본머스Bournemouth와 길링햄Gillingham 입단을 시도했지만 실패한다. 그 뒤 그는 리그에 소속되지 않은 클럽 팀인 블리스 스파르탄스Blyth Spartans에 합류, 1996년 11월 9일에 열렸던 보스턴 유나이티드Boston United와의 노던 프리미어 리그Northern Premier League에서 교체선수로 단 한 경기 잠시 출전한 게 전부다. 그리고 며칠 뒤 아프리카의 라이베리아 국가대표로서 국제축구연맹 올해의 선수상을 받은 조지 웨아George Weah라고 주장하는 사람의 전화를 받은 당시 사우스햄튼 감독 그램 수네즈에 의해 전격 입단계약을 체결했던 것이다. 자신을 "웨아Weah"라고 한 그는 수네즈 감독에게 디아가 자신의 사촌이며, 파리 생제르맹(일명 PSG)에서 선수 생활을 했고, 국가대표선수로도 13번이나 경기를 했다고 설명했다는 것이다. 그러나 뒤에 알려지기로는 이 모든 것이 사실이 아닌 것으로 밝혀졌으며, 디아에게 사우스햄튼에서 뛸 수 있는 기회를 주어야 한다고 제안했고 결국 계약을 성사시켰던 수네즈 감독에게 걸려온 전화도 실은 디아의 대학 동창이 건 전화였다는 것이다.

사우스햄튼의 수네즈 감독이 디아에 대해 가지고 있던 정보는 어디서 난 것일까. 바로 웨아라고 주장했던 인물이다. 그런데 웨아라고 주장했던 그가 수네즈 감독에게만 전화했던 것이 아니었다. 그는 코벤트리Coventry의 조감독이었던 고든 스트라첸Gordon Strachen에게 유사한 전화를 했던 것이다. 물론 직접 선수를 관찰한 뒤 입단시키기에 충분하지 않다고 판단해 계약은 불발되었다. 웨스트 햄West Ham의 감독이었던 해리 레드냅Harry Redknapp도 웨아라고 주장하는 사람으로부터 유사한 전화를 받았으나 즉각 끊었다고 한다.

그는 명문 클럽의 선수가 된 것 만큼이나 빠르게 오명과 불명예도 함께 받게 된다. 그가 팀에 합류한 뒤 첫 훈련을 함께한 팀 동료 선수들은 그의 형편없는 실력을 보고 팀에 잔류하지 못할 것임을 바로 직감했다고 한다. 그러나 그는 다음 날 실제로 그가 리즈Leeds와의 경기에 후보 선수로 벤치를 지키고 있을 때, 동료 선수들은 놀라는 기색이었다고 한다. 경기 도중 선발 출전한 선수의 부상으로 급히 교체 출전하게 되지만, 그는 빙판 위의 아기 사슴처럼 경기장을 이리저리 뛰어만 다녔고 그런 그의 모습은 동료들에게 너무나 민망한 광경이었다고 한다. 동료 선수들은 그런 그를 후보 선수로 등록한 감독을 믿을 수가 없었다고 한다. 그러나 수네즈 감독은 자신의 결정에 대해 선수들의 부상으로 인한 어쩔 수 없는 선택이었다고 변호했으나, 그처럼 형편없는 디아를 바라보는 것이 마치 급소를 차인 기분이었다고 시인했다. 이유가 어쨌든 간에 빅 클럽에서 한 번도 본 적도 없고 경기 모습을 본 적도 없는 선수를 계약하고 경기에 뛰게 했다는 것 자체만으로도 문제가 아닐 수 없다. 이런 연유로 그는 지금도 축구 역사에서 가장 불가사의한 일 중 하나이며, 스포츠계에서 유명한 사기꾼이 되었던 것이다.

심지어 디아의 경악스러운 경기에도 불구하고, 영국의 유력지 〈인디펜던트Independent〉까지도 그를 주목할 선수의 한 사람으로 지목하며, "알리 달리를 주목하라… 서른이라는 나이에 계약이 만료된 전 볼로냐Bologna 출신의 공격수로, 지난 토요일 리즈와의 경기에 교체 출전한 그는 아직도 오랫동안 활약할 수 있을 것이다. 그는 파리 생제르망에서 과거 동료였던 조지 웨아의 추천으로 팀에 합류하게 되었다"라고 보도했다. 그러나 그의 팀 동료들은 오래지 않아 뭔가 잘못되었음을 깨닫게 된다. 동료들은 그의 경기가 거의 코미디 수준이었으며, 자신의 위치도 역할도 이해하지 못하고 온 경기장을 방황하는 수준이었다고 기억할 정도로 형편 없었다고 한다. 결국 그는 팀에서 즉시 방출되었지만 숨은 이야기가 더 있을 것이라는 보도가 잇따랐다고 한다. 그러나 수네즈 감독은 지난 2주 동안 약간의 비용은 쓰였지만 그가 국가대표 선수였고 기회를 주었지만 만족스럽지 못했을 뿐이었지 자신이 속았다고는 조금도 생각하지 않는다고 항변했다. 그러나 실제로는 디아는 국가대표가 아니었다. 세네갈 축구협회도 그에 대한 정보 제공을 거절했고, 웨아도 자신은 디아라는 선수를 알지 못할 뿐만 아니라 수네즈 감독에게 전화를 건 적도 없다고 주장했다. 그러자 디아는 자신은 에이전트를 고용했는데, 그가 영국 구단들에게 자신이 웨아라고 전화했던 사기꾼이라며 비난했다.

디아의 짧은 카메오 같은 프리미어 리그 데뷔는 스포츠 역사에서 최악의 하나로 기록되었지만, 이 사이비 축구선수도 자신의 이야기를 해명하려고 다시 등장한다. 그는 자신도 그 일로 인해 고통받고 있으며, 사람들이 자신을 거짓말쟁이로 묘사하지만 전부 다 헛소리라는 것이다. 현재 그는 런던의 기업인이며, 결코 자신이 조지 웨아의 사촌이라고 주장한 적이 없다고 억울해했다. 그러나 그의 가족은 지금도 그가 조지 웨아를 알고 있었다고 주장한다. 아주 짧은 프리미어 리그 데뷔가 있은 지 20여 년이 지나고 그는 스스로를 영국 축구 클럽에서 자신을 증명할 기회를 보장받았고 약간의 평판도 있던 축구선수였다고 주장했다. 자신은 실제로 파리 생제르맹에서 1986년에서 1988년까지 선수로 뛰었으며, 심지어 1986년인가 1987년 경에는 파리 컵 우승에도 기여했다는 것이다.

현재까지는 디아가 '썩 좋지 않은,' '아기 꽃사슴,' 같은 '전혀 가망 없는' 선수로 더 잘 알려져 있는 반면, 그 스스로는 자신이 괜찮은 축구선수요 실제 프로 팀에서 선수로 활동했으며, 따라서 자신이 사기꾼은 아니라고 주장한다. 그가 진실로 그가 주장하는 바대로 축구선수요 그가 말하는 경력이 맞는지 알 길이 없지만, 언론에서는 대부분 그가 최악의 선수라거나 최소한 그에 준하는 정도로 형편이 없었던 것으로 묘사하고 있다. 그러나 충분한 증거도 없이, 다른 사람들의 말만 듣고 누군가를 그 사람의 직업에서 최악이라고 낙인찍는 것이 온전히 바람직하지는 않을 수 있다. 물론 반대로 펠레가 세계 최고 선수 중 한 명이라는 일반적인 믿음을 받아들이기란 어렵지 않은 일이다.

디아가 알려진 것처럼 영국 스포츠계의 가장 부끄러운, 불명예스러운 사기꾼이었는지 아니면 자신에 대한 모든 이야기가 거짓이라는 그의 주장이 옳을 수도 있다. 다만 몇 가지 확실한 사실은 그가 선수로 활약했다는 팀 어디에도 그에 관한 기록이 없고 심지어 자신이 국가대표였다고 주장하는 세네갈 축구협회조차도 그에 관한 어떤 것도 확인해주지 않았다는 것이다. 이런 단순한 몇 가지 정보로도 그에 대해 어느 정도 추측할 수 있을 것이다. 뿐만 아니라, 더욱 웃기는 점은 그의 주장이 사실이라면 그가 웨아의 사촌이거나 적어도 친구여야 하는데, 사실 웨아는 라이베리아 출신인 반면 디아는 자신을 세네갈 국가대표라고 소개했던 것부터 이해가 되지 않는 부분이다. 후에 웨아에게 디아의 계약을 위해 사우스햄튼의 수네즈 감독에게 전화를 걸어 추천했는지 반복적으로 물었으나 웨아는 디아가 누구인지 전혀 모른다고 답했다고 한다. 뿐만 아니라 그는 독일과 프랑스 하부 리그에서 뛴 선수였으며, 그가 말하던 PSG 선수는 결코 아니었다고 한다.

모든 진실의 고리가 밝혀진 마당에도 스스로는 인정하지 못하는 까닭은 무엇일까? 어쩌면 자신의 현실과 망상을 구분하지 못하기 때문에 사기꾼들은 끊임없이 현실을 부정하며 거짓을 진실이라 믿어버리는지도 모르겠다.

/ 휴양지를 사기에 이용한 영국의 시간 분할 사기꾼(Timeshare Fraudster)

　　원래 파머Palmer는 영국의 깡패요 전직 시장상인이며 금 거래상이었으나,
시간 분할 사기와 근저당 사기를 포함한 다양한 범죄행위에 가담한 범죄자
이다. 경찰에 의하면, 3억 유로에 달하는 그의 재산의 대부분은 사취, 폭력,
밀수, 그리고 자금세탁으로 얻어진 것이다. 그는 복잡하게 얽힌 122개의 회
사, 대부분은 영국령 버진 아일랜드와 같은 세금천국에 설립된 기업군과 60
여 개의 세금천국 소재 은행 계좌도 소유하고 있었다고 한다. 파머는 7형제
가운데 하나로 태어났으나 제대로 교육을 받지 못하고 난독증이 있던 것으
로 알려졌다. 그는 15살에 학교를 그만두고 지붕 공사를 하는 형에게 합류

했으며, 화물차 뒤에서 파라핀유도 판매했다고 한다. 1975년에 결혼을 하고, 브리스톨에서 동업자인 샤펠Chappell과 패치Patch와 함께 금과 보석을 거래하는 스캐들린Scadlynn이라는 회사를 운영했다. 1980년 파머와 샤펠은 함께 가구를 판매할 때 허위 보증서를 이용해 판매한 혐의로 체포되어 6개월의 선고 유예 판결을 받기도 했다.

파머의 범죄 행각은 그 유명한 금괴 강도사건인 브링크스-맷Brink's-Mat 사건에 연루되면서부터라고 할 수 있다. 1983년 11월 26일 6명의 강도가 브링크스-맷 창고에 침입해 26백만 유로, 현재 가치로 약 5억 유로에 상당하는 금, 다이아몬드, 그리고 현금을 강탈한 사건으로, 당시 언론에서는 이 사건을 '세기의 범죄(Crime of the century)'라고 부를 정도였다. 14개월 후, 경찰이 지방 보석업자요 금괴거래인이었던 오두막의 주인 파머를 체포했으나, 그는 법정에서 금괴가 강도 사건과 관련된 장물인지 몰랐다고 주장해 혐의를 벗을 수 있었다. 이 사건으로 그는 '금손가락(Goldfinger)'이라는 별명을 얻게 되었다.

1985년, 스캐들린 회사의 동업자 샤펠과 패치는 강도한 26백만 유로에 달하는 금괴를 녹여서 마치 합법적인 것처럼 판매한 혐의로 체포되었다. 그러나 파머는 경찰이 회사를 급습하기 바로 며칠 전 가족과 함께 테네리페Tenerife로 도주한 후였기 때문에 체포를 면할 수 있었다. 그의 가족은 다시 잉글랜드로 돌아갔지만 그는 집에 남아 나머지 자산을 매각하고 아일랜드 빌리지Island Village에서 시간 분할(Timeshare) 사업을 세웠다. 스페인 정부가 영국과 범죄자 인도 협정에 서명하자 브라질로 이주하려고 시도했으나, 그가 유효 기간이 지난 여권으로 여행했기에 그의 입국은 저지되고 체포되어 영국으로 강제 추방된 뒤 재판에 회부된다. 비록 녹이던 금괴가 장물인지 몰랐었다고 주장해 장물혐의는 벗었지만, 자산 동결의 대상으로 지정되어 수사관들은 엄청난 자산인 그의 재원을 수사할 수 있게 되지만, 여기서도 그는 빠져나오게 되어 '금 손가락'이라는 별명을 얻은 것이다.

그러나 파머도 법망을 완전히 피하지는 못했다. 2001년 영국 법조역사상 가장 긴 사기재판 중 하나의 당사자였다. 그는 기록상 가장 규모가 큰 시간분할(Timeshare) 사기(Timeshare란 휴양, 휴가시설을 이용 시간을 서로 분할해 공동으로 이용하는 것을 뜻한다. 우리나라의 콘도 개념과 유사한 경우라고 할 수 있다)를 주도한 혐의로 유죄가 확정되어, 8년 동안 수형생활을 하게 된다. 기록에 따르면, 그는 2만 명으로부터 약 3천만 유로를 사취한 것으로 알려졌으나 재산을 환수하려던 법원의 시도는 성공하지 못했다. 당시 그의 재산은 3억 유로로 추정되었는데도 2005년 39백만 유로의 빚이 있다고 파산을 신청했기 때문이다. 그의 범죄 혐의는 여기서 그치지 않고, 2007년 사기를 포함한 범죄 혐의로 다시 체포된다. 알려진 바로는 2001년 유죄가 선고되어 수감생활을 하면서도 범죄활동을 계속할 수 있었다는 것이다. 2015년, 영국 타임지는 파머가 사실은 부패한 일당의 런던 경시청 고위 경찰간부로부터 도움을 받아 수사와 체포를 면할 수 있었다고 보도했다.

피해자들은 실제로는 결코 지어지지도 않은 시 분할 아파트에 투자함으로써 큰 수익을 얻을 수 있다는 파머의 연설을 믿었다. 휴가를 즐기려는 마음에 쉽게 속아 넘어간 선량한 사람들 수천 명을 착취한 파머는 인정사정 없는 잔인한 운영자였다. 얼마간은 그런 그의 운영방식이 매우 성공적이어서, 요트, 개인 번호판을 단 고가의 자동차, 그리고 수많은 부동산 등 모든 것을 가진 것처럼 보였을 정도였다. 당시 그는 영국 타임지가 선정한 부자 목록에서 105번째 부자로 기록되기도 했다. 그러나 2001년 그는 대규모 시분할 사기혐의로 다시 재판에 회부되었고, 이번에는 그리 행운이 따르지 않아 실형을 선고받아 4년간 수형생활을 했다.

엄청난 부를 축적하는 데 있어서 시 분할 사기꾼인 파머는 믿고 사는 수많은 무고한 사람들을 짓밟았다. 그는 피해자들을 전혀 배려하지 않았으며, 범죄의 이익을 과시하고 누렸던 잔인하고 냉혈적인 사기꾼이었다. 그의 시간 분할 사기 수법은 이랬다. 그는 피해자들에게 만약 자신이 소유하고 있는 13 캐너리 아일랜드Canary Island의 시간 분할 시설 중 하나에 있는 자산을 사겠다고 약속한다면, 수주 안에 휴양객들이 소유하고 있는 시간 분할 시설을 현시가보다 훨씬 비싸게 매입하겠다고 약속한다. 이런 거래를 통해 피해자들에게 엄청난 이익을 남길 수 있다고 약속했지만, 오히려 그들은 2개의 소유권만 다 떠안게 되었다. 물론 피해자들에게는 9개월 내에 거래가 완결되지 않으면 자동으로 환급해주겠다는 약속도 했고, 심지어 파머는 매매를 성사시키기 위해 몇 개의 전매회사도 설립했지만, 이들 전매회사의 운영은 피해자들을 속이기 위한 위장이자 가짜 회사에 지나지 않았다. 그는 결코 성사되지 않는 전매에 등록하도록 유인해 피해자들에게 수백 유로를 갈취했다고 한다.

사건 이후 당시 영국에서는 난타당한 휴양시설 공동이용에 있어, 시간 분할 업계는 조직 범죄자들이 고객들을 대상으로 사기 치지 못하게 하고, 일련의 스캔들로 인해 망가진 명성을 되찾기 위해 자체 규제기구도 설치했다고 한다. 이런 노력에도 불구하고, 당시 범람하던 사기는 새로운 휴양시설 공동 이용권을 판매하는 것이 아니라 기존 소유자들에게 일침을 가하는 것을 목표로 했다. 종종 은퇴에 직면하고 현금이 부족하거나 때로는 원래 투자 자체를 후회하는 사람들을 표적으로 삼아, 그들에게 기존에 소유하고 있는 것을 다시 사거나 존재하지도 않는 새로운 휴양시설 공동 이용권으로 바꿔주겠다고 제안하는 수법이었다. 일부 사기꾼들은 최고의 휴양시설 운영업체의 로고가 달린 가짜 명함을 이용해, 자기들이 초일류 기업의 대표자인 양 처세했다. 당시 전문가들은 아마도 정직한 기업보다 사기 운영자들이 더 많을 것이라고 평할 정도였다.

이들 사기꾼은 여러 위장된 형태로 사업을 벌이는데, 전혀 의심하지 않도록 덫을 놓기 위해 인터넷과 전화카드를 이용하고, 피해자들을 유인하기 위해 아주 영악하게 거짓 정보, 인상적인 웹사이트, 그리고 아무런 소용도 없는 보장 등을 활용했다. 물론 휴양시설 공동 이용권 소유자 대다수가 만족했지만, 소유권자의 약 1/5 정도는 팔고 싶어 하는 사람으로 추정되었다. 이들의 대다수는 이제는 너무 늙어서 자신들의 휴양시설을 이용하기가 어려운 사람들이었으며, 바로 이들이 사기꾼들이 노리기 쉬운 표적들이었다. 그들을 속이는 한 가지 방법은 사기꾼들이 합법적인 전매회사로 위장해 자기들이 구매자를 찾았다고 거짓말한 뒤, 수백에서 수천 파운드의 중개료를 요구하고, 중개료가 지불되면 연락을 끊는 것이다. 또 다른 방법은 소유자들에게 접근해 처음 공동이용 시설을 판매한 회사를 상대로 법률 소송을 제기할 수 있다거나, 집단행동이 계획되고 있으니 자신들에게 합류해 법률 경비를 분담한다면 차후 보상받을 수 있다고 한 뒤 비용이 입금되면 바로 연락을 차단하는 것이다.

파머는 사망한 이후에도 미스터리로 남았다. 그의 사망을 처음 접한 경찰은 그가 병사한 것으로 판단했다. 그러나 가족의 요청으로 다시 확인한 결과 가슴에 맞은 6발의 총상으로 사망했다고 그의 사망 원인을 정정했다. 뿐만 아니라 용의자도 전혀 떠오르지 않아 경찰은 그의 살해 용의자가 처음엔 1만 6,000명도 더 된다고 할 정도로 수사가 오리무중이었다고 한다. 그만큼 용의선상에 떠오른 사람이 많았던 것이나 그가 총격으로 살해당했다는 사실은 그가 너무나 많은 적을 만들었으며 너무나 많은 상처를 남겼기 때문이라고 경찰은 설명한다. 2015년 6월 24일 그는 그렇게, 64세의 나이로 자신의 집에서 가슴에 총격을 받고 살해되었다.

후에 그가 사망 당시 스페인에서 사기, 자금세탁, 그리고 무기소지 등의 혐의로 기소되었던 것으로 알려졌다. 또한 그가 사망한 뒤에야 스페인에서의 범죄활동 외에 1990년대 러시아에서도 처음으로 시간 분할 사업을 시작했으며, 그가 러시아의 비밀경찰과 연계되었는데도 결국 경쟁자에게 밀려 러시아 사업에서 패하고 말았다는 소식도 알려졌다. 기록에 의하면, 1999년 이래 영국 경찰이 파머에 대한 정보활동을 벌이고 있었다고 한다. 그가 2015년 살해될 때까지 무려 16년 동안이나 영국 비밀경찰로부터 전자감시를 당하고 있었다는 것이다. 그가 사망한 이후에도 파머의 배우자인 크리스티나 케틀리Christina Ketley는 그의 범죄활동에 그녀가 지배적인 역할을 했다는 스페인 경찰의 보고에 따라 계속 경찰의 감시를 받았다. 그와의 사이에 아이를 둔 또 다른 연인인 사스키아 묜딩거Saskia Mundinger와 케틀리는 2005년, 자신들이 익숙해진 생활양식을 유지할 수 있도록 필요한 경비를 그에게 요구하기도 했다.

되짚어보면 허망하지 않은 죽음은 하나도 없겠지만, 어떻게 살고자 하고 어떤 죽음을 소망하는가에 대해서 다시 생각해보게 하는 이야기이다.

메리 베이커
Mary Baker

/ 시대의 환상을 채워준 가상의 나라 카라부Caraboo 공주

메리 베이커Mary Baker는 19세기 영국을 떠들썩하게 했던 유명한 사기꾼이다. 그녀는 자신이 섬나라 영국에서 멀리 떨어진 곳에서 온 것처럼 행동하고, 가공인물인 '카라부 공주(Princess Caraboo)'로 행세했다. 그녀는 그렇게 수개월 동안이나 영국을 속였던 것이다.

1817년 4월 3일 목요일, 영국 브리스톨 시 인근의 작은 마을에 한 기묘한 여성이 나타났다. 165cm가량의 키와 짙은 검정 머리칼과 검은 눈동자에, 무척 매력적인 그녀는 머리에 검은 터번 형태의 숄을 두르고 있었다. 그녀는 당시 누구도 알아들을 수 없는 언어로 말을 해서 마을 주민들과는 몸짓과 손짓으로 소통해야만 했다. 말은 이해할 수 없었지만 그녀는 피곤하고 자

고 싶다는 표현을 하고 있었다. 그녀는 부랑자처럼 혼자 시골길을 어슬렁거리며 다녔기 때문에 빈민 교구로 보내졌고 다시 군 지방판사인 새뮤얼 워럴Samuel Worrall의 집으로 보내졌다고 한다. 당시 영국에서 외국인 노숙자가 시골길을 배회하는 것은 매우 위험한 행동이었다고 한다. 그때 영국 정부는 나폴레옹과의 전투에서 막 승리를 거두고 그를 성 헬레나 섬으로 귀양 보냈는데도, 정보를 수집하거나 혁명을 시도하려는 외국 요원들이 시골에 숨어 있을 가능성에 대해 우려하고 있었기 때문이다. 평화를 해치려는 혐의가 발각된 사람이라면 누구라도 호주나 그 밖의 다른 나라로 추방되는 위험을 감수해야 했다.

그러나 워럴 부부가 그녀를 만났을 때 그들은 그녀가 수상스럽거나 불온하다고 느끼지 못했다. 특히 워럴 부인이 그녀에게 매료되었다고 한다. 그녀가 쓰는 언어는 처음 들어보는 것이었고, 손은 노동자의 손이 아니라 아주 곱고 부드러웠으며, 벽에 걸린 파인애플 그림을 보자 그녀는 그것이 자신의 고향 나라 과일임을 지적하며 'Anana'라는 말을 반복해 외쳤다고 한다. 사실 'Anana'라는 말은 그리스와 기타 여러 유럽 언어권에서 '파인애플'을 뜻한다. 그녀는 집주인이 음식을 만들어주었으나 자신은 차를 마시고 싶다는 의향을 알아차릴 수 있게 했으며, 오로지 한 손으로 눈을 가린 채 기도를 반복한 뒤에야 차를 마셨다고 한다. 한 잔을 다 마시고는 물 컵을 스스로 씻기 전에는 다시 물을 마시지 않았다고 한다. 또한 밤이 되어 침대를 제공하자 그녀는 침대의 개념을 이해하지 못했다. 집주인의 딸이 침대에서 자면 얼마나 안락한지를 보여주었는데도 그냥 익숙한 듯 바닥에서 잤다고 한다. 이러한 기행들은 곧 그녀가 험한 일을 하지 않았다는 증거로 간주되었다.

하지만 워럴은 부인보다는 조금 더 의심을 품었다. 여러 차례 혹시 가져온 서류 등이 있는지 물었으나, 그녀는 털어 보인 호주머니에는 오직 위조된 동전 몇 개뿐이었다고 한다. 당시 위조 주화를 소지하는 것은 곧 사형을 의미했다. 그런데도 그녀가 그런 위조 동전을 가지고 있었다는 것은 범행의 심각성을 전혀 이해하지 못한다는 사실을 의미했다. 그 밖에도 다른 이상한 행동들도 적지 않았다. 그러나 무엇보다도 워럴 부인을 혼란스럽게 했던 수수께끼는, 비록 그 여성의 언어와 행동은 아주 먼 이국의 신비스러운 곳에서 온 것처럼 보였지만 외모나 특징 면에서는 절대적으로 완벽한 유럽인이었다는 사실이다. 사실, 1800년대 당시 유럽에서는 동양에 대해 지식이 완전치 못했다. 게다가 인도네시아 자바처럼 알려지지 않은 장소와 관련된 금지된 관행들이 결합해, 동양적인 환상을 풍기는 그녀에 대해 신비감을 더했다.

한집에서 함께 사는 동안 워럴 부인은 그녀의 출신에 대한 의문을 풀려고 노력했다. 그러자 단서가 나오기 시작했고, 그 중 첫 번째 단서는 그 여성의 이름이 '카라부Caraboo'이거나, 아니면 최소한 그 여성이 자신을 가리킬 때 '카라부'라는 그 단어를 자주 사용한다는 사실을 알게 되었다. 특히, 그녀는 가구에 새겨진 중국의 다양한 상형문자에 반응을 보였다고 한다. 아마도 그녀의 출신지가 중국이 아닐까 의문을 갖기도 했지만, 한 가지 문제는 그녀가 외관상으로는 전적으로 유럽인이었다는 점이었다고 한다. 뿐만 아니라 그녀는 모든 고기를 거부하고 오로지 채소만 먹고 물만 마셨다고 한다. 자세한 검사를 위해 그녀는 병원으로 보내졌다.

병원에서도 그녀는 모든 음식을 거부하고 심지어 침대도 거부했다. 그녀의 이야기에 빠져든 많은 이들이 다양한 외국인들을 불러와 그녀의 언어를 해독하려고 했으나 모두가 실패했다. 그러던 중 마침내 그 언어를 이해할 수 있다는 마누엘 에이네소Manuel Eynesso라는 이름의 포르투갈 여행객이자 선원이 나타났다. 그는 그 여성의 언어를 해독해 그 여성이 자신의 섬인 자바수Javasu라는 섬의 공주였다고 설명했다. 그 선원의 설명에 따르면, 그녀는 자신의 섬 집에서 선원들에게 납치되어 길고 험난한 항해를 하던 중 영국해협에서 이르렀을 때 갑판에서 바다로 뛰어내려 해안으로 헤엄쳐 왔다는 것이다. 이쯤에서 그녀는 자신의 언어 중 몇 가지를 써주기로 동의했고, 그 몇 가지 언어 견본을 옥스퍼드 대학에 보내 분석을 의뢰했다. 분석은 그리 오랜 시간이 걸리지 않았다. 분석 결과는 그녀가 쓴 글자가 '허위, 가짜'라는 것이었다.

워럴 그 여성이 외국 귀족이라는 사실을 알자마자 바로 자신의 집에 그녀가 머물고 있다는 사실을 언론에 알렸고, 곧바로 영국의 모든 사람들이 카라부 공주의 존재를 알게 되었다. 그 후 몇 주 동안 그녀는 춤추고 펜싱을 하며 '알라 탈라Alla Tallah'라는 자신의 신에게 기도하며, 자신을 보러 온 수많은 사람들을 접견했다. 심지어 그녀에게 엄청난 악명을 몰고 온 행동이긴 하지만, 혼자 있을 때는 알몸으로 수영을 하며 호화로운 생활을 보냈다. 물론 그 사이 워럴 부부도 반사적인 명성을 챙기기도 했다. 그러나 그 좋은 시절도 닐Neale 부인이라는 이름의 한 여성이 지방 신문에 게재된 카라부의 기사를 읽은 뒤 갑작스레 막을 내리고 말았다. 닐 부인에 따르면 카라부는 최근까지 자신의 집에서 딸들과 함께 생활하던 숙박인으로, 그곳에 체류하는 동안 고안해낸 기묘하고 해독 불가능한 언어를 말해 사람들을 즐겁게 했으며, 떠날 때 터번을 쓰고 있었다는 것이다. 또한 그녀의 실제 이름은 메리 베이커로, 신발 장수의 딸이라고 밝혔던 것이다. 카라부는 이제 마지못해 그 모든 것이 사기였음을 시인했다.

불행하게도 아직도 왜 메리 베이커가 카라부 공주라는 신분으로 위장한 것인지, 그 동기는 분명하지 않다. 사람들은 그 뒤로도 그녀가 언제나 현실 세계보다는 자신이 믿고 싶어 하는 환상의 세계에서 살기를 원하는 듯 연극 같은 행동을 계속했다고 증언했다. 그녀는 아무것도 모르는 외국인으로 행세하면서 더 쉽게 동정심과 호기심을 유발하고 이런저런 도움을 받기가 더 수월하다는 사실을 알아차렸을 것이다. 아마도 그녀는 그렇게 사기꾼이 되기 시작했던 듯하다.

비록 그녀가 카라부 공주의 역할을 만들어내긴 했으나, 그녀의 속임수나 사기행각에는 그녀의 역할이 사실이기를 믿고 싶어 하는 사람들의 욕망이 크게 작용했다고 할 수 있다. 카라부 공주로서 그녀는 당시 유럽에서 일었던 낭만주의적 미적 취향에 대해 일종의 호소력이 있었다. 그녀는 신비스럽고 아름다웠으며, 당시 영국 사람들은 동양인에 대한 신비로운 인상을 그녀로부터 확인하고 충족했던 것이다. 그녀가 보여주었던 환상이 사실이기를 절박하게 믿고 싶어 했던 것이 아닐까.

그녀의 기행을 이해하려면 그녀의 과거사에서 약간의 힌트를 찾아볼 수 있다. 그녀는 당시 26살이었는데, 6명의 남매와 자매가 어릴 때 사망한 아주 가난한 가정에서 태어났다. 8살 때부터 이미 온갖 막일을 해야만 했고 가끔은 농장에서도 일해야 했다고 한다. 한때는 가정부로 일하기도 했으나 너무 힘들어 금방 그만두고 다시 집으로 돌아갔으나, 한번 바깥세상의 맛을

본 그녀는 가정생활을 더는 견딜 수 없었고 얼마 뒤 가출하고 만다. 가출 도중 앞치마로 목을 매달아 자살을 시도하기도 했으나 머릿속에서 그것은 원죄라고 말하는 소리가 들려 멈췄다고 한다. 이 도시 저 도시를 헤매다가 탈진해 쓰러진 그녀는 병원으로 보내지고, 병원에서 열병을 앓기도 했다. 그러던 중 한 유대인 가정에 들어가 아이들을 돌보게 되고 그곳에서 기도와 히브리어를 접하게 되는데, 아마도 이런 경험이 나중에 그녀가 카라부 공주 행세를 할 때 도움이 되었으리라 간주되고 있다.

그녀의 사기가 밝혀지자, 귀족 권력의 붕괴라는 훨씬 더 강력한 문화적 변화의 상징이 되었다. 나폴레옹은 유럽 귀족사회가 직면했던 가장 강력한 도전의 상징이었지만, 나폴레옹처럼 카라부 공주가 오로지 자신의 재능만으로 상류계급에 도전했고 적어도 일시적으로라도 승리했던 하류계층의 대표가 된 셈이다. 영국 언론들은 귀족이나 상류계급의 허영과 탐욕에 호소함으로써 상류계층을 속일 수 있었던 방법을 기꺼이 즐겁게, 반복적으로 보도했다. 처음엔 언론이나 대중들 모두 충격을 금하지 못했지만 점점 이 귀족 사칭자에 대한 반응은 놀라움으로 바뀌었다. 언론도 그녀를 상류사회를 통쾌하게 속이고 상류계층의 허영심을 노출시킨 일종의 히로인으로 만들었던 것이다.

물론 영국의 상류사회를 속였던 사람이 메리 베이커만은 아니었고 그녀가 처음도 아니었다. 그러나 그녀는 그 방면에서 가장 성공한 사기꾼이었다. 그녀가 그렇게 영국 상류사회를 속일 수 있었던 핵심 요인 중 하나는, 바로 그녀가 영어를 쓰지도 읽지도 못한다는 사람들의 믿음이었다고 한다. 이 점을 확신하게 되자 사람들은 정면에서 그녀에 대해 어떤 말을 하면서도 아무런 의심도 하지 않았고, 그녀와의 대화와 그녀에게 보여준 온갖 책에서 오히려 그녀가 공주 역할을 하는 데 필요한 대부분의 정보를 제공했다. 또한 그녀와 함께 생활하던 워럴 부인도 그녀가 외국 공주이기를 간절히 바랐다. 그녀 또한 미지의 세상에 대한 로망을 실현하고 있었던 것이다. 아마도 메리 베이커는 프랑스와 스페인에도 들렀던 것으로 알려져 있으며, 그렇게 약간의 스페인어와 프랑스어를 습득했으리라 추정되기도 한다. 따라서 그녀는 당연히 집시들을 접하고 어느 정도 그들과 시간을 보냈을 것이며, 집시 언어도 얼마간 습득할 수 있었으리라 추정된다.

　메리 베이커가 자신을 카라부 공주로 묘사하는 데 큰 도움이 되었던 천부적인 매력은 그녀의 가면이 벗겨지고 나서도 유지되었다. 그녀를 용서했을 뿐만 아니라 동정심마저 가졌던 워럴 부인은 여비까지 충분히 챙겨주어 그녀를 미국 필라델피아로 항해할 수 있도록 해주었다. 그녀가 떠난 몇 주 뒤 영국의 한 기자는 다음과 같은 내용으로 기사를 썼다. 메리 베이커가 미국으로 항해하던 중 배가 전복해 나폴레옹이 망명 살이를 하고 있던 헬레나 섬의 해안에 닿게 되었다. 카라부 공주는 아마도 나폴레옹을 만나려고 일부러 노를 저어 갔으며, 나폴레옹은 그녀의 매력에 바로 사로잡혔다는 것이다. 예전의 위대한 황제 나폴레옹이 청혼했지만 그녀가 거절했다는 이야기였다. 농담처럼 일종의 풍자로 쓴 기사였으나, 나폴레옹과 카라부라는 조합은 너무나도 그럴듯하고 호소력이 커서, 이후 쏟아져 나온 다양한 카라부 이야기에 마치 사실처럼 기록되어왔다. 카라부 공주의 명성은 미국에까지 퍼져, 그녀가 미국 땅에 오르자마자 호기심거리를 찾던 많은 이들이 그녀를 에워쌌다. 7년간 미국에서 생활한 뒤 그녀는 싫증이 나자 다시 영국으로 돌아가, 이따금씩 공주로 분장하고 공연을 함으로써 시대를 풍미한 카라부에 대해 지속적인 관심과 흥미를 이끌었다. 그러나 결국 그녀에 대한 대중적 관심이 시들어가자, 브리스톨의 아동병원에서 의료용 거머리를 팔면서 생계를 유지했다고 한다.

경제학에서 수요-공급의 법칙이 그러하듯, 한 시대를 풍미한 사기꾼은 이미 개인의 차원의 삶이 아니라 그 시대를 반영하는 삶을 살아간 셈이다. 물론 결코 모범적이거나 권장할 만한 인생은 아니라 해도.

제임스 호그
James Hogue

/ 나이 열 살 속이는 것은 기본, 명문 프린스턴
대학교 장학생이 된 신분 사기꾼

26세에 17세라고 속여 고등학생이 되고, 30대 초반에 또다시 신분을 속이고 아이비리그의 프린스턴 대학에 육상선수로서 장학금을 받고 입학했으며, 학교에서 신분이 들통나 제적당한 뒤에도 콜로라도에서 의사라고 속이고 국가대표 팀 코치까지 맡았던 제임스 호그James Hogue. 〈타임The Times〉지가 미국 10대 사기꾼 가운데 하나로 올린 인물이다. 미국 역사에서 신분을 위장한 범죄자 가운데 가장 유명한 사람인 호그는 유명 잡지인 〈뉴요커New Yorker〉에도 등장했고, 2008년에는 『러너Runner』라는 제목으로 관련 서적이 출판되었으며, '사기꾼(Conman)'이라는 제목의 다큐멘터리로까지 만들어졌다.

그에게 따라붙는 별명도 '옆집의 사기꾼'이나 '모든 것이 가짜인 사람' 등일 정도였다.

호그는 1959년 캔자스(Kansas) 주 캔자스시티(Kansas City)의 노동자 계층 가정에서 태어나고 자랐으며, 1977년 워싱턴 고등학교를 졸업했다. 당시 고교 교장은, 호그가 A, B학점을 받을 만큼 비교적 공부도 잘하는 동시에 스타 육상선수였다고 언론 인터뷰에서 밝히기도 했다. 고교 졸업 후 1980년대에 그는 명문 텍사스대학교 오스틴 캠퍼스에 다녔지만 졸업은 하지 못했다. 한때는 전문대학도 다니기도 했으며, 1970년대 후반에는 와이오밍(Wyoming) 대학에도 다니면서 동시에 크로스컨트리 선수로도 활동했으나, 선수로서 성적이 부진하자 자퇴하고 만다. 그의 화려한 범죄 경력은 그가 이러한 학교들을 그만두고 25살이 되던 1985년부터 본격 시작된다.

출생 후 곧바로 사망한 영아의 신분을 훔쳐, 팔로알토(Palo Alto) 고등학교에 네바다 주 출신인 16세의 고아로 위장해 역시 '헌츠맨Huntsman'이라는 훔친 이름으로 입학하면서 호그의 신분 도용이 시작된다. 당시 교장선생님은 그가 17살 아이들보다 더 나이가 많아 보인다고 여겨 의심하기 시작했다. 부모가 교통사고로 돌아가신 뒤 고아가 되었다는 이 '헌츠맨'에 대해 탐문한 결과, LA에 '헌츠맨'이라는 인물은 어린 시절 이미 사망한 제이 헌츠맨Jay Huntsman뿐이라는 사실을 경찰을 통해 알게 된다. 그러나 호그는 당시 육상부 코치를 유혹해 결국 학교에 남을 수 있었다. 나이를 속인 당연한 결과 경쟁 선수들보다 최소한 7살 이상 많았고, 그만큼 훈련을 많이 했다는 점을 고려한다면 그리 놀라운 수준은 아니었으나 상대적으로 뛰어난 육상 자질을 무기로 삼은 것이다.

심지어 그는 1985년 10월 7일 유명한 육상대회인 스탠퍼드 초청 크로스컨트리 대회에 출전해 월등한 기량을 뽐내며 우승하지만, 기록을 신고하지 않아 관계자들의 의심을 산다. 더구나 당시 대회를 취재하던 한 기자도 이를 의아하게 여긴 나머지 취재에 나섰고, 호그의 신분이 도난당한 것임을 알아낸다. 호그는 그렇게 팔로 알토를 떠나게 된다. 이제 콜로라도(Colorado)로 간 그는 스탠퍼드대학에서 박사 학위를 받은 생물공학자로 위장해 한 교차 훈련 클리닉(Cross Training Clinic)에 일자리를 얻은 뒤, 1987년 직장 동료가 내부고발할 때까지 일하기도 한다. 그러나 당시 누구도 그의 이력이나 신분을 검증하지 않았고, 결과적으로 취업이 되었을 뿐만 아니라 심지어 1972년 뮌헨 올림픽에서 금메달을 땄던 프랭크 쇼트Frank Short와 함께 일하기도 했다. 그러나 그는 여기서도 한 육상선수가 그를 알아보는 바람에 다시 다른 곳으로 옮겨 가야만 했다.

호그는 이제 학교로 돌아가야 할 때라고 생각했으나 고등학교로는 더는 힘들겠다고 판단해, 먼저 하버드대학교로 입학하려고 시도했으나 실패한 뒤 프린스턴대학교를 선택한다. 1987년, 당시 생활하던 유타 주에서 혼자 공부했다고 주장하며, 알렉시 인드리스–산타나Alexi Indris - Santana라는 이름을 도용해 프린스턴대학교에 입학 원서를 낸다. 다른 지원자들의 원서에는 교사와 코치들의 추천사가 가득했지만, 그의 서류에는 자신이 그랜드캐니언에서 양을 치고 철학서를 읽으며 야생에서 살았다고 주장하는, 달랑 편지 한 장이 전부였다. 유아원 이후 학교라곤 다녀본 적도 없다는 이 양치기 소년이 대입수능시험인 SAT에서 전국 평균을 훨씬 웃도는, 무려 1410점이라는 점수를 어떻게 받을 수 있었을지, 과연 믿을 수 있겠는가. 대부분의 대학에서는 그를 받아들이지 않았지만 프린스턴대학은 당시 실제 나이 28세였던 호그를 18세 목동 알렉시 인드리스-산타나로 속아, 1988년 가을학기 입학을 허가한다. 하지만 그는 학교 측에 어머니가 위독하다며 입학을 1년 연기해 달라고 요청한다. 그러나 사실은 자전거 장비를 훔친 혐의로 유죄 판결을 받은 결과 5년형을 선고받았기에 입학 연기를 요청했던 것이다. 1989년 3월 8개월간의 수형 생활 끝에 보호관찰 조건으로 가석방되었으나, 곧바로 대학으로부터 학자금 보조 혜택을 받게 되자 거주지를 옮기면 안 된다는 보호관찰 조건을 위반하고 곧장 프린스턴대학으로 간다. 그로부터 2년여 기간 동안, 그는 산타나라는 이름으로 프린스턴대학교의 육상선수, 그리고 프린스턴대학에서 가장 배타적인 모임인 아이비클럽(Ivy Club) 회원으로까지 활동한다.

1991년, 프린스턴대학교 2학년이던 알렉시 인드리스 산타나는 교내 유명인사가 되어 있었다. 유타 주의 농장 목부로서 혼자 스스로 공부하고, '굿 이너프(Good Enough)'라는 이름의 말과 함께 별을 바라보며 잠을 잤다는 이야기는 입학 사정관들을 사로잡기에 충분했다. 대학생으로서 그는 6, 7과목을 수강하며 대부분 A학점을 받았다고 한다. 대학에서 그는 자신이 고아였다고도 했다가 어머니가 아프다고 하는 등 그때그때 말이 바뀌곤 했지만, 동급생들은 그런 면에 거의 신경 쓰지 않았고, 심지어 교수들은 그의 우수한 학점을 높이 평가했다고 한다. 그러나 사실 그는 재능 있는 육상선수로서 입학도 하기 전부터 언론의 지대한 관심을 사게 되었다. 학교 신문에서는 그를 세 번이나 접촉해 인터뷰했고 떠오르는 육상 스타로 소개했다. 그러나 바로 이 육상이 결국 그의 발목을 잡고 만다. 실체가 탄로 난 것이다.

그가 제이 헌츠맨이라는 이름으로 팔로알토 고등학교에 다닐 때 동급생이던, 르네 파체코Renee Pacheco라는 여학생이 그를 알아봤기 때문이다. 그 여학생은 제이슨 콜Jason Cole이라는 기자에게 접촉해 이 사실을 알렸고, 이 비밀이 기사로 퍼지며 호그의 실체가 탄로 나고야 만다. 1991년 2월 26일, 그는 위조, 절도, 그리고 기록조작 혐의로 강의실에서 체포되고, 이어서 장학금 2만 2,000달러를 사취한 혐의에 대해 유죄를 시인해 9개월간 구금형을 받는다. 그 밖에도 호그의 범죄 경력은 훨씬 더 화려하다. 한때 잠깐 일했던 하버드대학교 광물박물관에서 5만 달러어치의 장비와 물품을 훔치기도 했다. 이어서 그는 자신의 보호관찰부 가석방 조건을 위반해 프린스턴대학교로 되돌아가서는 짐 맥아더Jim MacAuthor라는 이름으로 캠퍼스를 활보했다. 비록 등록은 하지 않았지만 각종 사교행사에 참석하고 구내식당에서 식사도 했다. 1996년 한 대학원생이 그를 알아보아 결국 다시 경찰에 체포된다. 후에 석방되어 불구속 상태로 재판을 받았으나 교정시설에 다시 수용되고 만다.

호그는 평생을 거의 다른 사람의 신분을 훔쳐 살았다. 심지어 아이비리그(Ivy League) 대학에서의 교육도 훔치고, 26세에 17세로 위장해 고등학교를 다녔으며, 대학 졸업장도 없으면서 박사학위를 가진 전문가로 위장해 장차 올림픽에서 금메달을 획득하게 되는 유명한 선수와 한 팀을 이루기도 했다. 그야말로 전설적인 신분 세탁, 신분 도용 사기꾼이었다. 훔친 신분으로 아이비리그 대학에서 이름을 떨칠 정도로 재능이 넘치고, 26세에 고아 출신인 10대 육상 스타로 위장할 만큼 '창의적'이었던 것이다. 이를 입증이라도 하듯, 이 뛰어난 육상선수요 다수의 범죄 혐의가 있는 사기꾼 이야기가 다큐멘터리로 제작되고 유명 잡지 〈뉴요커〉에 장문으로 기사화되기도 했던 것이다.

사기나 속임수를 밥 먹듯 하는 여타 10대 연쇄 사기꾼들과는 달리, 호그가 고등학생으로 위장한 이유는 단순했다. 그저 운동선수로서 영광을 얻고자 두 번째 기회를 바랐고, 가능한 어떤 수단으로라도 그 기회를 거머쥘 자격이 있다고 느꼈을 뿐이었다. 특정한 경제적 이득을 편취하거나 사취할 목적은 없었다. 그러나 어쨌든 타인과 사회를 기만한, 그의 잘못된 동기가 지속되면서 결국 범죄자가 되고 만 것이다.

호그에 대해 사람들은 다양한 평가를 내린다. 프린스턴대학에서 그가 저질렀던 속임수나 사기는 그가 마치 '연극을 하는 듯한', 즉 연극 속의 주인공' 같은 것이었다는 의견이 있다. 유일한 현실은 자신 안에 있는 것뿐이라고도 한다. 이런 면에서 누군가는 그에 대한 처벌에도 다르게 생각한다. 호그는 오로지 도벽으로 가득한 사람일 뿐이라는 것이다. 다른 사람들을 기만하는 것이 그의 기본 마인드이며, 그는 평생 같은 방식으로 살아가리라는 주장이다. 반면 또 다른 한편에서는 그가 그저 범죄자 그 이상도 이하도 아니라고 주장한다. 그는 결코 유명인사가 아니며, 그가 한평생 저지른 짓을 보면 그는 단지 거짓말쟁이요 도둑에 지나지 않는다는 것이다. 그와 함께 자라고 고등학교 시절 함께 육상을 하기도 했던 한 변호사 친구는, 호그가 자신에게 "1등을 하거나 꼴찌를 하라. 어정쩡한 중간은 누구도 기억하지 못한다"라고 외쳤다고 전하며, 호그의 정신세계에 대해 설명한 바 있다.

누구나 각자의 동기가 있다. 누구나 자신만의 이유에 따라 선택하고 살아가지만, 그 선택은 공정해야 하며 책임이 따른다. 어떤 범죄도 동기와 결과를 따로 놓고 생각할 수는 없다. 범죄에 대한 연구가 곧 사회와 인간에 대한 연구인 것도 바로 이 지점에 존재하는 것이다.

마크 드레이어
Marc Dreier

/ 모사 사기꾼으로 전락하고 만 뉴욕의 엘리트 변호사

마크 스튜어트 드레이어Marc Stuart Dreier는 뉴욕의 유명 변호사로, 무려 4억 달러의 투자사기를 시인해 2009년 20년의 자유형을 선고받은 사기꾼이다. 궁극적으로 그를 그렇게 이름 난 사기꾼으로 만들고 만 계략은 수년에 걸쳐 진행되었다고 한다. 그의 재판을 맡았던 연방법원 판사는 그 어떤 기준으로 봐도, 드레이어의 범죄가 미국 역사에서 가장 악명 높은 사기범인 매도프 다음가는 엄청난 사기라고 판시했다. 연방검사도 비록 매도프의 사기가 드레이어의 사기보다 그 규모가 더 크지만, 이 하버드와 예일 대학교를 졸업한 변호사에게도 매도프와 동일한 양형을 선고해달라고 구형했다. 형이 선고되었을 때, 그는 자신이 옛 동료들과 법조계의 명예를 실추했음을 인정했다.

드레이어는 1950년 미국 동부 롱아일랜드 주 로렌스라는, 미국의 5대 부유 도시 중 한 곳에서 태어나 자랐다. 그의 아버지는 1939년 뉴욕의 세계무역박람회에 파견되었던 폴란드 육군의 대위였으나 미국 생활에 매력을 느낀 뒤 미국에 남아 결혼도 하고 여러 극장들을 설립했다고 한다. 드레이어는 그런 자신의 가족들이 서로를 아끼고 사랑하며 친밀했다고 기술했는데, 모두 사실이었다고 한다. 아동기부터 드레이어는 골든 보이였고, 로렌스 고등학교 시절에는 학생회장이었으며, '가장 성공할 것 같은, 성공할 확률이 가장 높은' 학생으로 뽑히기도 했다. 그는 매우 똑똑했고, 언변도 뛰어났으며, 어릴 때부터 변호사가 되기를 원했다고 한다. 매력적이고 야심만만하며, 열심히 노력하고, 결의에 찬 학생이었던 그는, 그를 아는 모든 사람들로부터 큰 기대를 받았다. 스스로도 자라면서 많은 성공을 경험했고 항상 리더였으며, 매사가 쉽게 풀렸기 때문에 사람들은 자신이 진정한 성공을 거둘 것이라 기대했었다고 진술했다. 그는 결국 예일대학교를 졸업하고 하버드대학교 법학전문학교 출신의 변호사가 되었다.

드레이어의 계략은 그가 자신의 법률회사를 엄청나게 확장해 대표 변호사파트너들이 급여는 많이 주면서도 지분을 갖지 않는 새로운 모형의 법률회사를 만들겠노라고 결심했던 2002년에 시작되었다. 그렇게 함으로써 그는 회사 재정에 대한 전적인 통제를 유지할 수 있는 대신 엄청난 자금을 필요로 했다. 필요한 거액 자금을 그는 최대 고객의 하나인 솔로Solow 부동산에서 발급한 것으로 알려진 2000만 달러 상당의 약식 차용증을 허위로 작성, 발급해 마련했다. 그는 이 가짜 약식 차용증을 한 헤지펀드 회사에 1년 안에 원금에다 매우 높은 이자를 붙여 되갚겠다고 약속하고 팔았던 것이다. 그는 여기서 그치지 않고 사무실도 확장하고, 당시 최고의 변호사들을 고용하고, 값 비싼 아파트와 요트도 구입했다. 그때까지만 해도 만사가 다 형통했다. 그는 고전적 다단계 판매사기를 계속했고, 그로부터 2년에 걸쳐 2억 달러의 어음을 발행해 두 개의 헤지펀드에 판매했다.

그러나 2008년, 상황은 급변했다. 금융시장은 악화되기 시작했고, 헤지펀드도 투자를 꺼리기 시작했다. 헤지펀드에서 그들의 기금이 실제로 회수될 수 있는지 확인하기 위해 그의 최고 고객인 솔로Solow를 직접 면담하겠다고 요구하자 드레이어는 고민한다. 결국 그는 임원들을 흉내 내기 시작하고 심지어 솔로의 사무실에서 솔로 부동산의 CEO를 흉내 내도록 예전 고객 중 한 사람을 돈을 주고 고용하기도 했다. 2008년 연말이 되자 그는 현금이 바닥이 나며 더욱 심각한 상태가 되고, 그때쯤 이미 연방검찰의 수사대상에 오른다. 범행의 내용이 하나씩 드러나기 시작하자 빚을 갚기 위해 고객의 제3자 기탁 조건부 계좌에 손을 대기 시작한다. 그는 무려 7억 달러에 달하는 어음도 발행한다. 결국 그는 될 대로 되라는 식의 마지막 계략으로 일부 아랍 부호들로부터 투자를 유치하기 위해 아부다비로 날아가지만 실패한 뒤 도주를 생각해보기도 한다. 그러나 결국 뉴욕으로 다시 돌아와서는 44백만 달러에 상당하는 또 다른 가짜 증권을 자신의 또 다른 전 고객이었던 캐나다 온타리오 교원연금기금이 발행한 것이라고 주장하며 맨해튼의 헤지펀드에 팔려고 계책을 꾸미고 있었다. 그 헤지펀드 회사가 증권을 보증하는 이 연기금의 대표자와 직접 대면회의를 요구하고, 결국 연기금 대표자가 직접 대면해 서류에 서명하는 조건으로 증권을 매입하기로 동의한다.

그는 다음 날 그 헤지펀드의 오타와 대표를 만나러 오타와로 날아간 뒤, 먼저 연기금 변호사를 만나 명함을 받고는 비행기 시간을 기다리는 동안 쓰겠노라고 회의실을 잠시 빌린 다음, 헤지펀드 대표가 도착하자 조금 전 미리 만나 받았던 변호사의 명함으로 자신이 연기금 변호사라고 속이고는 급히 서류에 서명한다. 그러나 이 과정을 수상하게 여긴 대표자의 신고로 사기가 들통 나 그는 체포된다. 그의 사기는 여기서 끝나지 않고, 캐나다의 구치소에 수감되어 있는 동안 고객의 위탁계좌에서 1000만 달러를 자기 개인 계좌로 이체하고 이틀날 석방되어 미국으로 돌아간다. 그러나 결국 그는 연방수사관들에 의해 다시 증권과 전송사기 혐의로 체포된다. 이렇게 드레이어의 사기극은 끝나게 된다.

그의 수법을 좀 더 구체적으로 보자. 뉴욕의 증권거래위원회에 의하면, 드레이어는 적어도 2008년부터 가짜 약속어음을 헤지펀드나 개인투자자에게 발행하고, 판매를 중단시켰다. 그는 자신의 어음이 진짜라는 사실을 구매자들에게 확신시키기 위해 아주 정교한 속임수를 꾸며냈다. 의도적으로 허위 재무제표를 배부하고, 유명 회계법인의 감사 의견서를 받아 심지어 전자우편 주소와 전화번호까지 허위로 만드는 등 거래에 참여할 합법적인 회사 대표의 역할을 할 공모자까지 모집했다. 그는 투자기금에 접근해 할인된 가격에 단기어음을 팔겠다고 제안했다. 이 과정에서 그는 허위 재무제표와 그에 대한 회계법인의 감사보고서 등 위조되고 변조된 서류들을 제공하고 심지어 서명까지도 위조했다. 그의 사기극이 더욱 문제가 심각한 것은 사기극이 변호사에 의해 저질러졌다는 점이다. 이는 변호사에 대한 사회적 믿음과 성실함에 크게 반하기 때문이다.

드레이어는 한때는 무슨 일이나 누구나 설득할 수 있다고 믿었던 시절이 있었다. 그러나 상황이 어려워지자 이 세련되고 지나치게 공격적인 58세의 화이트칼라 변호사를 둘러싼 것은 갚지 않은 대출, 전용된 고객의 위탁계좌, 입증이 불확실한 서류와 문서 등에 관한 의문들이었다. 이런 의문들을 불식시킬 수 있는 것은 돈뿐이라는 사실을 그는 알고 있었고, 그 액수는 최소 4천만 달러였다고 한다. 우리는 화이트칼라 범법자의 시대를 살고 있지만, 이 모든 금융 범죄자나 악한들 중에서도 드레이어가 최고일 것이라는 데는 아무런 이의가 있을 수 없을 것이다. 물론 지금까지 매도프가 더 많은 금액을 훔쳤을 수도 있고, 딕 펄드Dick Fuld가 더 큰 제도적 손상을 가했을 수도 있지만, 드레이어의 경우 검찰 수사에 따르면 그는 가짜 회의를 소집하고, 기업 임원들을 위장하고, 최고의 주택에서 앤디 워홀과 피카소의 값비싼 그림을 즐기며, 유명 대중가수와 축구선수에게 거금을 제공하고, 자신보다 훨씬 젊은 여성들을 추종하며 사기 행각을 벌여 수많은 피해자에게 엄청난 피해를 입혔던 것이다. 뿐만 아니라 매도프가 자신을 나타내지 않고 사기 행각을 벌인 반면, 드레이어는 자신이 직접 드라마의 주연이 되었다.

그렇다면 무엇이 드레이어를 역사적 사기꾼으로 만들었을까? 왜 그가 그처럼 극악한 사기꾼이 되었을까? 다양한 설이 있지만 대부분은 그가 자신의 분수에 맞지 않는 생활수준을 유지하기 위해, 또는 자신의 법률회사 손실을 보전하기 위해 그렇게 된 것이라 가정한다. 다른 일부에서는 그가 지루한 법정 생활에서 벗어나기 위해서였으리라 추정한다. 또 다른 일부에서는 드레이어나 매도프나 사기꾼들 대부분이 순전히 돈 때문이 아니라, 어느 순간 충분히 많은 돈을 사취해 보유했는데도 사취를 계속하는 이유는 사기 행각을 벌이고도 잡히지 않는 데서 오는 흥분감 때문일 것이라고 설명한다. 그러나 드레이어를 직접 법정에서 대한 대부분의 사람들은, 그가 그런 짓을 저지른 이유가 재정 곤란 때문이 아니라 그가 처음부터 늘 나빴다고 주장한다. 어떤 의견은 이들 주장 모두가 틀렸다고도 한다. 그는 그가 가진 모든 것을 가지기 위해 나락에 빠진 사람이라는 것이다.

그는 자신이 재정적 어려움에 빠지자 경계를 넘어 불법행위, 사기를 고려하기 시작했다. 당시 그는 자신이 그때도 아직 매우 불행했으며, 진정으로 해결 방안에 목말라했고, 더 많은 성공을 갈구했다고 했다. 바로 그 절박함 때문에 선을 더 쉽게 넘을 수 있었고, 그 다음은 자기 자신에 대한 비합리적 과신이었다고 자신의 동기를 설명했다. 그는 한번 경계가 허물어지고 선을 넘자 검은 선을 넘기가 훨씬 더 쉬워졌으며, 사기를 생각하자 자신의 사업 확장 계획을 수혈하기 위한 일회성 사건으로 합리화했다고 한다.

인간의 욕망이 어디까지 스스로를 망가뜨릴 수 있는 것인지, 엘리트 출신 변호사 드레이어의 몰락이 그 단면을 보여주고 있다.

조지 샐머내저
George Psalmanazar

/ 유럽을 찾은 첫 대만인이라 사칭한 사기꾼

조지 샐머내저George Psalmanazar는 자신이 유럽을 방문한 첫 번째 포르모사 Formosa(현 대만) 원주민이라고 주장하며 전 영국을 속여 유명해진 프랑스인이다. 수년 동안이나 그는 많은 영국 사람들을 설득하고 속이는 데 성공했지만, 후에 그가 신분을 사칭한 사기꾼임이 밝혀졌다. 그는 사기꾼이라는 사실이 들통 나기 전까지 신학 수필가로도 활동했다. 물론 후에 그와 관련된 모든 내용이 꾸며낸 이야기로 밝혀졌지만, 영어, 독일어, 프랑스어로 대만에 관한 책을 출판하고 강연을 다니는 등 다양한 활동을 했다. 심지어 18세기 런던 문학계의 유명인사 다수와 새뮤얼 존슨Samuel Johnson(1775년, 영국에서 처음으로 영어사전을 만든 영국 시인이자 수필가)과 같은 문화 예술인들의 친구이자 지인이 되기도 했다고 한다.

샐머내저는 사기꾼이기 때문에 인생에 대해 많은 부분이 제대로 알려지지 않았다. 그러나 비록 샐머내저가 인생의 초기의 구체적인 사항 대부분을 의도적으로 감추거나 불분명하게 만들었지만, 1679년에서 1684년 사이 아마도 랑그도크Languedoc이나 프로방스Provence와 같은 남프랑스 지역에서 천주교 집안 후손으로 태어난 것으로 추정될 뿐이다. 그가 태어났을 때의 이름조차도 알려지지 않고 있다. 그러나 그의 사후 유작으로 출판된 자서전에 의하면, 그는 프란체스코 수도회 학교에서 교육을 받았으며, 다시 예수회 아카데미에서도 교육을 받았다고 한다. 이 두 교육기관에서 자신의 '언어에 대한 남다른 천재성'이 교사들로부터 극찬을 받았다고, 그는 자서전에서 주장했다. 스스로 한 설명에 따르면, 실제로 그는 8살도 되기 전 이미 라틴어에 유창했고, 자신보다 두 배나 나이가 많은 사람들과의 경쟁에서도 훨씬 우수했었다고 한다. 때문에 자신이 영재와 마찬가지였다고 기술하고 있다. 그러나 후에 이 궤변 철학자를 만난 사람들은 그가 더는 예술이나 학술이 맞는 사람이 아니라는 사실을 주지시켜 그를 미몽에서 깨어나게 했다. 그 또한 열대여섯 살쯤 되었을 때 교육을 중단했다.

그가 사람들을 속이기 시작한 것은 프랑스에서부터라고 한다. 샐머내저가 누군가를 사칭하게 된 계기는, 프랑스에서 로마까지 안전한 여행을 할 수 있도록 하는 아일랜드 순례단으로 위장했을 때부터였다. 영어를 배우고 난 뒤 그는 지역 교회에서 순례단의 지팡이와 망토를 훔쳐서, 종교를 위해 조국을 떠난 아일랜드 후손의 젊은 신학도로서 지금 로마로 순례하고 있다며 순례단원인 양 사칭했다. 그러나 얼마 뒤 자신이 만난 사람들 대부분이 아일랜드에 대해 익숙하기 때문에, 자신이 가짜라는 사실을 구별할 수 있다는 걸 알게 된다. 더 색다르고 이국적인 변장이 필요했다. 그는 예수회 가정교사로부터 들었던 극동 지방에 관한 선교 보고서를 떠올려, 일본인 개종자를 흉내 내기로 결심한다. 그러고 난 뒤 그는 생강으로 양념된 생고기를 먹고 의자에 똑바로 앉아 잠을 잔다는 등, 적당히 기괴하고 별난 일련의 관습들을 소개하고 일본계 이방인인 척함으로써 새로운 인물상을 더욱 정교하게 꾸며낸다.

그가 독일을 여행하면서 자신을 일본계라고 속이는 계략은, 키케로Cicero의 한 문장을 일본어로 번역해보라는 요구를 받게 되면서 점차 들통 나고 만다. 당연히 그는 일본계도 아니고 따라서 일본어도 전혀 몰랐기 때문이다. 그래서 결국 그는 이런 저런 노력에도 불구하고 로마에 다다르지 못하게 되고 대신 독일 연방국들을 여행하게 된다. 1702년 그는 네덜란드에 도착해 임시로 단기용병이나 군인으로 봉사하기도 한다. 이때쯤부터 그는 이른바 자신의 모국을 일본에서 현재는 대만으로 알려진 '포르모사Formosa'라는, 훨씬 더 멀리 떨어진 섬으로 바꾸게 된다. 낯설고 이국적인 달력을 따르며 지키고, 본인이 스스로 고안한 복잡한 속죄의식으로 태양과 달을 숭배하거나 심지어 스스로 고안한 언어로 말하는 등 훨씬 정교한 관습들을 개발하기도 한다. 그러던 어느 날 그는 스코틀랜드 육군이었던 알렉산더 이네스Alexander Innes라는 목사를 만나게 된다. 이네스 목사는 그를 이방인이자 이교도에서 기독교로 전환시키고 그에게 조지 샐머내저라는 기독교식 이름을 지어준다. 다음 해, 그는 영국 국교인 성공회 신부를 만나기 위해 로테르담을 거쳐 영국으로 들어간다. 이들이 런던에 도착하자마자 이상한 관습과

취미를 가진 이색적인 외국인에 관한 소식이 급속하게 퍼져나가고, 그는 커다란 명성을 얻는다. 그의 이야기가 사람들의 관심을 얻게 된 이유는 무엇보다도, 악의적인 예수회 교도들이 자신을 포르모사에서 납치해 로만 카톨릭이 되기를 강요했으나 굽히지 않고 거부하자 프랑스로 데려왔다는 주장 때문이었다고 한다. 샐머내저는 곧바로 자신은 지금 성공회를 믿는 개종한 이교도라고 선언했고, 런던 대주교와 기타 런던 사회에서 존경받는 구성원들의 총애를 받게 된다.

런던에서 그의 삶에 대해 관심이 높아지자, 그에 힘입어 그는 1794년 "포르모사의 역사적, 지리적 기술–일본제국에 귀속된 섬"이라는 책을 출판한다. 그는 포르모사, 즉 대만의 관습, 지리와 정치경제 등에 관해 자세하게 기술하고 설명하기 위한 목적으로 책을 출간했다고 주장했으나 실은 모두 꾸며낸 이야기였다. 그 책에 적힌 소위 "사실"들은 실제로는 다른 여행 보고서를 합성한 것이었다. 특히 신세계에서의 잉카와 아즈텍 문명의 영향을 크게 받았으며, 일본에 대한 각색된 기술도 크게 영향을 미쳤다고 한다. 또한 토마스 무어Thomas Moore의 "유토피아"도 영감을 주었다고 한다. 샐머내저에 의하면, 포르모사는 엑스터넷사Xternetsa라는 이름의 수도를 둔 번창한 나라이다. 남자들은 반 나체로 걸어 다녔고, 주요 음식은 나뭇가지로 사냥한 독이 있는 큰 뱀이었다. 포르모사 인들은 일부 다처제였으며, 남편들은 바람을 피우는 아내를 잡아먹을 권리가 있었다고도 한다. 그들은 살인자들을 거꾸로 매달고 온통 화살을 쏘아 사형을 집행했으며, 매년 1만 8000명에 달하는 어린 소년들의 심장을 신에게 바쳤고, 제사장은 그들의 시체를 먹었다고도 기술했다. 그들은 말과 낙타를 대중교통 수단으로 이용했고 원형의 집 지하에서 거주했다고도 적혀 있었다.

샐머내저는 신분을 사칭하고 거짓으로 꾸민 책을 출간한 사기꾼일 뿐만 아니라 가짜 사전 편찬자로도 알려져 있다. 그는 자신의 책에서 포르모사의 언어와 문자도 기술했는데, 이러한 그의 노력이 워낙 확고해 심지어 독일 문법학자들조차도 18세기 그의 사기극이 노출되고 나서도 한참 뒤에까지 소위 "포르모사 문자"를 언어책에 포함시켰다고 한다. 그럼에도 그의 저술은 절대적인 성공을 거두어, 두 번에 걸쳐 영어판과 프랑스와 독일어판까지 출판되었다고 한다. 서적이 출판되자 그는 다수의 지식인 사회에서 포르모사의 문화와 언어에 대한 강연 요청을 받고 심지어는 옥스퍼드Oxford 대학에서까지 강연을 했다고 한다. 그런 강연들 중에서 가장 유명한 강연의 하나는 왕립 협회Royal Society에서의 강연이었다. 그 강연에서 그는 에드먼드 할리Edmond Halley로부터 강력한 도전을 받았다고 한다. 이후로도 그는 다수의 비판을 받았으나 그때마다 대부분, 자신의 핵심 주장을 비켜가는 데 성공했다고 한다. 예를 들어 자신의 피부색이 창백한 까닭은 포르모사 사람들이 지하에서 생활하기 때문이라고 둘러대는 식이었다고 한다.

대부분의 강연에서 그는 청중들에게 깊은 인상을 주었지만, 그가 싸워 이겨야 할 반대파들이 훨씬 더 많았다. 귀족사회 강연에서 그는, 포르모사 섬에서는 땅거미가 얼마나 오래 지속되는지, 해가 굴뚝 아래로 떨어지기까지 걸리는 시간이 얼마나 되는지, 그리고 기타 구체적인 수치로 답해야 하는 여러 질문들을 받았지만, 포르모사의 굴뚝은 굽어져 있어서 햇볕이 굴뚝을 타고 내려갈 수가 없다고 답하는 식으로 까다로운 질문들을 피해 갔다고 한다. 그렇게 천문학자, 식물학자, 그리고 공학도 등의 공격을 피하기가 무섭게 포르모사가 중국의 섬이 아니라 일본의 섬이라고 지적하며, 샐머내저가 사기꾼이라고 주장하는 퐁트네Fontenay 신부로부터 결정타를 맞게 되고, 이어서 모임의 다수 회원들이 그의 흰 피부색을 의심하기도 했다.

그러나 이런저런 샐머내저의 주장들은 시간이 흐르면서, 그리고 포르모사에 대한 다른 정보와 지식들이 그의 주장과 대치되기 시작하면서 점점 신뢰를 잃어갔다. 1706년, 결국 그는 먼저 친구에게 그러고는 일반 대중들에게까지 자신의 거짓말과 행태를 자백하게 된다. 확실히 그는 남다른 언어능력을 가졌으나, 직업과 여성 문제가 잘 풀리지 않자 유럽을 떠돌지만 동시에 런던에 안착하기까지 자신에 대한 환상적인 뒷이야기거리를 꾸미기 시작했다. 매년 1만 800여명의 소년들이 신에게 젊은 심장을 바치는 종교의식의 하나로 제사장에게 살해당하고, 그 섬이 금과 은의 주생산지이며, 천주교 신부들이 많은 문제를 야기한다고 주장하는 식이었다.

그런데도 그는 자신의 신분은 결코 밝히지 않았다고 한다. 그는 대단히 지능이 높았고, 몇 년 동안 집필진의 일원으로 여러 작업의 편집을 맡거나 다수의 출판물에 글을 기고하는 등 저술가로도 활동했다. 그가 익명으로 기고해 출간된 책의 하나가 "지리학의 완전한 체계"라는 서적이다. 여기서 그는 자신의 초기 출판물에서의 주장들 다수를 부정하는 포르모사에 대한 실제(?) 상황이나 조건들을 기술할 수 있었다고 한다. 인생 말기에 그는 신앙심과 참회를 통해 삶을 쇄신해 잘못들을 상쇄했고, 대부분의 사람들이 그에게 존경을 표했다고 한다.

피부색까지 속여가며 신분을 사칭해야 했던 까닭은 무엇일까? 어떤 잠재의식이 샐머내저를 그런 거짓의 세계로 이끌었던 것일까? 사기와 기만 뒤에 도사리고 있는 열등감의 실체를 파악하고 해결하는 것이야말로 범죄를 줄이는 해법일 것이다.

저자 소개

이 윤 호

동국대학교 경찰행정학과 졸업
미국 Michigan State University 범죄학, 석사. 박사
경기대학교 교학처장, 대외협력처장, 행정대학원장 역임
동국대학교 입학처장, 사회과학대학장, 행정대학원장, 경찰사법대학장, 경찰사법대학원장 역임
법무부 법무연수원 교정연수부장(민간인 개방형 임용 이사관) 역임
경찰청 국가경찰위원회 위원 역임
대한범죄학회, 한국공안행정학회, 한국경찰학회, 한국대테러정책학회, 한국산업보안연구학
회 회장 역임
현재 동국대학교 경찰사법대학 교수
         사단법인 목멱사회과학원 이사장

저 서

『범죄학』, 『경찰학』, 『교정학』, 『피해자학』, 『범죄, 그 진실과 오해』, 『현대사회와 범죄』,
『범죄심리학』, 『연쇄살인범 그들은 누구인가』, 『청소년비행론』, 『하루 한 줄 행복에 물들
다』 등.
『폭력의 해부학』(역저)

세기와 세상을 풍미한 사기꾼들

초판발행   2019년 7월 10일

지은이   이윤호
펴낸이   노 현

편 집   문선미
기획/마케팅   이선경
표지디자인   BEN STORY
제 작   우인도 · 고철민

펴낸곳   (주) 피와이메이트
             서울특별시 금천구 가산디지털2로 53 한라시그마밸리 210호(가산동)
             등록 2014. 2. 12. 제2018-000080호
전 화   02)733-6771
f a x   02)736-4818
e-mail   pys@pybook.co.kr
homepage   www.pybook.co.kr
ISBN   979-11-89643-71-3 03300

정 가 18,000원

박영스토리는 박영사와 함께하는 브랜드입니다.